WISSEN FÜR KINDER

FORSCHUNG UND TECHNIK

von
Brian und Brenda Williams

INHALT

Das Atom 4

Atomtheorie 6
Atome und Energie 9
Atome im Einsatz 11

Die Elemente 14

Aggregatzustände 16
Chemische Reaktionen 19
Organische Chemie 21
Säuren, Basen und Salze 22
Metalle 24
Gase 27

Elektrizität 30

Erzeugung und Speicherung von Elektrizität 34
Magnetismus 36
Anwendung von Elektrizität und Magnetismus 38
Elektronik 41
Computer 42
Roboter 45

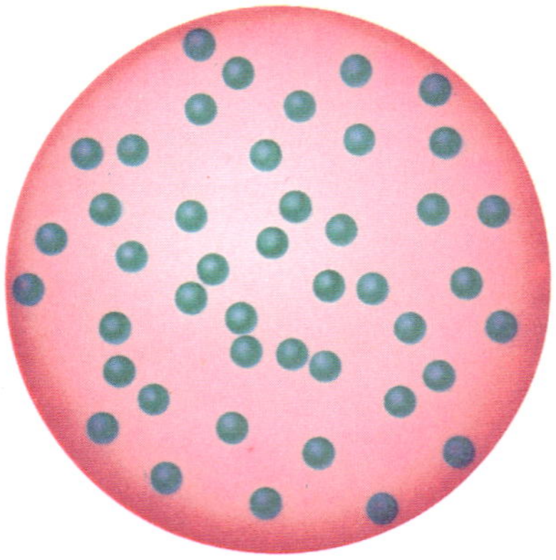

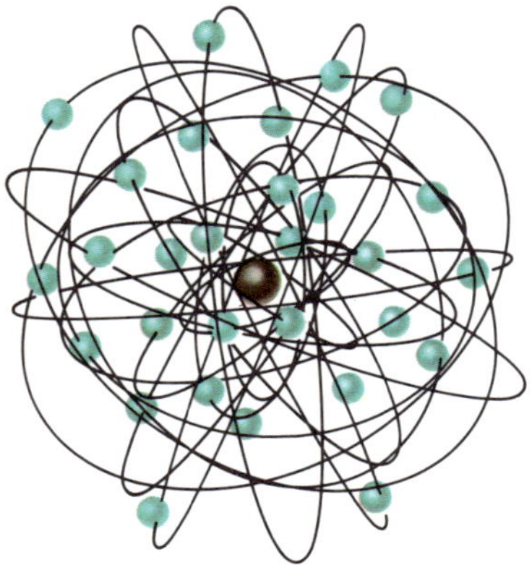

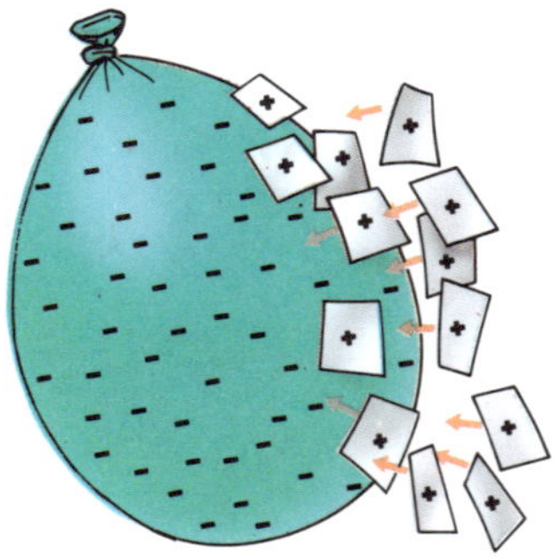

Sonderausgabe für die
Planet Medien AG, Zug
Deutsch von Peter Friedrich
Gesamtherstellung: Planet Medien AG, Zug

603203/3023

Licht und Schall 46

Spiegel und Linsen 50
Fotografie 54
Strahlung 55
Laser und Hologramme 58
Schall 60

Energie und Bewegung 64

Einfache Maschinen 68
Kraft und Bewegung 71
Schwerkraft 74
Reibung 76

Raum und Zeit 78

Zeitmessung 82
Zeit und Entfernung 85
Auf den Spuren der Vergangenheit 87
Raum und Zeit 88
Astronomie 89

Die Erde 92

Die Gesteine 96
Wasser und Eis 97
Ozeane 99
Atmosphäre und Wetter 100

Erfindungen 104

Das Zeitalter der Dampfmaschine 106
Technische Wunderwerke 107
Kriegstechnik 109
Angewandte Chemie 111
Wissenschaft im Alltag 113
Herstellungsverfahren 115
Architektur 118
Landwirtschaft 120
Die Eisenbahn 122
Auf der Straße 124

Register 125

DAS ATOM

Was ist ein Atom?

Ein Atom ist das kleinste Teil eines chemischen Elements – zum Beispiel von Eisen oder Kupfer –, das noch nachweisbar dessen Eigenschaften hat. Wissenschaftler unterscheiden die Atome verschiedener Elemente anhand ihrer Struktur. Atome sind die Grundbausteine der Elemente, aus denen alle Materie des Universums besteht.

Was bedeutet das Wort „Atom"?

Das Wort „Atom" kommt vom griechischen *atomos,* was „unteilbar" bedeutet. Die Wissenschaftler im alten Griechenland glaubten, daß das Atom das kleinste Teil sei, das es gibt: Es konnte nicht geteilt werden. Indem sie das Atom spalteten, bewiesen moderne Wissenschaftler, daß das nicht stimmt. Aber das Atom ist die kleinste Einheit, die sich wie ein stabiles chemisches Element verhält.

Wäre ein Atom so groß wie dein Fingernagel, hättest du eine riesige Hand.

Wie groß ist ein Atom?

Atome haben etwa einen Durchmesser von einem millionstel Millimeter. Eine Seite dieses Buches ist also rund zwei Millionen Atome dick! Wenn ein Atom die Größe deines Fingernagels hätte, könntest du mit deiner Hand die ganze Erde umfassen.

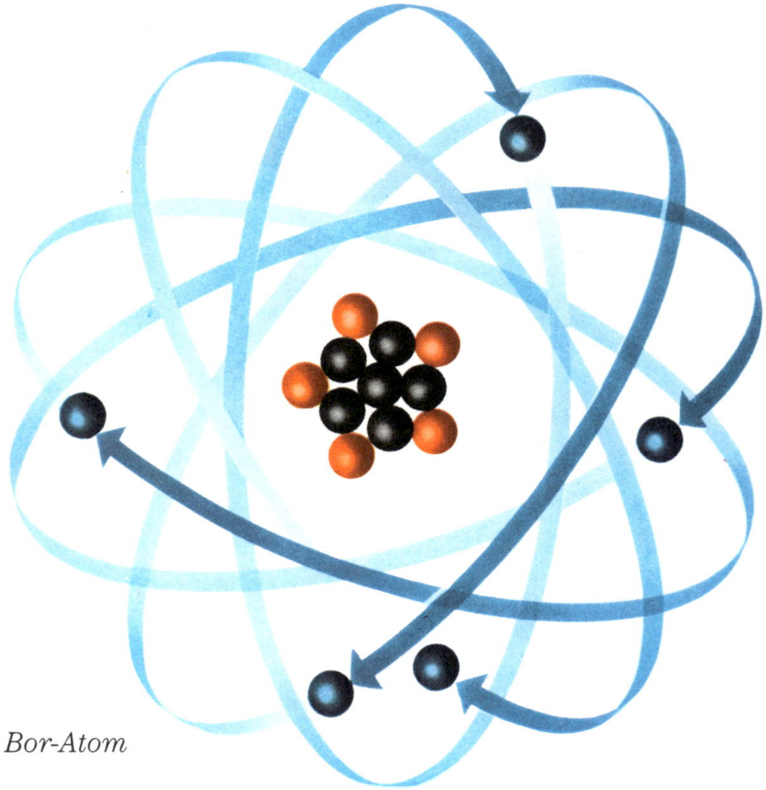

Bor-Atom

Was haben ein winziges Atom und das ganze Sonnensystem gemeinsam?

Atome setzen sich aus winzigen Teilchen zusammen, die sich um ein Zentrum bewegen, das man den Kern nennt. Ganz ähnlich kreisen die Planeten in unserem Sonnensystem um die Sonne.

Kann man Atome sehen?

Atome sind zu klein, als daß man sie mit bloßem Auge sehen könnte. Aber mit sehr starken Elektronenmikroskopen ist es den Wissenschaftlern gelungen, Atome zu fotografieren. Sie sehen dann aus wie verschwommene weiße Punkte.

Was ist kleiner als ein Atom?

Der Kern im Zentrum eines Atoms ist zehntausendmal kleiner als das Atom selbst. Die Elektronen, die den Kern umkreisen, sind noch kleiner.

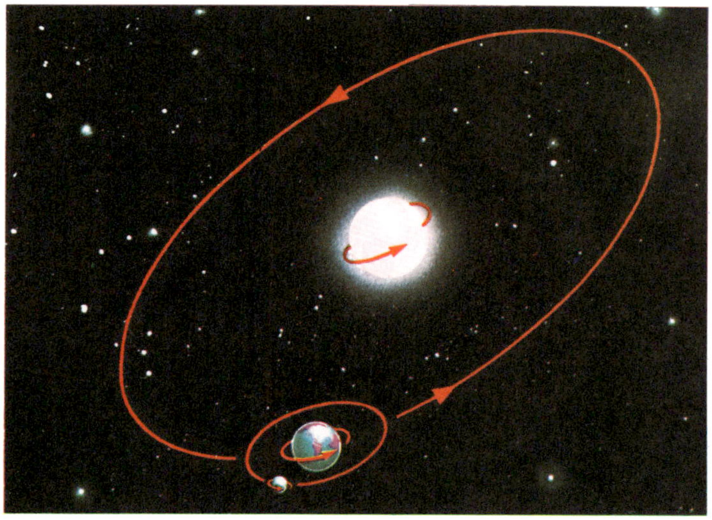

Elektronen umkreisen den Atomkern wie die Planeten die Sonne.

Gibt es irgendeinen Ort im Weltall, wo man keine Atome findet?

Soviel wir wissen, gibt es überall im Universum Atome, sogar im fast leeren Vakuum des Weltraums.

Atome existieren überall im Universum.

Wie viele verschiedene Arten von Atomen gibt es?

In der Natur kommen 92 verschiedene chemische Elemente vor. Also gibt es 92 verschiedene Arten von Atomen, aus denen sich diese Elemente zusammensetzen. Einige weitere Elemente und Atome haben Wissenschaftler im Labor künstlich hergestellt.

Woraus besteht ein Atom?

Im Mittelpunkt des Atoms befindet sich ein Kern, der aus winzig kleinen Teilchen besteht, den Protonen und Neutronen. Dieser Kern wird von anderen Teilchen umkreist, die Elektronen heißen und durch ihre elektrische Ladung in den Kreisbahnen gehalten werden. Die Anordnung von Protonen, Neutronen und Elektronen ist bei jeder Art Atom unterschiedlich.

Wie groß ist ein Atomkern?

Der Kern ist winzig – er mißt nur etwa ein Fünfzigtausendstel des Durchmessers eines ganzen Atoms. Wenn man ein Atom auf die Größe eines Fußballstadions aufblasen könnte, wäre der Kern so groß wie eine Konservendose im Anspielkreis. Obwohl er so klein ist, enthält der Kern den Hauptteil der Masse (oder, anders gesagt, des Gewichts) des Atoms. Die Elektronen, die den Kern umkreisen, sind im Vergleich sehr leicht; sie wiegen zweitausendmal weniger als ein Proton.

Wenn der Kern die Größe einer Konservendose hätte, würde das Atom ein ganzes Fußballstadion ausfüllen.

Atomtheorie

Wer sagte, daß man Atome weder erschaffen noch zerstören könne?

John Dalton

1807 veröffentlichte der britische Chemiker John Dalton seine Theorie der Atome. Er behauptete, daß sich alle Materie aus Atomen zusammensetze und diese weder geschaffen noch zerstört werden könnten. Seit damals haben die Forscher eine Menge über den Aufbau des Atoms erfahren, aber Daltons Gedanken waren ein erster Schritt in Richtung der modernen Atomtheorie.

Wer war Avogadro?

Der italienische Graf Amedeo Avogadro (1776-1856) war Physiker und Mathematiker. Er fand heraus, daß Atome neue Substanzen aufbauen, indem sie sich zu Molekülen verbinden.

Was sind Moleküle?

Ein Molekül ist der kleinste Teil eines Stoffes, der noch dessen charakteristische Eigenschaften besitzt. Nehmen wir zum Beispiel Papier. Jede Seite dieses Buches ist rund 100 000 Papiermoleküle dick. Wenn man jedes Papiermolekül aufspaltet, dann wäre es nicht mehr Papier, sondern eine beliebige Anhäufung von Atomen. Jedes Molekül einer Substanz besteht aus der gleichen Zahl von Atomen, die sich auf genau dieselbe Weise verbinden.

Wer entdeckte das Neutron?

Das Neutron (eines der Elementarteilchen im Atomkern) wurde 1932 von dem britischen Physiker James Chadwick entdeckt.

Wie viele Moleküle enthält ein Teelöffel voll Wasser?

Die Antwort auf diese Frage gibt einen Begriff davon, wie klein Moleküle sind. Jeder Teelöffel enthält mindestens so viele Moleküle, wie es Teelöffel voll Wasser im Atlantischen Ozean gibt.

Wer versuchte erstmals, Atome zu wiegen?

Der britische Chemiker John Dalton (1766-1844) erkannte, daß Wassermoleküle immer dieselben Anteile von Wasserstoff und Sauerstoff enthalten. Er kam zu dem Schluß, daß die Sauerstoffatome schwerer sein müßten als die Wasserstoffatome. Tatsächlich wiegt ein Atom Sauerstoff sechzehnmal soviel wie ein Atom Wasserstoff. Dalton gab dem Wasserstoff das Atomgewicht 1, denn er ist das leichteste Element.

Welches ist das schwerste Atom?

Das schwerste Atom, das in der Natur vorkommt, ist das Uranatom. Sein Atomgewicht ist 238, damit ist es 238mal schwerer als Wasserstoff. Noch schwerere Atome, wie Plutonium (242) und Lawrencium (259), können nur künstlich durch kernphysikalische Reaktionen erzeugt werden.

Wer entdeckte die Elektronen?

Elektronen gruppieren sich in Schalen um den Kern eines Atoms. Entdeckt wurden sie 1897 von Sir Joseph Thomson, der an der Universität Cambridge forschte. Thomson wurde 1906 für seine Entdeckung mit dem Nobelpreis für Physik ausgezeichnet.

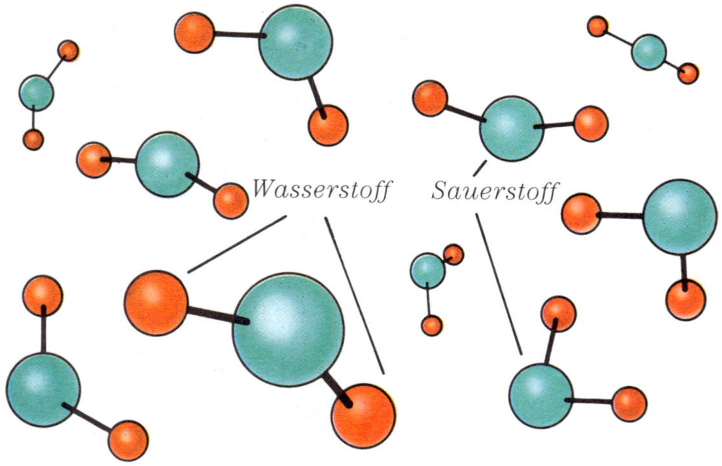

Wasser besteht aus Wasserstoff und Sauerstoff.

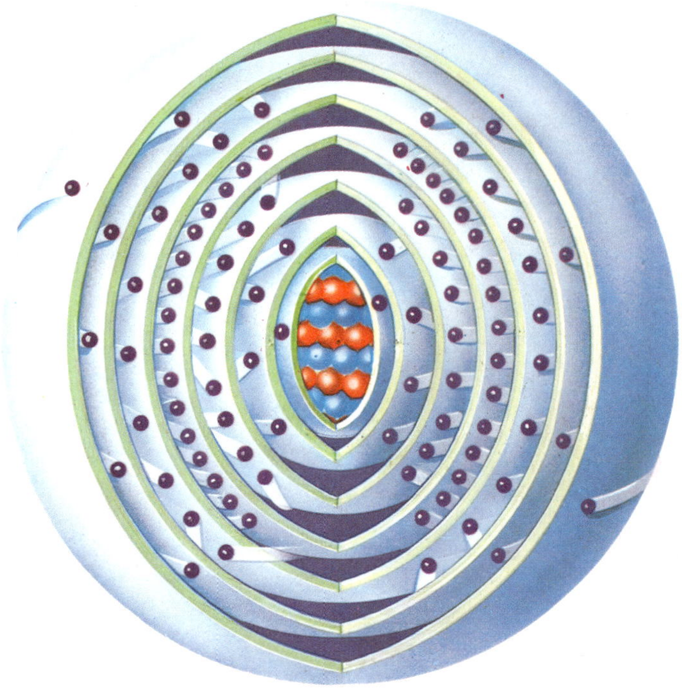

Uran

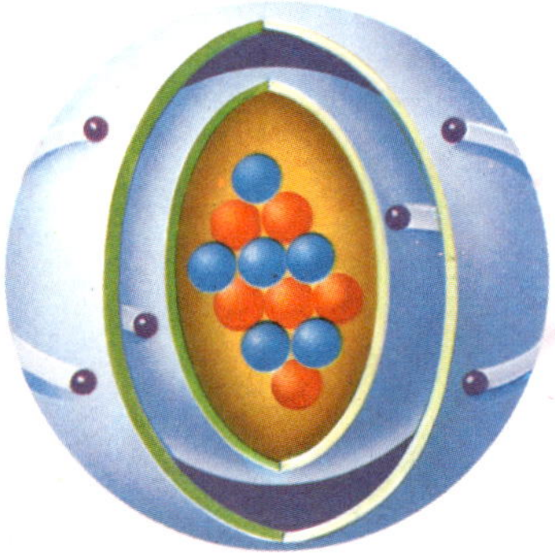

Kohlenstoff

Wasserstoff

Die Elektronen umhüllen den Kern in Schalen.

Was sind Protonen?

Jeder Atomkern enthält Protonen. Es sind immer genau so viele Protonen im Kern, wie Elektronen den Kern umkreisen. Diese Zahl ist die *Ordnungszahl* des Elements. Der Wasserstoff mit nur einem Proton hat die Ordnungszahl 1, Kohlenstoff mit sechs Protonen die Ordnungszahl 6 usw. Protonen tragen eine positive elektrische Ladung; Elektronen eine negative Ladung.

Was ist schwerer, ein Elektron oder ein Proton?

Ein Proton ist sehr viel massiger als ein Elektron – etwa 2000mal schwerer. Genauso schwer ist das Neutron, der andere Baustein des Atomkerns. Neutronen haben keine elektrische Ladung.

Was versteht man unter Quarks und Gluonen?

Man glaubt, daß Gluonen winzige, subatomare Teilchen sind, die die Quarks zusammenhalten (Quarks sind Teilchen im Kern des Atoms). Allerdings konnte bis jetzt noch niemand nachweisen, daß es Quarks oder Gluonen tatsächlich gibt.

Wer verglich Atome mit einem Rosinenkuchen?

Bis zum Anfang des 20. Jahrhunderts wußte niemand, wie das Atom aufgebaut war. Sir J.J. Thomson glaubte, daß die Atome irgendwie einem Rosinenkuchen ähnelten, wobei sich die Elektronen wie die Rosinen im Teig verteilten. Ernest Rutherford und Niels Bohr brachten 1911 bzw. 1913 andere Vorstellungen in die Diskussion. Der Neuseeländer Rutherford entdeckte den Atomkern und bewies, daß die Elektronen sehr leicht sind. Bohr, ein dänischer Physiker, entwarf das Planetenmodell der Teilchen, die einen Atomkern umkreisen. Diese Theorie wird heute von den meisten Wissenschaftlern akzeptiert.

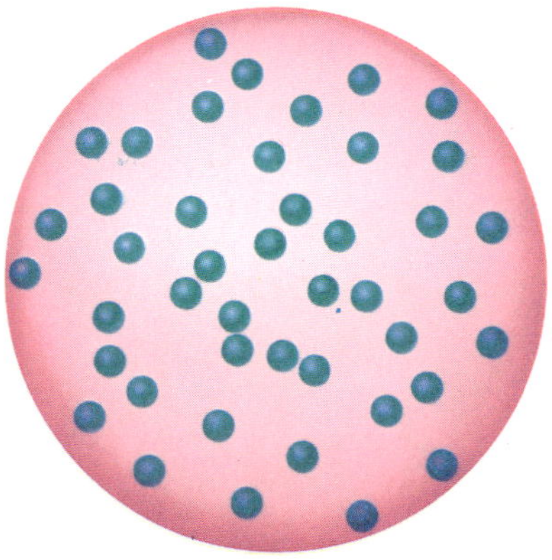

Thomsons Modell

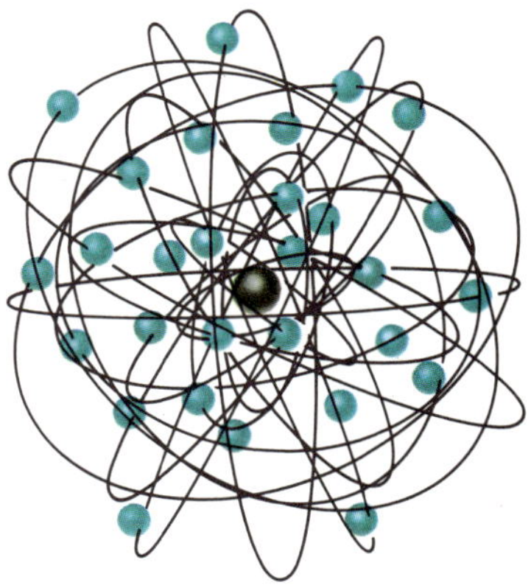

Rutherfords Modell

Erste Atomtheorien

Was ist die Quantentheorie?

Der deutsche Physiker Max Planck zeigte 1900, daß, wenn ein Körper Energie abgibt, diese Energie nicht als gleichmäßiger Strom, sondern in Form von einzelnen „Päckchen" abgestrahlt wird. Diese Päckchen nannte Planck *Quanten.*

Niels Bohr

Wer wandte die Quantentheorie auf Atome an?

Niels Bohr war der Ansicht, daß die Plancksche Quantentheorie helfen könnte, das Verhalten von Atomen zu erklären. Er wies nach, daß die Elektronen, die den Atomkern umkreisen, nur dann Energie abstrahlen, wenn sie von einer größeren auf eine kleinere Umlaufbahn übergehen. Die Menge der abgegebenen Energie ist das Quant – die Differenz der Energien des Elektrons auf den beiden Umlaufbahnen.

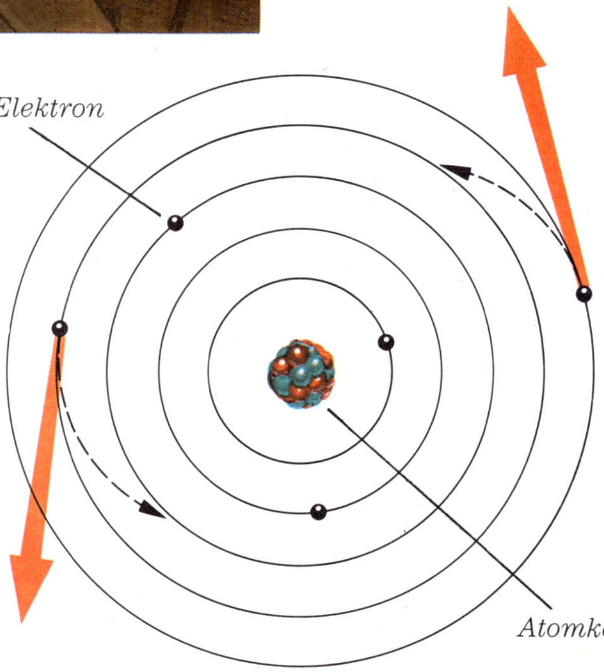

Elektronen fallen auf engere Umlaufbahnen und geben dabei Energie ab.

Welcher Wissenschaftler formulierte die berühmte Gleichung $E = mc^2$?

Die Formel ist das Werk des großen Wissenschaftlers Albert Einstein. Und sie bedeutet folgendes: Wenn ein Atom von einem Neutron zertrümmert wird, ist die Masse aller Bruchstücke kleiner als die des ursprünglichen Atoms plus des Neutrons. Das ist möglich, weil Energie freigesetzt wird. Man kann Einsteins Formel folgendermaßen erkären: E = freigesetzte Energie; m = verlorene Masse; c^2 = die Geschwindigkeit des Lichts im Quadrat. Die Energie, die in einer Kernreaktion freigesetzt wird, ist also gleich der verlorenen Masse multipliziert mit c^2. Und c^2 ist gewaltig, denn das Licht rast mit 300 000 Kilometern pro Sekunde dahin! Du siehst also, selbst wenn die Masse m winzig ist, wird die Energie E sehr groß sein. Der Wert von c^2 ist 300 000 mal 300 000! Du kannst versuchen, das auf deinem Taschenrechner auszurechnen. Einsteins Formel erklärt, warum bei der Atomspaltung so gigantische Mengen an Energie freigesetzt werden.

Albert Einstein

Gibt es so etwas wie Antimaterie?

Bis jetzt hat noch niemand bewiesen, daß Antimaterie irgendwo im Universum existiert. Aber die Forscher glauben, daß es sie logischerweise geben müßte. Genau wie Materie aus Teilchen besteht (die Atome bilden), müßte Antimaterie aus Antiteilchen bestehen. Ein Antiteilchen hätte die gleiche Masse wie ein bekanntes Teilchen, aber die entgegengesetzte Ladung. Das Antiteilchen des Elektrons (das negativ geladen ist) im Atom wäre also das gleichartige, aber umgekehrt geladene *Positron.*

Atome und Energie

Wer spaltete als erster ein Atom?

1919 gelang einem jungen Wissenschaftler, was die alten Griechen für unmöglich gehalten hatten. Er spaltete das Atom, und indem er das tat, wandelte er eine Substanz in eine andere um. Der Mann, der das schaffte, war Ernest Rutherford, der an der Universität von Cambridge forschte. Er beschoß die Atome eines Stickstoffgases mit Alphateilchen. Dadurch wurden sie in Sauerstoff und Wasserstoff gespalten.

Lord Rutherford

Was ist Radioaktivität?

Einige der schwersten Atome sind von Natur aus instabil und können in andere Atome zerbrechen. Wenn dieser Zerfall stattfindet, wird Radioaktivität abgestrahlt. Der französische Forscher Henri Becquerel entdeckte 1896 die Radioaktivität des Urans. Radioaktivität kommt in der Natur vor. Sie entsteht ebenfalls, wenn Wissenschaftler Atome spalten. Radioaktive Strahlung schadet der Gesundheit.

Wie mißt man Radioaktivität?

Die Einheit, mit der man die Radioaktivität einer Substanz mißt, heißt Becquerel (Bq), benannt nach dem Forscher, der die Radioaktivität entdeckte. Die Dosis der Radioaktivität wird in Sievert (Sv) angegeben.

Was versteht man unter Alpha- und Betateilchen?

Jeder radioaktive Stoff gibt eine oder mehrere Arten von Strahlung oder Teilchen ab; die bekanntesten sind Alphateilchen, Betateilchen und Gammastrahlen. Alphateilchen sind die Kerne von Heliumatomen, Betateilchen schnelle Elektronen. Gammastrahlen entstehen als eine Form der elektromagnetischen Strahlung.

Warum ist Strahlung schädlich?

Strahlung gefährdet die Gesundheit, weil sie die normale Funktion der Körperzellen stören kann. Man spricht dann von Strahlenkrankheit, die zu schweren Leiden, wie Krebs oder Leukämie, führen kann.

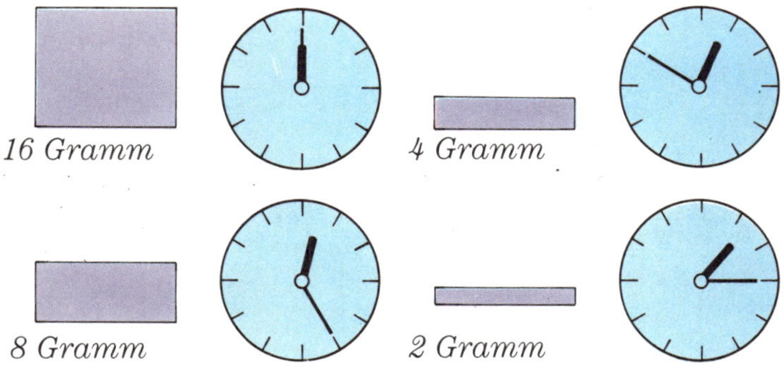

Halbwertzeit

Was bedeutet Halbwertzeit?

Radioaktivität tritt dann auf, wenn die Atome eines Stoffes auseinanderbrechen oder zerfallen. Die Halbwertzeit einer radioaktiven Substanz ist die Zeit, in der die Hälfte ihrer radioaktiven Atome zerfallen ist. Verschiedene Elemente zerfallen verschieden schnell. Uran-238 hat eine Halbwertzeit von 4510 Millionen Jahren – das entspricht ungefähr dem Alter der Erde. Also ist inzwischen die Hälfte allen Urans seit der Entstehung der Erde durch natürliche Radioaktivität zu Blei zerfallen.

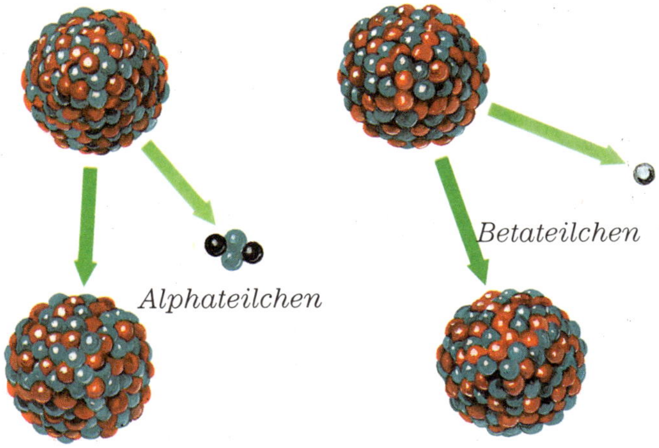

Alpha- und Betateilchen

Woher kommt die Bezeichnung „Nuklearenergie"?

Das Wort „nuklear" kommt von *nucleus,* dem Kern des Atoms. Wenn irgendeine Veränderung am Atomkern eintritt, wird Energie abgegeben. Diese Energie heißt Nuklearenergie. Sowohl in den Sternen und der Sonne als auch auf der Erde kommt sie in natürlicher Form vor. Sie kann aber auch in Kernkraftwerken oder Atombomben erzeugt werden.

Was ist der Unterschied zwischen Kernspaltung und Kernfusion?

Beides sind Kernreaktionen. Bei der Kernspaltung wird ein schwerer Kern (meist Uran) zertrümmert. Bei der Kernfusion verschmelzen leichte Atomkerne miteinander, sie fusionieren. Fusion erzeugt eine *thermonukleare* Reaktion und ist die stärkste bekannte Energiequelle. Kernspaltung findet in Kernkraftwerken oder Atombomben statt, Kernfusion in Wasserstoffbomben. Eines Tages kann man vielleicht mit Hilfe der Kernfusion unbegrenzt Energie gewinnen.

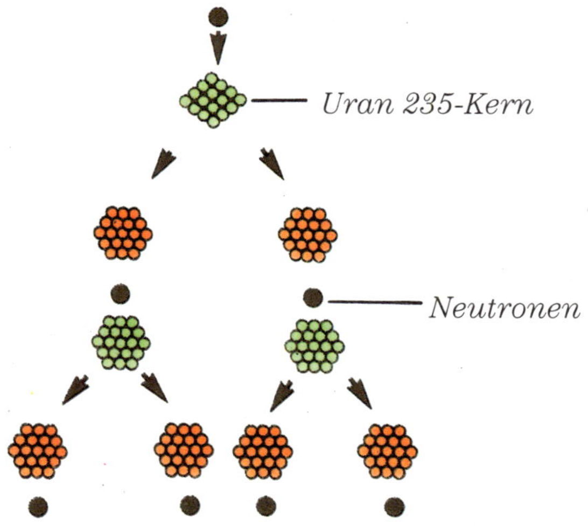

Nukleare Kettenreaktion, Grundlage der Atombombe

Was ist eine Kettenreaktion?

Wenn ein Ereignis ein ähnliches Ereignis auslöst, das seinerseits wieder mehrere gleichartige Ereignisse verursacht, findet eine Kettenreaktion statt. Wenn ein Neutron mit einem Uranatom zusammenstößt, teilt sich das Atom. Es stößt gleichzeitig zwei oder drei freie Neutronen aus. Diese prallen ihrerseits wieder mit anderen Atomen zusammen usw. Diese Kettenreaktion, Kernspaltung genannt, erzeugt Energie in Form von Hitze.

Wer baute den ersten Kernreaktor?

1942 betrieb Enrico Fermi an der Universität Chicago in den Vereinigten Staaten Kernforschung. In der Squash-Halle der Universität bauten er und Leo Szilard die erste Atomsäule, in der eine Kettenreaktion in Gang gesetzt und gesteuert werden konnte. Die Säule bestand aus mit Graphit voneinander getrennten Uranblöcken. Um den Reaktor zu stoppen, konnten Cadmiumstäbe eingeführt werden (Cadmium absorbiert Neutronen besonders gut).

Warum benutzen die Forscher Uran, um Nuklearenergie zu erzeugen?

Uran ist ein recht häufig vorkommendes Metall, das von Natur aus radioaktiv ist. Bei einer bestimmten Art des Urans ist die Kernspaltung recht leicht herbeizuführen und eine Kettenreaktion in Gang zu setzen. Darum verwendet man es in den Kernkraftwerken als Brennstoff.

Die Sonne

Was hat die Sonne mit Kernkraft zu tun?

Ohne die Wärme und das Licht der Sonne gäbe es kein Leben auf der Erde. Die Energie der Sonne stammt, wie die anderer Sterne, aus Kernreaktionen in ihrem unvorstellbar heißen Inneren. Wasserstoffatome verschmelzen in einer Fusionsreaktion, die die Lebensenergie der Sonne freisetzt, zu Helium.

Atome im Einsatz

Was geschieht in einem Kernreaktor?

Ein Reaktor enthält in Brennstäben versiegeltes Uran. Die Stäbe sind zu Gruppen zusammengefaßt, die man Brennelemente nennt. Eine Flüssigkeit (Wasser oder geschmolzenes Metall) oder ein Gas umspült die Stäbe zur Kühlung. Spezielle Regelstäbe aus einem Material, das Neutronen absorbiert, können zwischen den Brennstoffelementen auf und ab bewegt werden. Werden sie abgesenkt, unterbrechen diese Stäbe die Kettenreaktion. Als zusätzliche Sicherung, daß nicht ungewollt Neutronen entkommen, sind die Elemente von einem *Moderator* umgeben (hier kann wiederum Wasser verwendet werden). Der Moderator lenkt die Neutronen in die ablaufende Reaktion zurück. Um die gefährliche Radioaktivität, die bei einer Kettenreaktion entsteht, nicht freiwerden zu lassen, ist die Reaktoreinheit von dicken Stahl- oder Betonwänden abgeschirmt.

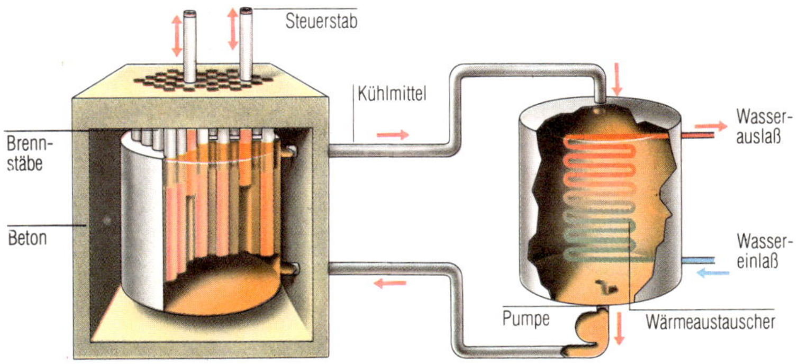

Das Innere eines Kernreaktors

Wie entsteht in einem Reaktor Elektrizität?

Ein Kernkraftwerk arbeitet in diesem Punkt genauso wie ganz normale Öl- oder Kohlekraftwerke, indem es Wasser erhitzt und mit dem Dampf Turbinen antreibt. Die Hitze zur Dampferzeugung entsteht aus der großen Energie, die durch die Kettenreaktion im Reaktor des Werks erzeugt wird.

Was ist ein Brutreaktor?

Stell dir vor, ein Kohlekraftwerk würde Kohle herstellen, während es sie gleichzeitig verbrennt! 1951 entwickelte Walter Zinn einen Kernreaktor, der tatsächlich seinen eigenen Brennstoff produzierte. Mit Uran-235 erzeugte der Reaktor Hitze zur Stromgewinnung. Aber als Nebenprodukt stellte er ein neues Element, das Plutonium, her, das in anderen Kernreaktoren als Brennstoff verwendet werden kann.

Wieviel Kraft kann ein Kernreaktor erzeugen?

Ein einzelner Kernreaktor kann soviel Hitze erzeugen wie 40 Millionen 100-Watt-Glühbirnen.

Was geschah in Tschernobyl?

Im April 1986 kam es im Kernkraftwerk von Tschernobyl in der Ukraine zu einem Unfall. Ein Reaktor explodierte, und große Mengen radioaktiver Gase entwichen in die Atmosphäre. Weite Landstriche wurden radioaktiv verseucht, Pflanzen und Tiere erkrankten. Die Menschen, die in der Umgebung des beschädigten Kraftwerks lebten, mußten evakuiert und umgesiedelt werden. Es war zu gefährlich, den Reaktor zu reparieren, darum wurde er mit Beton abgedichtet. Er wird für viele Jahre versiegelt bleiben müssen – wahrscheinlich für immer.

Die Strahlung der Tschernobyl-Katastrophe breitete sich fast über ganz Europa aus.

Wann wurden erstmals Atombomben auf Städte abgeworfen?

Die ersten Atombomben wurden während des Zweiten Weltkriegs (1939-45) abgeworfen. Die Wissenschaftler der Alliierten hatten entdeckt, wie man eine Kettenreaktion starten und damit eine viel stärkere Explosion hervorrufen konnte als mit jedem damals bekannten Sprengstoff. Die ersten Atombomben fielen 1945 auf die japanischen Städte Hiroshima und Nagasaki. Jede der Bomben hatte die Zerstörungskraft von 20 000 Tonnen des Sprengstoffs TNT (= Trinitrotoluol). Beide Städte wurden zerstört und mehr als 200 000 Menschen getötet. Noch viel mehr Menschen starben erst später an den Folgen der tödlichen Strahlung. Der Abwurf der A-Bomben zwang Japan zur Kapitulation und beendete so den Krieg.

Was ist der Unterschied zwischen einer Atombombe und einer Wasserstoffbombe?

Eine Atombombe bezieht ihre Energie aus der Kern*spaltung*. Die Wasserstoffbombe (H-Bombe) gewinnt die Energie aus der Kern*fusion* oder -verschmelzung und wird auch *thermonukleare* Waffe genannt. Um die gewaltige Hitze zu erzeugen, die zum Zünden einer H-Bombe nötig ist, muß erst eine gewöhnliche A-Bombe zur Explosion gebracht werden.

Welches ist die stärkste Kernwaffe?

Die Explosivkraft einer A-Bombe wird in Kilotonnen gemessen. Eine Kilotonne entspricht 1000 Tonnen TNT. Die H-Bombe ist wesentlich stärker. Ihre Explosivkraft mißt man in Megatonnen. Eine Megatonne entspricht einer Million Tonnen TNT. Die größte H-Bombe, von der man weiß, wurde 1961 bei einem Atomwaffentest der Sowjetunion gezündet und hatte 60 Megatonnen.

Unterirdischer Kernwaffentest

Warum ist Atommüll gefährlich?

Kernkraftwerke erzeugen Schrott, der zum Teil durch die Strahlung verseucht ist. Wenn ein altes Kernkraftwerk stillgelegt wird, können alle Teile, die mit der Strahlung in Berührung waren, gefährlich sein. Genauso ist es mit dem Abfall, der übrigbleibt, wenn abgebrannte Brennstäbe zu neuen wiederaufbereitet werden.

Wie können wir den Atommüll loswerden?

Es ist schwierig, Atommüll zu beseitigen, besonders weil die Wirkung der Strahlung oft erst nach vielen Jahren nachläßt. Atomabfälle werden heute meistens in aufgelassenen Bergwerken oder Salzstollen gelagert. Die Abfälle müssen erst in Behältern versiegelt werden, so daß keine Radioaktivität entweichen und die Umwelt verseuchen kann. Die gefährlichsten Abfälle werden in Glas eingegossen, bis sie abgekühlt sind. Das dauert mindestens fünfzig Jahre.

Faß mit hochgiftigem Atommüll

Wird es eines Tages atomgetriebene Raumschiffe geben?

Schon jetzt umkreisen einige Satelliten die Erde, die die Elektrizität für ihre Instrumente mit Atomkraft erzeugen. Heutige Raumschiffe benutzen Raketen mit chemischem Treibstoff. Für künftige Reisen zu den Planeten und weiter hinaus braucht man wahrscheinlich atomare Triebwerke, die jahrelang ohne Nachtanken auskommen.

Was ist ein Isotop?

Fast alle Elemente haben Atome mit zwei oder mehr verschiedenen Gewichten. Atome, die zum selben Element gehören, aber verschieden schwer sind, nennt man Isotope. Wasserstoff hat zum Beispiel drei Isotope namens Protium, Deuterium und Tritium.

Wozu kann man Isotope gebrauchen?

Einige radioaktive Isotope sind für Industrie und Medizin sehr nützlich. Die Strahlung des Isotops Kobalt-60 zum Beispiel kann anstelle von Röntgenstrahlen verwendet werden, um Metalle zu durchleuchten und so Risse und andere Fehler festzustellen. Außerdem benutzen Ärzte radioaktive Isotope, um die inneren Organe des Menschen bildlich darzustellen.

Wer könnte einen atomaren Herzschrittmacher gebrauchen?

Einem Menschen, dessen Herz nicht mehr richtig arbeitet, kann mit Atomenergie geholfen werden. Ihm wird ein Gerät eingepflanzt, das Schrittmacher heißt. Es sendet elektrische Impulse aus, die den Herzschlag anregen und regulieren. Der Strom für den Schrittmacher kann aus einer winzigen Atombatterie kommen.

Was ist ein Geigerzähler?

Das ist ein Gerät, das Strahlung aufspürt und sie mißt, zum Beispiel Alphateilchen und Gammastrahlen. Geologen benutzen es, um Lagerstätten von Uranerz zu finden. Der Geigerzähler wurde 1908 von Hans Geiger erfunden.

Was macht ein Teilchenbeschleuniger?

Die Forscher benutzen Teilchenbeschleuniger (sie werden Zyklotron oder Synchrotron genannt), um elektrisch geladene Teilchen zu untersuchen. Der Beschleuniger ist eine Art gigantische Rennbahn, in der die Teilchen durch ein Magnetfeld auf sehr hohe Geschwindigkeiten gebracht werden. Mit den hochbeschleunigten Teilchen beschießt man dann Atomkerne. Das erste Zyklotron wurde 1931 von dem amerikanischen Physiker E.O. Lawrence gebaut.

Warum kann ein atomgetriebenes U-Boot so lange unter Wasser bleiben?

Ein Atom-U-Boot wird von Dampfturbinen angetrieben, wobei ein Kernreaktor den Dampf erhitzt. So ein U-Boot muß nur sehr selten einen Hafen anlaufen, um nachzutanken. Das erste atomgetriebene U-Boot der Welt war die *Nautilus* der amerikanischen Marine (1955). Aus einem Klumpen Uran in der Größe einer Glühbirne gewann das U-Boot genug Energie, um 100 000 km weit fahren zu können. 1960 tauchte das Atom-U-Boot *Triton* der US-Marine in drei Monaten um die ganze Welt – eine Entfernung von 67 000 Kilometern – und das, ohne auch nur ein einziges Mal anlegen und Treibstoff bunkern zu müssen.

Atom-U-Boot

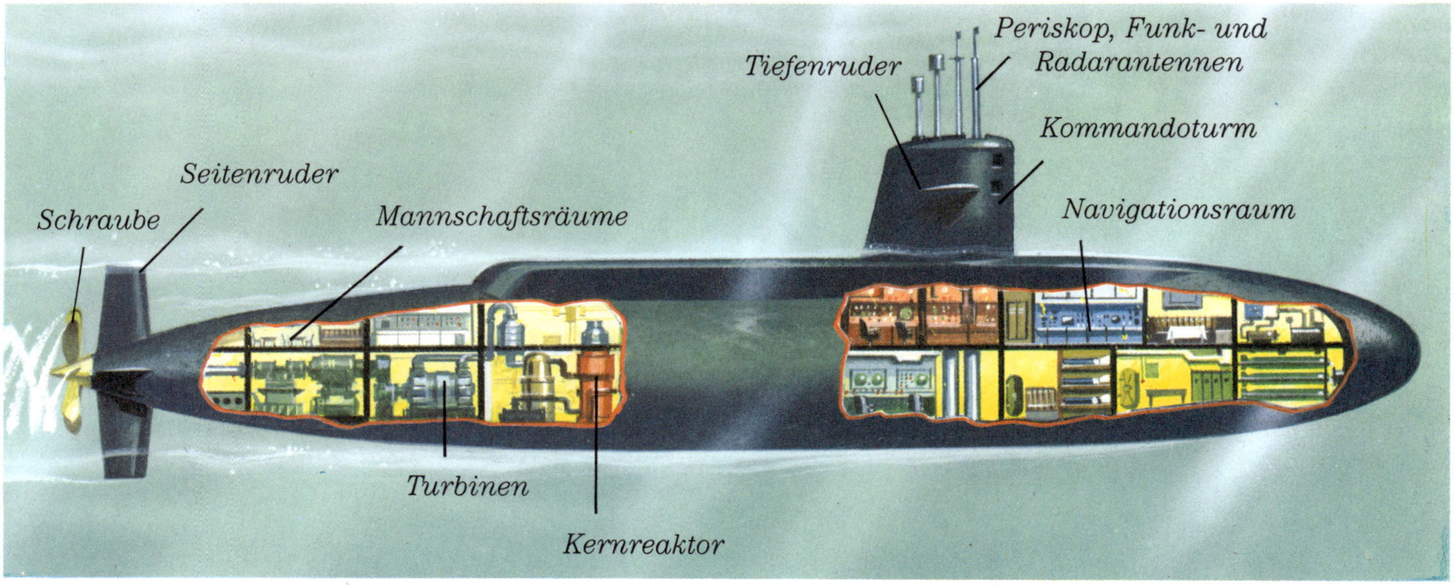

DIE ELEMENTE

Was ist ein Element?

Ein Element ist ein Stoff, der aus einer einzigen Sorte Atome besteht. Alle Atome eines Elements haben dieselbe Ordnungszahl (Atomnummer); es ist unmöglich, ein Element in Bruchstücke mit unterschiedlichen chemischen Eigenschaften zu zerlegen.

Wie viele Elemente gibt es?

In der Natur kommen 92 Elemente vor. Andere können nur im Labor durch kernphysikalische Reaktionen künstlich hergestellt werden. Alles in allem hat man bis jetzt 109 Elemente isoliert.

Welches sind die häufigsten Elemente auf der Erde?

Das häufigste Element in der Erdkruste ist Sauerstoff mit etwa 50% Gewichtsanteilen. Danach kommt Silicium mit etwa 28 Gewichtsprozent.

Welches ist das seltenste Element?

Das seltenste natürliche Element ist Astatin. Es entsteht beim Zerfall des radioaktiven Urans. Astatin kann künstlich hergestellt werden, ist aber sehr instabil.

Was ist ein Mineral?

Die meisten chemischen Elemente reagieren so leicht mit anderen, daß man sie selten in reiner Form, sondern nur in Form von Verbindungen mit anderen Elementen antrifft. Solche Elemente kombinieren sich untereinander zu Mineralen. Man kennt etwa 3000 Minerale.

Was war der Ursprung aller Dinge?

Der griechische Philosoph Thales von Milet, der um 640 v.Chr. lebte, glaubte, daß alle Materie aus Wasser aufgebaut sei, dem Ursprung aller Dinge. Heraklit, um 500 v.Chr., hielt Feuer für diesen Ursprung. Andere Philosophen glaubten, es sei die Luft. Erst Aristoteles (384-322 v.Chr.) kam auf die Idee, daß es vier Elemente gebe: Feuer, Luft, Erde und Wasser.

Sauerstoff ist das häufigste Element auf der Erde; der größte Teil befindet sich in den Ozeanen.

Was verstanden die Alchimisten des Mittelalters unter „Element"?

Im Mittelalter glaubten die Alchimisten, daß alle Materie auf drei Elementen aufgebaut sei. Diese waren Salz, Schwefel und Quecksilber, wobei der Schwefel für das Prinzip des Brennbaren stand. Sie glaubten, daß Gold aus reinem Quecksilber und Schwefel gemacht würde. Weniger wertvolle, unedle Metalle enthielten angeblich unreinen Schwefel.

Im Mittelalter träumten Alchimisten davon, unedles Metall in Gold zu verwandeln.

Was war der Stein der Weisen?

Die Alchimisten träumten davon, einen Weg zu finden, unedle Metalle wie Blei in reines Gold zu verwandeln. Zu diesem Zweck, glaubten sie, sei es nötig, eine dritte, magische Substanz einzusetzen, den Stein der Weisen. Ihre Suche blieb fruchtlos, denn so einen magischen Stein gibt es nicht.

Wann wurden die meisten Elemente entdeckt?

Einige Elemente, etwa Kupfer, Gold und Eisen, sind seit prähistorischen Zeiten bekannt. Aber die meisten wurden erst in den letzten 200 Jahren in ihrer reinen Form entdeckt (isoliert). Um 1830 waren rund 50 Elemente bekannt. Die Elemente mit den Ordnungszahlen 93 bis 109 wurden alle erst nach 1940 entdeckt.

Tut-ench-Amuns Goldmaske entstand 1352 v. Chr.

Was ist das Periodensystem der Elemente?

Um 1860 fiel den Forschern auf, daß es „Familienähnlichkeiten" zwischen gewissen Gruppen von Elementen gab. Sie ordneten die Gruppen in einer Tabelle, die man das Periodensystem der Elemente nennt. Der russische Chemiker Dimitri Mendelejew entwarf diese Tabelle 1870. Sie hatte noch Lücken, aber er war sicher, daß es noch unentdeckte Elemente gab. Das Periodensystem hat 18 senkrechte Spalten. Deren Verhältnis zueinander wiederholt sich periodisch in jeder der waagerechten Reihen.

Mendelejew, Cavendish und Davy

Gibt es Elemente, die nicht in das Periodensystem passen?

Am Fuße des Periodensystems stehen zwei Serien von Elementen, die etwas aus der Reihe tanzen. Die Elemente 58 bis 71 werden seltene Erden oder Lanthaniden genannt. Die Elemente 90 bis 103 bezeichnet man als Aktiniden.

Wer war Henry Cavendish?

Henry Cavendish (1731-1810), ein englischer Adliger mit einer Leidenschaft für die Forschung, entdeckte 1766 den Wasserstoff. Dieses neue Gas war so leicht, daß es später erste Flugexperimente mit Ballons auslöste. Cavendish entdeckte auch, daß Wasser sich aus Wasserstoff und Sauerstoff zusammensetzte.

Wie viele Elemente entdeckte Humphry Davy?

Der englische Chemiker Sir Humphry Davy (1778-1829) entdeckte folgende sechs Elemente: Bor, Natrium, Magnesium, Kalium, Kalzium und Barium. Besser bekannt ist er wahrscheinlich als Erfinder einer Sicherheitsgrubenlampe für den Bergbau, die auch nach ihm benannt ist.

Welches ist das bisher letzte Element, das man entdeckt hat?

Das Element 108 namens Unniloctium wurde 1984 entdeckt. Der Name bedeutet „108", und es wurde eigentlich erst nach dem Element 109 identifiziert, das Unnilennium heißt.

Wonach werden die Elemente benannt?

Einige tragen ihren Namen zu Ehren ihrer Entdecker. Das Polonium wurde beispielsweise nach Polen benannt, weil die Entdeckerin des Elements, die Wissenschaftlerin Marie Curie, eine gebürtige Polin war. Andere haben griechische oder lateinische Namen oder heißen nach dem Ort, wo man sie erstmals fand.

Warum gibt man den Elementen Symbole?

Wissenschaftler benutzen eine Art Kurzschrift, um Zeit und Platz zu sparen, wenn sie die Namen der Elemente niederschreiben. Jedes Element hat ein Symbol. Dieses enthält immer einen Groß- und einen Kleinbuchstaben, so daß man lange chemische Formeln leichter aufschreiben kann. Sauerstoff hat beispielsweise die Abkürzung O (für Oxygen), Helium die Abkürzung He und Silber die Abkürzung Ag (vom lateinischen Wort für Silber, *argentum*). Du fragst dich sicher: Warum kann Silber nicht einfach S oder Si sein? Weil S das Symbol für Schwefel ist, und Si steht für Silicium.

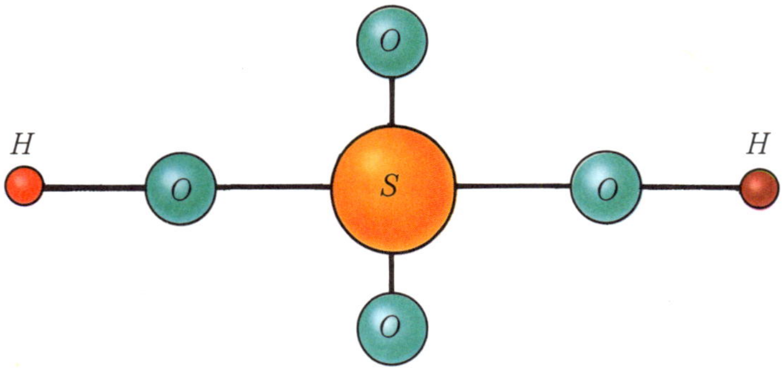

Formel für Schwefelsäure

Wie schreibt man chemische Formeln?

Eine chemische Formel ist ein Code, der die Zusammensetzung eines Stoffes zeigt. Die Formel für Schwefelsäure lautet zum Beispiel H_2SO_4. Daran kann man ablesen, daß jedes Molekül Schwefelsäure zwei Wasserstoffatome, ein Schwefel- und vier Sauerstoffatome enthält.

Aggregatzustände

Was sind Aggregatzustände?

Materie kann in drei Aggregatzuständen existieren: fest, flüssig und gasförmig. Feste Stoffe haben sowohl Form als auch Volumen; ihre Moleküle halten sehr eng zusammen. Flüssigkeiten besitzen zwar auch Volumen, aber keine Form; ihre Moleküle sind weniger fest aneinander gebunden, so daß die Flüssigkeit in einen Behälter fließen kann. Gase haben weder Volumen noch Form; ihre Moleküle bewegen sich frei.

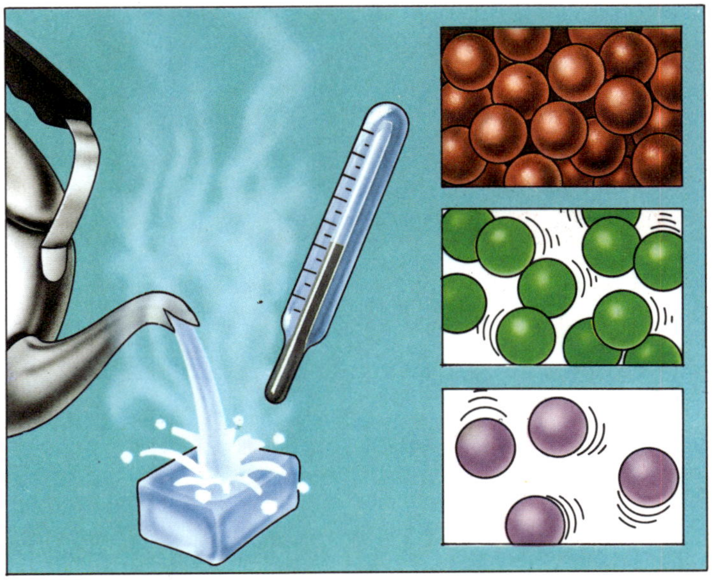

Wasser kann als Feststoff (Eis), Flüssigkeit (Wasser) oder Gas (Dampf) vorkommen. In jedem Fall verhalten sich die Moleküle unterschiedlich, wie hier dargestellt.

Kann ein Stoff seinen Aggregatzustand ändern?

Viele Substanzen ändern ziemlich leicht ihren Aggregatzustand, wenn man sie erhitzt oder abkühlt. Wasser ist bei normaler Temperatur eine Flüssigkeit, wird aber zu Gas (Wasserdampf), wenn man es erhitzt. Wenn man es dagegen abkühlt, wird es zu einem Feststoff (Eis).

Sind alle Minerale Feststoffe?

Bis auf Wasser und Quecksilber, die flüssig sind, sind alle 3000 bekannten Minerale Feststoffe.

Kann man ein Gas sehen?

Die meisten Gase sind unsichtbar, weil ihre Moleküle so dünn verteilt sind. Ein Gas kann verflüssigt werden, indem man es abkühlt; dann wird es sichtbar.

Warum sind Regentropfen birnenförmig?

Auf der Erde sind Wassertropfen nicht kugelförmig, weil die Schwerkraft die flüssigen Kugeln in die Länge zieht. Schau dir einen tropfenden Wasserhahn an, dann wirst du sehen, daß die Tropfen birnenförmig sind. Mit Regentropfen ist es genauso.

Wie verhalten sich Flüssigkeiten im Weltraum?

Die Astronauten im Weltraum müssen aufpassen, daß sie ihr Trinkwasser nicht verschütten. Die Flüssigkeit formt sich zu Kugeln, weil alle Wassermoleküle sich gleichmäßig anziehen und die Flüssigkeit dadurch eine vollkommen symmetrische Form annimmt, aber es gibt keine Schwerkraft, durch die diese Kugeln herunterfallen könnten. Kleine Wasserkügelchen schweben in einem Raumschiff wie Seifenblasen herum.

In einer Raumkapsel würde einem Astronauten der Orangensaft aus dem Becher schweben.

Was ist Schwerelosigkeit?

Im freien Fall im Weltraum wird der Körper schwerelos. Ein Astronaut in einem Raumschiff in der Umlaufbahn kann in schwerelosem Zustand herumschweben; für eine kurze Zeit kann man das auch in einem Flugzeug, das eine besondere, *parabolische* Flugbahn hat.

Was ist Verdunstung?

Wenn man eine Flüssigkeit erhitzt, verwandelt sie sich in Dampf. Der Dampf aus einem kochenden Kessel ist Wasserdampf – ein Gas. Dasselbe passiert, wenn die Sonne auf einen nassen Zweig scheint, man kann den Dunst aufsteigen sehen. Das ist Verdunstung oder Verdampfung. Mittels Verdampfung kann man Salz aus salzigem Wasser gewinnen. Beim Kochen verdampft das Wasser, und die festen Salzkristalle bleiben übrig.

Glasbläserei

Ist Glas ein Feststoff?

Glas läßt sich am besten als geronnene (das heißt, beim Auskühlen verhärtete) Flüssigkeit beschreiben. Ein echter Feststoff hat einen ganz bestimmten Schmelzpunkt, an dem er sich verflüssigt. Aber wenn man Glas erhitzt, wird es nur weicher und weicher, ohne einen richtigen Schmelzpunkt zu haben.

Boyle'sches Gesetz: Wenn bei konstanter Temperatur das Volumen eines Gases halbiert wird, verdoppelt sich immer der Druck.

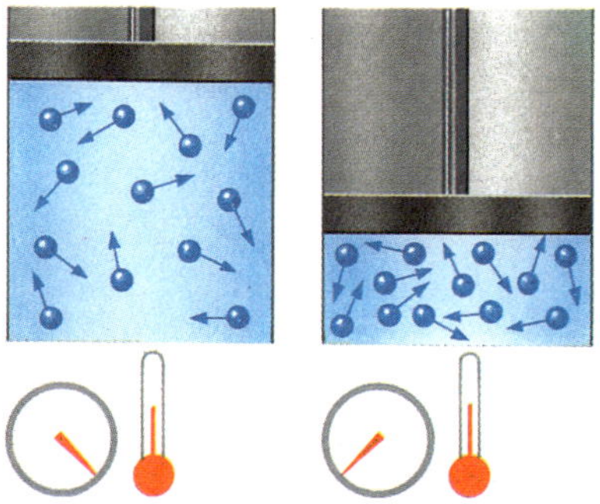

Was ist das Boyle'sche Gesetz?

Robert Boyle machte 1662 eine wichtige Entdeckung hinsichtlich des Verhaltens bestimmter Gase: Wenn die Temperatur konstant (gleich) bleibt, wird das Gas in einem Behälter sein Volumen halbieren, wenn man den Druck verdoppelt. Wenn man den Druck halbiert, verdoppelt sich das Volumen.

Warum platzt ein Ballon, wenn man ihn zusammendrückt?

Wenn du einen Ballon aufbläst und dann zusammendrückst, verringert sich das Volumen der Luft darin, und der Druck steigt an. Irgendwann wird der Druck im Inneren so groß, daß der Ballon platzt. Dies ist eine praktische Demonstration des Boyle'schen Gesetzes.

Warum wird ein halbvoller Ballon prall, wenn er in die Sonne kommt?

Je wärmer ein Gas wird, desto größer wird sein Volumen. Du kannst das an einem Sommertag selbst ausprobieren. Blas einen Ballon auf, bis er halbvoll ist, dann schnür ihn zu, und leg ihn in die Sonne. Wenn die Hitze der Sonne die Luft im Ballon erwärmt, dehnt sie sich aus, und der Ballon füllt sich. Das demonstriert ein weiteres Gasgesetz, das etwa 1787 von dem französischen Forscher Jacques Charles entdeckt wurde. Das Charles'sche Gesetz besagt, daß sich das Volumen eines Gases bei gleichbleibendem Druck verdoppelt, wenn man seine Temperatur verdoppelt.

Wie entstehen Kristalle?

Kristalle sind Feststoffe, die in der Natur in einer schier endlosen Fülle von Formen und Größen vorkommen. Die meisten festen Stoffe, einschließlich der Minerale und Metalle, sind kristallin. Du kannst selbst beobachten, wie Kristalle in einer Zuckerlösung wachsen. Gib ein paar Löffel Zucker ins Wasser, rühr gut um, bis er sich aufgelöst hat, und bring dann das Ganze zum Kochen. Das Wasser fängt an, zu verdampfen. In der Lösung verbleibt im Verhältnis zum Wasser immer mehr Zucker. Irgendwann ist das restliche Wasser mit Zucker gesättigt, und der Zucker fängt an, Kristalle zu bilden, auszukristallisieren.

Kalziumsulfat-Kristalle aus dem Belag eines Wasserkessels.

Wie viele Seiten hat eine Schneeflocke?

Die alten Griechen untersuchten Eis und Schnee und entdeckten Muster darin. Eine Schneeflocke ist ein Kristall aus gefrorenem Wasser. Erst unter dem Mikroskop enthüllen die Schneeflocken ihre wunderschönen Formen. Aber jede Flocke hat dieselbe Anzahl von Seitenästen, nämlich sechs. Schneeflocken sind *hexagonale* (sechsseitige) Kristalle. Wissenschaftler unterteilen die Kristalle in sechs Familien entsprechend ihrer symmetrischen Gestalt.

Löse etwas Zucker in Wasser auf; wenn es verdunstet, bilden sich Zuckerkristalle.

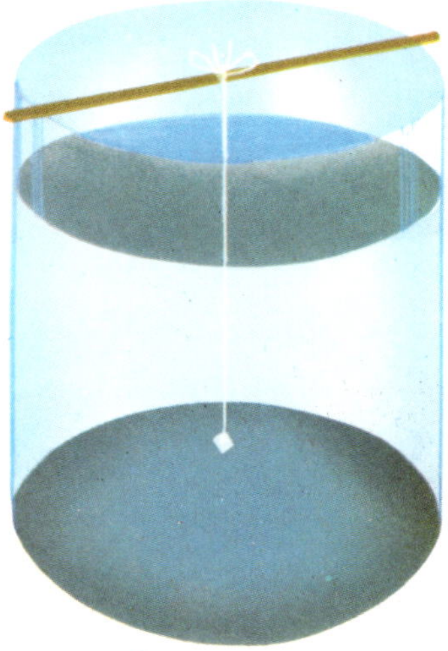

Hänge einen Faden in eine kräftige Salzlösung; an seinem Ende bildet sich ein Salzkristall.

Warum sind Feststoffe elastisch?

Ein durch einen Stoß verformter Körper wird langsam wieder seine ursprüngliche Gestalt annehmen. Dies nennt man Elastizität. Die wohl bekanntesten elastischen Körper sind Gummibänder, die sich auseinanderziehen lassen. Aber tatsächlich ist jeder Festkörper bis zu einem gewissen Grad elastisch. Wir würden in einer sehr seltsamen Welt leben, wenn jeder Gegenstand nach einem Stoß oder einer Berührung seine veränderte Form beibehalten würde.

Chemische Reaktionen

Was sind chemische Reaktionen?

Wenn man zwei oder mehr Substanzen zusammenfügt, kann es passieren, daß sie sich zwar mischen, wie wenn man Sand und Wasser in einem Eimer verrührt, aber ihre ursprüngliche Form behalten. Wenn jedoch eine chemische Reaktion stattfindet, können sie sich chemisch verändern und zu einer neuen Art von Stoff werden. Wenn man beispielsweise Zink in Schwefelsäure gibt, findet eine Reaktion statt. Die Produkte sind Wasserstoff und Zinksulfat.

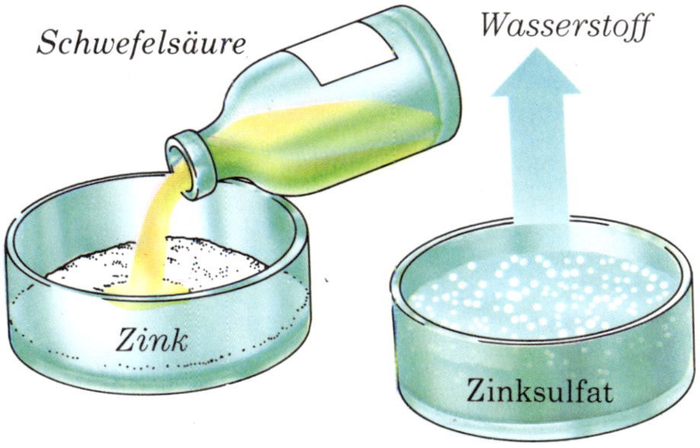

Eine einfache chemische Reaktion

Was ist eine Verbindung?

Eine Verbindung setzt sich aus zwei oder mehr Elementen zusammen, die mit physikalischen Mitteln nicht zu trennen sind. Wasser ist zum Beispiel eine Verbindung aus Wasserstoff und Sauerstoff. Jedes Wassermolekül besteht aus zwei Wasserstoffatomen, die mit einem Sauerstoffatom verbunden sind.

Wie unterscheidet sich eine Verbindung von einer Mixtur?

Salzwasser ist eine Mixtur aus zwei Bestandteilen: Salz und Wasser. Es ist leicht, die beiden zu trennen, indem man das Wasser kocht, worauf es verdunstet und die Salzkristalle zurückbleiben. Viel schwieriger ist es, Wasser oder Salz in seine einzelnen Elemente aufzuspalten; das geht nur, indem man einen elektrischen Strom hindurchleitet. Eine Mixtur kann leicht in ihre Bestandteile getrennt werden; eine Verbindung nicht.

Können Elemente Verbindungen bilden?

Bis auf sechs können sich alle Elemente mit anderen Elementen zu Verbindungen zusammensetzen. Diese sechs Außenseiter sind Gase: Helium, Neon, Argon, Krypton, Xenon und Radon. Sie finden sich in einer einzigen Gruppe des Periodensystems und heißen inerte Gase oder Edelgase, weil sie nicht, wie andere Gase, mit anderen Elementen Verbindungen eingehen.

Was ist eine chemische Umwandlung?

Eine Substanz kann chemisch verändert werden, indem man sie erwärmt. Wenn Kreide erhitzt wird, verwandelt sie sich in Gips und Kohlendioxidgas. Ein Stoff kann auch umgewandelt werden, indem man ihn mit einem anderen Stoff reagieren läßt. Die Elemente Kupfer und Schwefel verbinden sich zum Beispiel zu Kupfersulfat, wenn man sie gemeinsam erhitzt.

Was ist ein Katalysator?

Ein Katalysator ist eine Substanz, die eine chemische Reaktion beschleunigt, ohne sich selbst zu verändern oder an ihr teilzunehmen. Nickel kann beispielsweise verwendet werden, um die Reaktion von Wasserstoff mit Kohlenmonoxid zu Methan und Kohlendioxid zu unterstützen.

Was ist Verbrennung?

Verbrennung ist eine chemische Reaktion zwischen einem Gas und einer anderen Substanz. Wenn sich Eisen mit dem Sauerstoff der Luft verbindet, rostet es; das ist langsame *Oxidation.* Brennen ist eine andere, heftigere Form der Oxidation, die sowohl Licht als auch Hitze erzeugt. Ohne Luft kann keine Verbrennung stattfinden.

Warum braucht eine Flamme zwei Gase zum Brennen?

Wenn ein Gas brennt, entsteht eine Flamme. Aber damit die Flamme weiter lodert, muß ein zweites Gas vorhanden sein, um die Verbrennung in Gang zu halten. In einer brennenden Kerze verdampft das Wachs und wird zu Gas, das den Sauerstoff der Luft zum Weiterbrennen braucht. Stülpe ein Trinkglas über die Kerze, und die Flamme wird erlöschen, wenn sie den Sauerstoff aufgebraucht hat.

Warum wird Eisen rostig?

Hier verbindet sich das in einer Autokarosserie vorhandene Eisen mit dem Sauerstoff der Luft. Das Ergebnis der Reaktion ist Eisenoxid, kurz gesagt Rost.

Rost ist rotes Eisenoxid.

Warum ist manches Wasser hart und anderes weich?

Die Härte des Wassers hängt von der Menge der darin vorhandenen Kalzium- und Magnesiumsalze ab. Hartes Wasser läßt Seife nur wenig schäumen. Weiches Wasser ist frei von Salzen, und die Seife schäumt sofort. Eine Methode, Wasser zu enthärten, ist, Soda (oder Natriumkarbonat) hineinzugeben.

Woraus stellte man früher Seife her?

Seife wurde schon vor Tausenden von Jahren aus Tierfett und Holzasche gemacht. Aus der Holzasche gewann man Lauge. Die Seifenherstellung beruht auf einer chemischen Reaktion zwischen Fett und Lauge. Die Zutaten wurden in einem Bottich zu einer knetbaren Masse verkocht. Das Seifenkochen war eine schmutzige Arbeit, und die Leute beschwerten sich oft über den Gestank.

Wie machen Waschmittel die Kleidung sauber?

Waschmittel enthalten keine Seife. Sie sind petrochemische Produkte, die aus Kohle und Erdöl gewonnen werden. Sie funktionieren mit wasseranziehenden „Köpfen" und wasserabstoßenden „Schwänzen". Die „Schwänze" weichen dem Wasser aus und ragen in die Kleidung und den anhaftenden Schmutz hinein. Die „Köpfe" ziehen sie dann mitsamt dem Schmutz wieder aus dem Stoff ins Waschwasser hinaus.

Seifenherstellung im Mittelalter

Was war Lavoisiers Entdeckung?

Antoine Lavoisier lebte zwischen 1743 und 1794 und war ein französischer Wissenschaftler, einer der Begründer der modernen Chemie. Seine bedeutendste Entdeckung war, daß bei einer chemischen Reaktion keine Materie verlorengeht oder zerstört wird, selbst wenn sie ihre Form ändert. Dies ist eines der grundlegenden naturwissenschaftlichen Gesetze: das Gesetz der Massenerhaltung. Es bedeutet, daß die Masse der Stoffe, die bei einer chemischen Reaktion entstehen, immer genauso groß ist wie die Masse der an der Reaktion beteiligten Ausgangsstoffe. Lavoisier wurde während der Französischen Revolution auf der Guillotine hingerichtet.

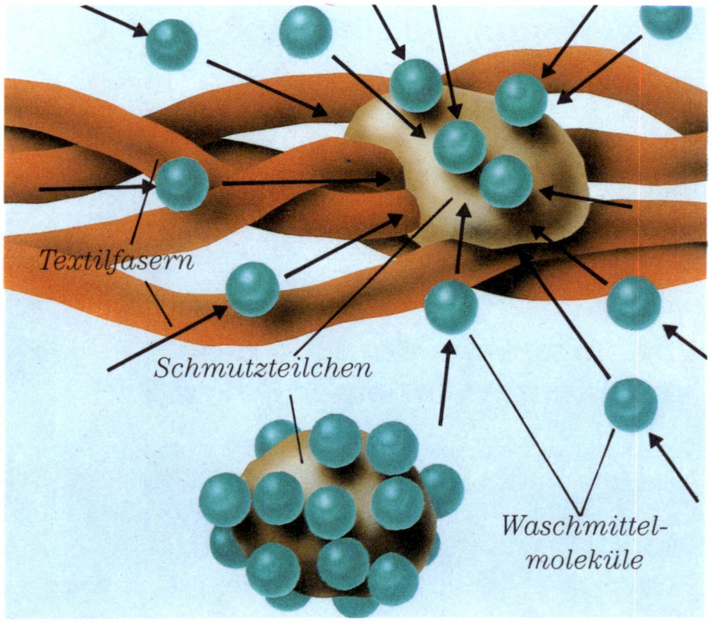

Waschmittel lösen sich im Wasser auf und binden dann die fettlöslichen Schmutzteilchen an sich.

Organische Chemie

Was ist organische Chemie?

Die organische Chemie befaßt sich mit Verbindungen, die das Element Kohlenstoff enthalten. Ungefähr 95 Prozent aller bekannten Verbindungen enthalten Kohlenstoff. Mit den Verbindungen anderer Elemente beschäftigt sich die anorganische Chemie.

Warum gibt es so viele Kohlenstoffverbindungen?

Kohlenstoff ist das einzige Element, das aus Atomen besteht, die sich zu Ketten, Ringen oder noch komplizierteren Bindungen zusammenfügen können. Das bedeutet natürlich, daß es eine riesige Anzahl von organischen (Kohlenstoff-)Verbindungen gibt; man kennt fast vier Millionen.

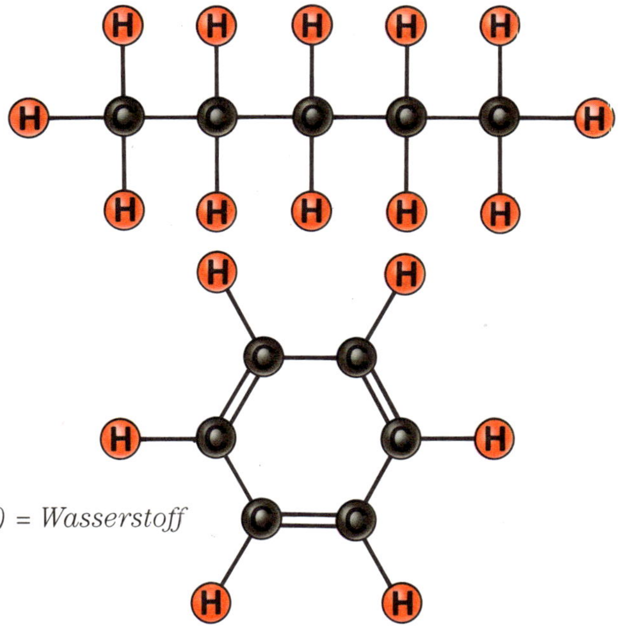

(H) = Wasserstoff

Kohlenstoffatome können lange Ketten und Ringe bilden.

Wo findet man Kohlenstoff?

Kohlenstoff kommt im Gestein der Erde vor, in Substanzen wie Kohle, Erdöl und Kalkstein. Als Gas (Kohlendioxid) findet man es in der Atmosphäre und auch in Wasser gelöst. Kohlenstoff gibt es auch auf der Sonne und anderen Planeten des Sonnensystems.

Woraus bestehen Diamanten?

Diamanten sind eine Form des Kohlenstoffs. Sie sind das härteste bekannte Material. Natürliche, ungeschliffene Diamanten sehen matt aus und haben wenig Glanz. Die wertvollen, funkelnden Edelsteine entstehen durch sorgfältiges Schleifen und Polieren.

Der aus Kohlenstoff bestehende Diamant ist die härteste bekannte Substanz.

Woraus besteht das Blei im Bleistift?

Das sogenannte Blei im Bleistift ist gar kein Blei, sondern Graphit, eine weitere Abart des Kohlenstoffs. Graphit ist so weich, daß er auf alles abfärbt, womit er in Berührung kommt.

Wieviel Kohlendioxid ist in der Luft?

Die Luft enthält nur etwa 0,03 Prozent Kohlendioxid. Dieser kleine Anteil ist aber ganz wichtig, weil ihn die Pflanzen zum Leben brauchen. Kohlendioxid findet man auch in Wasser gelöst oder kann es aus Kalkstein gewinnen.

Aus welcher Verbindung besteht die Schale eines Schalentieres?

Die Schalen von Seetieren wie Herzmuscheln oder Wellhornschnecken bestehen aus Kohlenstoffverbindungen, die *Karbonate* heißen. Karbonate sind Verbindungen aus Kohlenstoff, Sauerstoff und einem Metall. Einige Kalksteinablagerungen setzen sich fast vollständig aus den Schalen vor langer Zeit gestorbener Schalentiere zusammen.

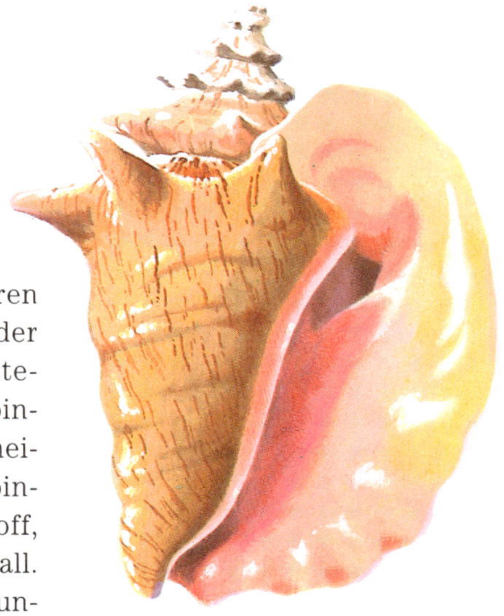

Die Schalen von Seeschnecken bestehen aus Kalzium.

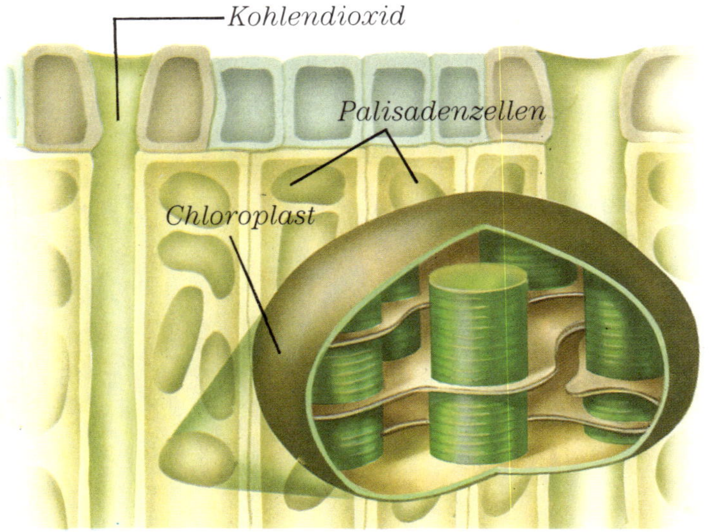

Photosynthese

Pflanzen stellen ihre Nahrung mittels Photosynthese her. Die Photosynthese findet in den Blättern statt (hier ist ein Querschnitt dargestellt).

Welcher chemische Prozeß ist die Grundlage allen tierischen und pflanzlichen Lebens?

Grünpflanzen wachsen und gedeihen durch einen Prozeß, der *Photosynthese* heißt. Die Pflanze nimmt die Energie des Sonnenlichts auf, um mit Hilfe einer chemischen Substanz namens Chlorophyll Kohlendioxid und Wasser (aus der Luft und aus dem Erdboden) in Zucker und Sauerstoff umzuwandeln. Die Pflanze ernährt sich von dem Zucker und gibt den Sauerstoff in die Atmosphäre ab. Wenn dieser Vorgang nicht ständig abliefe, könnte kein tierisches Leben auf der Erde existieren.

Was sind Kohlenhydrate?

Kohlenhydrate sind Verbindungen aus Kohlenstoff, Wasserstoff und Sauerstoff. Sie entstehen während des Prozesses der Photosynthese in Pflanzen (siehe den vorhergehenden Abschnitt). Die drei Hauptarten von Kohlenhydraten sind Zucker, Stärke und Zellulose.

Was ist der Kohlenstoffkreislauf?

Alle Tiere und Pflanzen verbrauchen Kohlenstoffverbindungen. Tiere atmen Sauerstoff ein und atmen Kohlendioxid aus. Pflanzen nutzen das Kohlendioxid bei der Photosynthese und geben ihrerseits Sauerstoff ab. Auch von verfaulenden Substanzen oder durch Brände wird Kohlendioxid freigesetzt.

Säuren, Basen und Salze

Was ist eine Säure?

Eine Säure ist eine chemische Verbindung, die Wasserstoff und mindestens ein anderes Element enthält. Schwefelsäure (mit der Formel H_2SO_4) besteht zum Beispiel aus Wasserstoff (H), Schwefel (S) und Sauerstoff (O). Säuren sind normalerweise Flüssigkeiten.

Welche Säuren kann man essen?

Bestimmte Säuren, die man organische Säuren nennt, kommen in eßbaren Pflanzen vor. Zum Beispiel gibt es Zitronensäure in Zitronen und Orangen; Äpfel, Pflaumen und Rhabarber enthalten Apfelsäure.

Essig und Zitrusfrüchte enthalten Säure.

Wie gefährlich sind manche Säuren?

Einige Säuren sind so stark, daß sie die Haut verätzen und sogar Metalle auflösen können. In konzentrierter Form muß man mit solchen Säuren sehr vorsichtig umgehen. Wenn man sie mit Wasser verdünnt, sind sie weniger gefährlich. Es gibt Säuren, die sich sogar durch Glas fressen können und deshalb in besonderen Behältern aufbewahrt werden müssen.

Starke Säuren verätzen die Haut und lösen Metall auf.

Welches ist die am häufigsten verwendete Säure?

Die nützlichste Säure für die Industrie ist Schwefelsäure. Man kann sie auf die verschiedensten Weisen billig herstellen. Man braucht sie zum Beispiel bei der Produktion von Kunstdünger. Ein anderer Name für Schwefelsäure ist Vitriol. Schon im 8. Jahrhundert war sie arabischen Wissenschaftlern bekannt und wurde als „auflösender Geist" beschrieben.

Wie kann man mit Säure den Belag in einem Kessel entfernen?

An der Innenseite eines Kessels oder Wassertanks können sich Ablagerungen von Kalziumkarbonat niederschlagen. Karbonate lassen sich mit den meisten Säuren auflösen, deshalb enthalten die im Handel erhältlichen Lösungen zum Reinigen der Kessel auch eine schwache Säure. Die löst den Kalk auf, und Kohlensäurebläschen entweichen.

Wie kann man Säure erkennen?

Mit einem Streifen Lackmuspapier kann man testen, ob Säure vorhanden ist. Das ist Papier, das mit einem blauen Farbstoff getränkt ist, der aus Pilzen gewonnen wird. Wenn Säure vorhanden ist, färbt sich das Lackmuspapier rot.

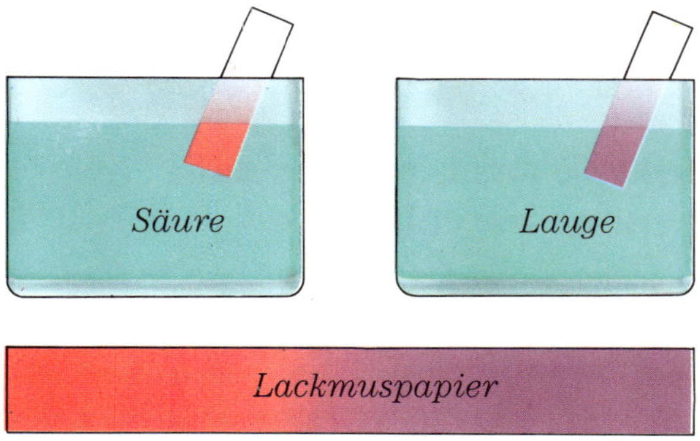

Lackmuspapier färbt sich in Säure rot und bleibt in Lauge blau.

Welche Säure hilft der Verdauung?

Salzsäure ist eine sehr starke Säure, die man in konzentrierter Form verwendet, um Metall zu säubern. Ein kleiner Anteil Salzsäure ist in den Verdauungssäften des Körpers enthalten. Diese Säfte helfen, die Nahrung im Magen zu verdauen.

Was ist Königswasser?

Königswasser ist eine Mischung aus konzentrierter Salz- und Salpetersäure. Es ist so stark, daß es jedes Metall – außer Silber – auflöst. Weil es Gold und Platin angreift (die man für die reinsten, edelsten Metalle hielt), erhielt es die Bezeichnung *aqua regia,* was Königswasser bedeutet.

Welche Säure ist in Pfirsichkernen enthalten?

Spuren von Blausäure finden sich in Pfirsichkernen und auch in Mandeln. Diese Säure enthält ein Zyanid und ist eines der tödlichsten Gifte, die es gibt. Sie riecht wie bittere Mandeln (aber nicht jeder Mensch kann den Geruch wahrnehmen).

Was ist eine Base?

Eine Base ist eine Substanz, die mit Säure zu Salz und Wasser reagiert. Die meisten Basen sind Oxide oder Hydroxide von Metallen; das heißt, sie sind die Produkte von Reaktionen mit Sauerstoff oder Wasserstoff. Die chemische Gesetzmäßigkeit, die man sich am leichtesten merken kann lautet:

Säure + Base = Salz + Wasser

Wenn das geschieht, sagt man, daß sich Säure und Base gegenseitig *neutralisieren.*

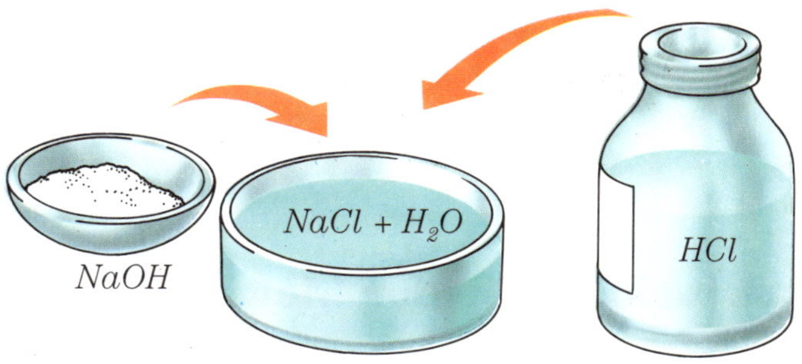

So kann man Natriumchlorid herstellen.

Wie stellt man gewöhnliches Kochsalz her?

Was passiert, wenn sich Salzsäure (HCl) mit Natronlauge (NaOH, einer Base) verbindet? Säure und Base neutralisieren sich und bilden Kochsalz (Natriumchlorid) und Wasser. Hier ist die chemische Formel für die Reaktion:

Säure Base Salz Wasser

$HCl + NaOH = NaCl + H_2O$

Metalle

Was ist ein Metall?

Man kann die Elemente in zwei grundlegende Gruppen aufteilen: Metalle und Nichtmetalle. Metalle kann man polieren oder zum Glänzen bringen, sie leiten Elektrizität und Wärme relativ leicht und sind hämmerbar. Man kann sie in eine bestimmte Form hämmern oder zu einem Draht ziehen. Mehr als siebzig aller bekannten Elemente sind Metalle.

Was ist eine Legierung?

Eine Legierung ist eine Mischung verschiedener Metalle oder von Metallen und anderen Stoffen. Kupfer beispielsweise ist ein reines Metall und ein Element. Wenn man nun Kupfer und Zinn miteinander vermischt, indem man sie so lange erhitzt, bis sie schmelzen, bilden sie eine Legierung, die man Bronze nennt.

Bronze ist eine der ältesten Legierungen. Diese Bronzespeere sind beinahe 2000 Jahre alt.

Aus welchen beiden Metallen besteht Messing?

Messing ist eine Legierung aus Kupfer und Zink. Man kennt es schon von alters her, und Musikinstrumente aus Messing werden schon in der Bibel erwähnt.

Wo findet man Metalle?

Metalle findet man in der Erde, wenn auch selten in reiner Form. Gold, Platin (und manchmal Kupfer und Silber) kommen in purem Zustand vor, aber alle anderen Metalle gewinnt man aus Erzen.

Was ist ein Erz?

Erz ist ein Stoff, der nicht nur Metall, sondern auch andere Substanzen enthält, etwa Sauerstoff, Schwefel oder Kohlenstoff. Um das reine Metall zu erhalten, muß man diese Substanzen durch Erhitzen oder *Elektrolyse* entfernen.

Was versteht man unter der relativen Dichte eines Metalls?

Mit dem Begriff der „relativen Dichte" kann man recht einfach beschreiben, wie schwer ein Metall ist. Eisen hat eine relative Dichte von 7,8. Das heißt, daß es 7,8 mal so schwer ist wie Wasser.

Das berühmte Experiment des Archimedes bewies, daß die Krone des Königs kein reines Gold war.

Wie konnte Archimedes sein Experiment beweisen?

Der berühmte griechische Wissenschaftler Archimedes sollte eines Tages feststellen, ob die Krone des Königs von Syrakus aus reinem Gold war. Er tauchte sowohl die Krone wie auch einen Goldklumpen mit je gleichem Gewicht in einen randvoll gefüllten Wasserbehälter. Denn bei gleicher Menge ausgeflossenen Wassers müßten auch die Rauminhalte beider Körper gleich sein. Bei der Krone floß aber mehr Wasser aus dem Behälter. Das war das sichere Zeichen dafür, daß ein anderes Metall dem Gold der Krone beigemischt war.

„Die Auftriebskraft, die eine Flüssigkeit auf einen Körper ausübt, ist so groß wie die Gewichtskraft der von ihm verdrängten Flüssigkeitsmenge". Dieses Gesetz soll Archimedes eines Tages entdeckt haben, als er in eine vollgefüllte Wanne stieg und feststellte, daß sich der Wasserspiegel erhöhte und das Wasser überschwappte.

Goldwaschen

Welches sind die schwersten und leichtesten Metalle?

Das schwerste Metall ist Osmium, das eine relative Dichte von 22,5 hat. Das leichteste Metall ist Lithium mit einer relativen Dichte von 0,5.

Wo wurde der größte Goldklumpen der Welt gefunden?

Gold gibt es in allen Größen in der Erde. Der größte Goldklumpen, den man je fand, war das *Welcome Nugget*, das 1858 auf den Goldfeldern von Ballarat in Australien entdeckt wurde. Er wog 83 Kilogramm.

Welches Metall leitet am besten Hitze und Elektrizität?

Von allen bekannten Metallen hat Silber die größte Leitfähigkeit. Man schätzt es auch wegen seines schönen Aussehens. Weil es leicht zu bearbeiten ist und eine helle, spiegelnde Oberfläche bekommt, wurde es schon im Altertum zur Herstellung von Münzen und Schmuck verwendet.

Welches Metall kommt auf der Erde am häufigsten vor?

Das Metall mit dem größten Anteil in der Erdkruste ist Aluminium, das etwa 8 Prozent der Kruste ausmacht. Man findet es nicht als reines Metall, sondern als Erz, das Bauxit heißt. Große Bauxitvorkommen gibt es in Westafrika, Australien und in der Karibik.

Silber leitet Elektrizität besser als alle anderen Metalle.

Welches Metall hat seinen Namen von einer Insel

Kupfer, ein Metall, das seit prähistorischen Zeiten bekannt ist, hat seinen Namen von der Insel Zypern im Mittelmeer erhalten. Die Römer nannten es *aes Cyprium,* was soviel wie „Bronze von Zypern" bedeutet, weil sie den größten Teil ihres Kupfers von dieser Insel bezogen.

Zypern gab dem Kupfer seinen Namen.

Welche Metalle verleihen dem Feuerwerk seine Farben?

Die Hersteller von Feuerwerkskörpern wissen, daß verschiedene Metalle beim Abbrennen des Feuerwerks verschiedene Farben erzeugen. Strontium macht rot, Natrium gelb, Barium grün. Sein strahlend weißes Licht verdankt das Feuerwerk dem Magnesium.

Welches Metall kommt in Kreide vor?

Kalzium, ein weiches, weißes Metall, findet man selten in reiner Form. Es tritt in Kreide, Kalkstein oder Seemuscheln als Kalziumkarbonat in Erscheinung, in Gips und Alabaster als Kalziumsulfat.

Was ist Pottasche?

Das ist ein anderer Name für Kaliumkarbonat, das früher hergestellt wurde, indem man Holzasche in Wasser auflöste und die Flüssigkeit in einem Pott verkochte. Daher hat die Pottasche ihren Namen; sie wird als Düngemittel verwendet.

Warum kann man aus dem Metall Kalium keine Kochtöpfe machen?

Kalium verbindet sich sehr leicht mit einer ganzen Menge anderer Substanzen und kommt deshalb fast nie in reiner Form vor. Es ist sehr weich und schwimmt auf dem Wasser. Wenn man Kalium in Wasser wirft, setzt es den Wasserstoff des Wassers frei, der mit einer rötlich-blauen Flamme verbrennt. Kalium muß in Öl aufbewahrt werden, damit es nicht mit der Luft reagiert.

Kalium explodiert in Wasser.

Spektakuläres Feuerwerk

Was ist Galvanisieren?

Galvanisieren ist eine Methode, Eisen und Stahl vor dem Verrosten zu schützen, indem man sie mit Zink beschichtet. Zink rostet nicht. Manche Brücken, wie zum Beispiel die Golden Gate Brücke in San Francisco, sind aus verzinktem Stahl gebaut.

Gase

Welche Gase enthält die Luft?

Etwa 78 Prozent der Luft (dem Volumen nach) bestehen aus Stickstoff. Ungefähr 21 Prozent sind Sauerstoff. Der Rest setzt sich aus Kohlendioxid, Wasserdampf, Helium und anderen Gasen zusammen.

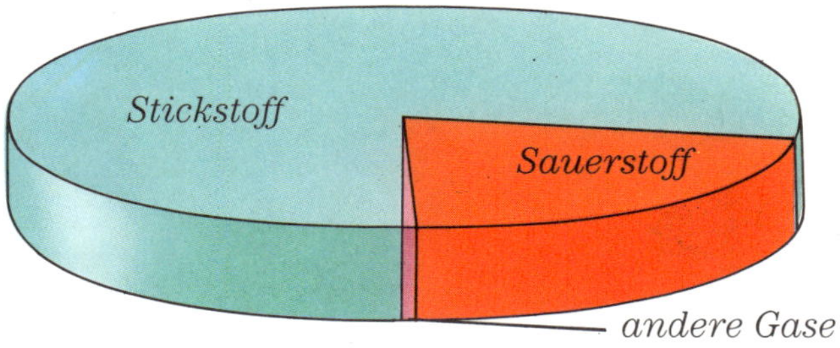

Die Zusammensetzung der Atmosphäre

Warum ist Sauerstoff lebensnotwendig?

Etwa ein Fünftel der Erdatmosphäre besteht aus Sauerstoff, einem farb- und geruchlosen Gas. Pflanzen stellen Sauerstoff durch Photosynthese her. Menschen und Tiere brauchen Sauerstoff zum Leben. Sie nehmen den Sauerstoff beim Atmen auf und verwenden ihn, um ihre Nahrung zu verdauen und Energie zu erzeugen.

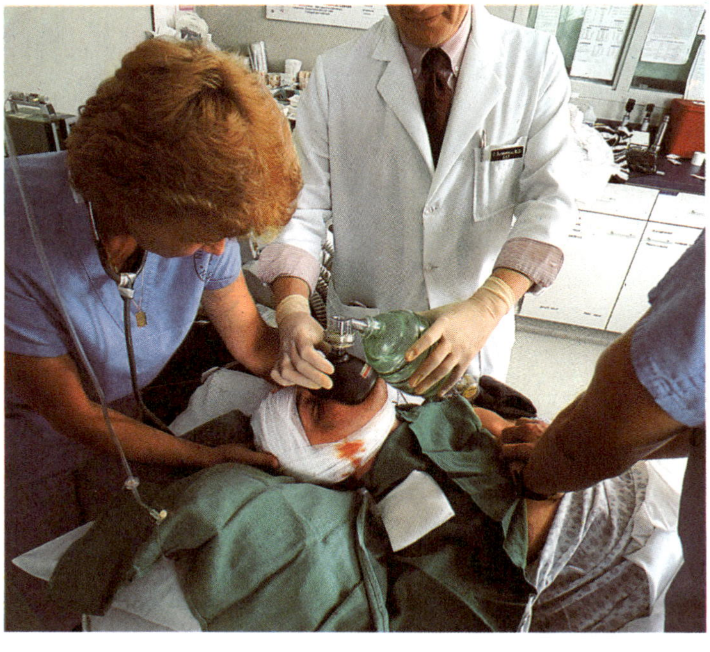

Ein Patient erhält nach einem Unfall Sauerstoff.

Was ist flüssige Luft?

Wenn man Luft unter Druck auf etwa minus 200 Grad Celsius abkühlt, wird sie zu einer farblosen Flüssigkeit. Wenn die Flüssigkeit sich erwärmt, kocht jedes in ihr enthaltene Gas bei einer anderen Temperatur und kann so in seiner reinen Form gewonnen werden.

Was ist Ozon?

Ozon ist das, was man als ein *Allotrop* des Sauerstoffs bezeichnet. Es besteht aus Dreiergruppen von Sauerstoffatomen, seine chemische Formel lautet also O_3. Es verhält sich etwas anders als Sauerstoff, ergibt aber bei chemischen Reaktionen dieselben Produkte. Wenn man Ozon erhitzt, verwandelt es sich schnell in Sauerstoff. Es löst sich in Wasser wesentlich leichter als Sauerstoff.

Gay-Lussac in einem Ballon über Paris

Wer stieg mit einem Ballon auf, um die Luft zu studieren?

Der französische Chemiker Gay-Lussac (1778-1850) entdeckte, daß die Luft in verschiedenen Höhen aus der gleichen Mischung von Gasen besteht, obwohl Druck, Temperatur und Feuchtigkeit abnehmen, je höher man kommt. Er führte seine Experimente in Ballons durch, die er über Paris aufsteigen ließ.

Was ist Methan?

Methangas ist eine Verbindung von Kohlenstoff und Wasserstoff. Es entspricht chemisch dem Erdgas, das zum Heizen und Kochen in unsere Häuser gepumpt wird. Ein anderer Name für Methan ist Sumpfgas.

Warum ist Kohlenmonoxid schädlich?

Kohlenmonoxid ist ein hochgiftiges Gas, das weder Farbe noch Geruch hat. Man findet es in den Abgasen von Kohlefeuern und Automotoren.

Warum kann man mit Kohlendioxid Feuer löschen?

Kohlendioxid unterstützt die Verbrennung nicht. Wenn man es aus einem Feuerlöscher über ein Feuer sprüht, bildet es eine Decke, die den Sauerstoff, der die Flammen sonst nähren würde, verdrängt und abschneidet.

Kohlendioxidschaum erstickt die Flammen.

Was ist Trockeneis?

Trockeneis ist die Bezeichnung für festes Kohlendioxid. Normalerweise ist das ein unsichtbares Gas, das in der Luft vorkommt. Unter Druck wird das Gas flüssig, und wenn man schließlich den Druck wieder verringert, bildet sich ein schneeartiger Feststoff. Man nennt ihn Trockeneis. Es ist nützlich, wenn man irgendwelche Dinge kühlen muß, besonders, weil es beim Erwärmen sublimiert oder verdampft, ohne erst zu schmelzen und Pfützen zu hinterlassen.

Moderne Luftschiffe sind mit Helium gefüllt, das nicht so leicht wie Wasserstoff ist, dafür aber unbrennbar.

Welches Gas eignet sich am besten für Ballons oder Luftschiffe?

Wasserstoff ist das leichteste Gas und wurde in den ersten Ballons und Luftschiffen verwendet. Aber es hat den großen Nachteil, daß es höchst entzündlich ist. Mehrere große Luftschiffe explodierten, und viele Menschen kamen dabei ums Leben. Helium ist nach dem Wasserstoff am leichtesten. Weil Helium nicht brennt, ist es viel sicherer und wird deshalb in modernen Luftschiffen gebraucht.

Was sind inerte Gase?

Helium und fünf andere Gase (Neon, Argon, Krypton, Xenon und Radon) gibt es in der Natur nur in ganz geringen Mengen. Sie sind *inert*, das heißt, sie reagieren nicht so leicht mit anderen Substanzen zu Verbindungen. Sie nehmen etwa ein Prozent des Volumens der Luft ein und heißen Edelgase.

Mit welchem Gas hält man Schwimmbäder sauber?

Chlor tötet krankheitserregende Bakterien und wird deshalb dem Wasser in Schwimmbädern zugesetzt. Chlor riecht stark und hat eine grünlich-gelbe Farbe. Sein Name kommt vom griechischen Wort für grün, *chloros*.

Welches Gas läßt Getränke sprudeln?

Die Bläschen im Sprudel sind Kohlendioxidgas.

Der Sprudel in Getränken ist gelöstes Kohlendioxid.

Welches Gas riecht nach faulen Eiern?

Eines der übelriechendsten Gase ist der Schwefelwasserstoff. Er hat den typischen Stinkbombengeruch.

Welches Gas nennt man Lachgas?

Ein Gas, das Chirurgen und Zahnärzte früher als Narkosemittel verwendeten, hatte den merkwürdigen Nebeneffekt, daß es die Patienten zum Lachen brachte. Es war Distickstoffmonoxid N_2O).

Welches Gas wurde zuerst auf der Sonne entdeckt?

1868 entdeckte ein Wissenschaftler beim Studium des Sonnenlichts das Helium. Der Name des Gases leitete sich vom griechischen Wort für Sonne ab, *helios*. Erst 1895 fand man es auch auf der Erde.

Wasserstoff ist das häufigste Element im Universum.

Welches ist das allerhäufigste Element im Universum?

Da ist der Wasserstoff konkurrenzlos, denn er kommt in riesigen Mengen auf der Sonne vor, auch in anderen Sternen und den Nebeln oder Gaswolken zwischen den Sternen. Dennoch gibt es kaum reinen oder *freien* Wasserstoff auf der Erde; er macht weniger als die Hälfte eines millionstel Teils der Atmosphäre aus. Wasserstoff ist zwar überall um uns herum, aber nur in Verbindung mit Sauerstoff, Kohlenstoff oder anderen Elementen im Wasser. Ohne Wasserstoff gäbe es auf der Erde kein Leben, wie wir es kennen.

ELEKTRIZITÄT

Wann begann die elektrische Revolution?

Das Leben der Menschen änderte sich dramatisch, als die Wissenschaftler entdeckten, wie sie die mächtige Kraft der Elektrizität zähmen und lenken konnten. Ohne diese Revolution, die Ende des 18. Jahrhunderts begann und im 19. Jahrhundert rasante Fortschritte machte, verliefe unser Leben ganz anders. Wir hätten keine Radios, kein Fernsehen, kein Telefon, keine Computer, und unsere Häuser und Straßen wären immer noch von Gaslaternen erleuchtet.

Was ist Elektrizität?

Elektrizität ist eine Form der Energie. Sie entsteht, wenn die Elektronen, kleine Atomteilchen, sich von einem Atom zum nächsten bewegen. Obwohl die Wissenschaftler schon lange von dieser mysteriösen Energie wußten, begann man ihr Wirken erst zu verstehen, als Ende des letzten Jahrhunderts die Geheimnisse des Atoms entschlüsselt wurden.

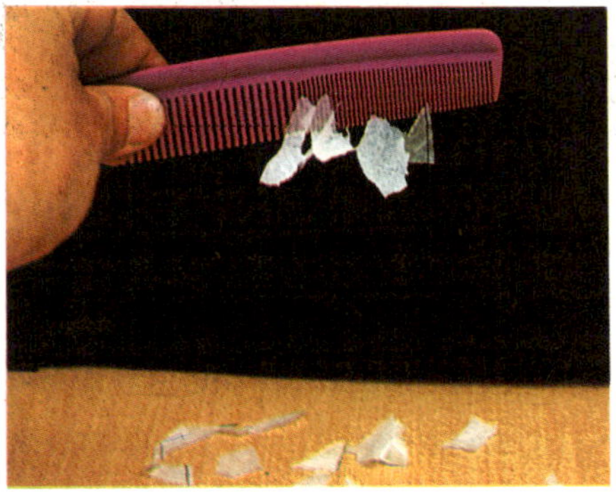

Beim Kämmen lädt sich dein Kamm mit statischer Elektrizität auf und zieht kleine Papierstückchen an.

Wie kam die Elektrizität zu ihrem Namen?

Um 600 v.Chr. entdeckte Thales von Milet, daß, wenn er an einem Stück Bernstein rieb, dieses kleine Teilchen Kork oder Federn anzog. Unser Wort „Elektrizität" kommt daher vom griechischen *elektron,* was Bernstein bedeutet.

Benjamin Franklin ließ im Gewitter einen Drachen steigen, um zu beweisen, daß Blitze elektrische Entladungen sind.

Gibt es Elektrizität in der Natur?

Elektrizität ist überall, aber am eindrucksvollsten kann man sie bei einem Blitz beobachten, der eigentlich ein riesiger Funke in der Atmosphäre ist.

Wer bewies, daß Blitze elektrisch sind?

1752 machte der amerikanische Wissenschaftler Benjamin Franklin ein sehr gefährliches Experiment: Um zu untersuchen, ob es in Gewitterwolken Elektrizität gibt, ließ er während eines Gewitters einen Drachen steigen. Der Drachen wurde von den Wolken elektrisch aufgeladen und setzte die Schnur und einen damit verbundenen Schlüssel unter Strom. Benjamin Franklin bewies damit, daß ein Blitz ein gigantischer elektrischer Funke ist.

Wie schützt der Blitzableiter ein Gebäude?

Der Blitz kann während eines Gewitters in hohe Gebäude genauso einschlagen wie in Bäume. Um Schäden am Gebäude zu vermeiden, muß die Elektrizität in die Erde abgeleitet werden. Von einer Metallstange oben am Gebäude lenkt ein Draht die Elektrizität am Haus vorbei zur Erde. Benjamin Franklin erprobte den ersten Blitzableiter kurz nach seinem berühmten Experiment mit dem Drachen. Heute sind alle großen Gebäude mit Blitzableitern ausgestattet.

Wie kann man Gegenstände elektrisch aufladen?

Alle Materie besteht aus Atomen. Normalerweise enthält jedes Atom die gleiche Anzahl Protonen und Elektronen (siehe Seite 5). Die *positive* Ladung der Protonen und die *negative* Ladung der Elektronen heben sich gegenseitig auf. Aber wird das Gleichgewicht gestört, dann lädt sich ein Gegenstand elektrisch auf. Wenn man zum Beispiel an einem Luftballon mit einem Stück Stoff reibt, gehen Elektronen von dem Stoff auf den Ballon über. Der Ballon lädt sich negativ auf und das Stück Stoff positiv. Da sich gegensätzliche Ladungen stets anziehen, klebt der Stoff am Ballon.

Durch Reibung eines Ballons mit einem Stück Stoff erzeugt man statische Elektrizität.

Was ist ein elektrisches Feld?

Jeder elektrisch geladene Gegenstand ist von einem Gebiet umgeben, das man elektrisches Feld nennt. Innerhalb dieses Feldes kann man die elektrische Ladung feststellen.

Was war die Elektrisiermaschine?

Im 17. Jahrhundert fanden Wissenschaftler heraus, daß sie elektrische Ladung mittels einer Maschine herstellen konnten. Indem sie eine Kurbel drehten, versetzten sie eine große Schwefelkugel in Rotation. Wenn jemand seine Hände auf die Kugel legte, während sie sich drehte, erzeugte das Reibung, und die Kugel lud sich mit Elektrizität auf. Irgendwann enthielt die Kugel dann soviel Ladung, daß man einer nichtsahnenden Person einen gehörigen Schlag versetzen konnte.

Was ist ein Leiter?

Ein Leiter ist ein Material, durch das Elektrizität fließen kann. Durch einige Substanzen fließt der elektrische Strom leichter als durch andere. Metalle sind gute Elektrizitätsleiter. Blitzableiter macht man aus Kupfer, das als Leiter hervorragend ist.

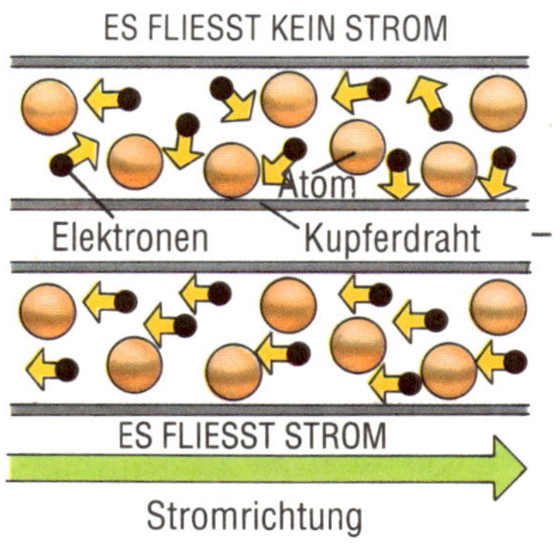

Elektronen gehen von einem Atom zum nächsten über und transportieren die Elektrizität.

Warum sind Metalle so gute Leiter für Elektrizität?

Die meisten Metalle enthalten viele freie Elektronen, die sich von Atom zu Atom bewegen können. Das macht sie zu guten Stromleitern (und auch Wärmeleitern). Materialien wie Plastik, Glas oder Gummi haben wenig freie Elektronen und sind deshalb schlechte Leiter.

Sind Metalle die einzigen Leiter für Elektrizität?

Silicium und Graphit (beides nichtmetallische Substanzen) sind ebenfalls Leiter. Genauso ist es mit dem Wasser, vor allem, wenn es Salze oder Säuren enthält. Tierisches und pflanzliches Gewebe leitet Elektrizität, weil es einen hohen Wasseranteil hat.

Was sind Supraleiter?

Wenn man sie sehr stark abkühlt, setzen bestimmte Materialien dem elektrischen Strom so gut wie keinen Widerstand mehr entgegen; sie werden zu Supraleitern. Zum erstenmal beobachtete man diesen Effekt 1911 bei Quecksilber. Über 25 andere Metalle verhalten sich genauso. Supraleitende Spulen, in denen der Strom praktisch nonstop fließen kann, setzt man in Teilchenbeschleunigern ein. Zur Zeit arbeitet man an der Entwicklung neuer Substanzen, die bei Zimmertemperatur supraleitfähig sind.

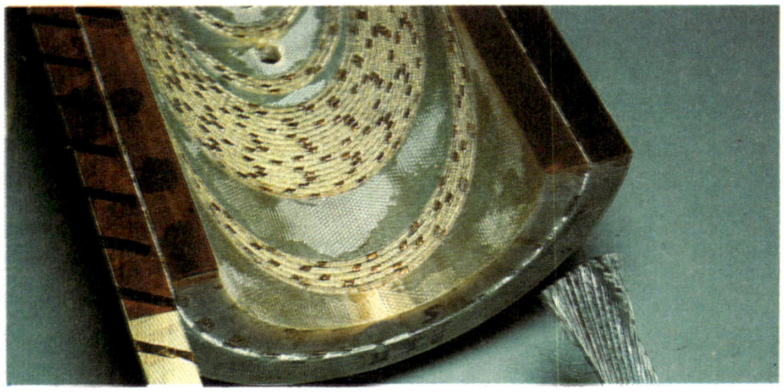

Teil einer supraleitfähigen Spule

Was ist ein Isolator?

Ein Isolator ist ein Material, das keine Elektrizität leitet. Gute Isolatoren sind Diamanten, Glas, Papier, Plastik, Gummi und viele Gase. Deshalb sind die Drähte in einem Stromkabel von Plastik oder Gummi umhüllt. Der Stecker am Ende des Kabels ist ebenfalls aus Gummi oder Plastik. Das isolierende Material verhindert, daß wir einen Schlag bekommen, wenn wir das Kabel oder den Stecker anfassen.

Wie fließt Elektrizität?

Wenn du sechs Dominosteine flach in einer Reihe aneinanderlegst, kannst du ein Experiment machen, das zeigt, wie der elektrische Strom durch einen Draht fließt. Jeder Stein muß den nächsten berühren. Zieh den letzten Dominostein ein Stückchen zurück und schnipse ihn hart gegen den nächsten in der Reihe. Paß gut auf, was passiert. Jeder Dominostein bewegt sich nur ganz wenig, außer dem vordersten, der davonschießt. Die Elektronen in einem Draht bewegen sich genauso. Wenn sie an einem Ende von einer elektrischen Kraft angestoßen werden, bewegt sich jedes Elektron im Draht bloß ein kleines bißchen, aber alle zusammen schicken sie ein schnelles und starkes Signal den Draht entlang.

Was ist ein elektrischer Stromkreis?

Damit Strom fließen kann, muß er sich in einem geschlossenen Kreis bewegen können. Wenn du zum Beispiel den einen Anschluß einer Klingel mit einer Batterie verbindest, mußt du mit einem zweiten Draht zum anderen Anschluß der Batterie zurückgehen. Jetzt ist der Kreis geschlossen, und die Klingel funktioniert.

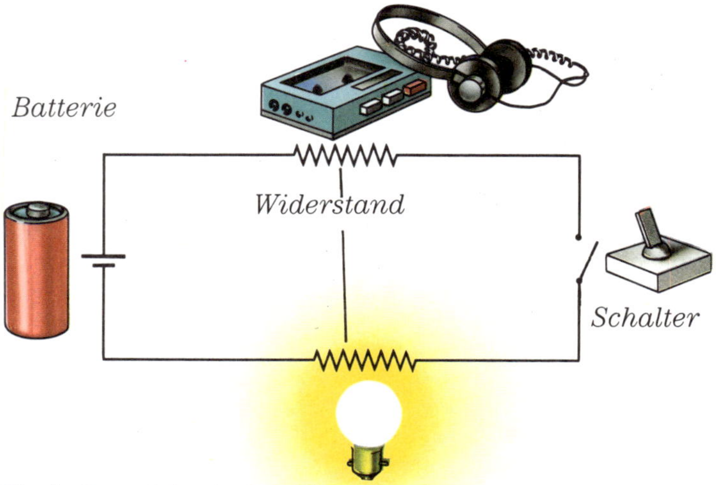

Einfacher elektrischer Stromkreis

Was ist elektrischer Widerstand?

Ein elektrischer Strom wird durch die elektromotorische Kraft der Stromquelle (etwa einer Batterie) durch den Draht geschoben. Aber er wird durch den Widerstand, der dem freien Fluß der Elektronen entgegengesetzt wird, auch zurückgehalten. Schlechte Leiter bieten dem Stromfluß einen höheren Widerstand. Man mißt den Widerstand in Einheiten, die *Ohm* heißen.

Warum sind in einem Stromkabel mindestens zwei Drähte?

Elektrizität benötigt zwei Drähte, um einen Stromkreis zu bilden. Der eine Draht befördert den Strom vom Stecker zum Gerät; der andere leitet ihn wieder in die Steckdose und schließlich zum Kraftwerk zurück.

Wie schnell fließt Elektrizität?

Wenn du eine elektrische Lampe einschaltest, glüht die Birne praktisch sofort. Das elektrische Signal fließt vom Schalter durch den Draht zur Lampe fast genausoschnell wie das Licht selbst, das bedeutet, mit einer Geschwindigkeit von 300 000 Kilometern in der Sekunde.

Was treibt den elektrischen Strom voran?

Früher einmal stellte man sich die Elektrizität als unsichtbare Flüssigkeit vor. Deshalb benutzen wir heute noch das Wort „Strom“, um ihre Bewegung zu beschreiben. Die Kraft in einer Stromquelle (etwa einer Batterie), die den elektrischen Strom vorantreibt, nennt man *elektromotorische Kraft* oder kurz EMK. Diese Kraft mißt man in *Volt.* Die Stärke des Stroms selbst wird in *Ampere* gemessen.

Warum bewegt sich die Elektrizität?

Stell dir zwei miteinander verbundene Wasserbehälter vor, die auf gleicher Höhe stehen. Es kann kein Wasser zwischen ihnen fließen, weil der Druck in beiden der gleiche ist. Wenn man einen Behälter anhebt, verändert sich das Druckverhältnis, und ein Strom Wasser fließt vom oberen Behälter in den unteren. Ein ähnlicher Druckunterschied oder eine EMK bringt elektrischen Strom zum Fließen. Den Unterschied bezeichnet man als *Potential.*

An James Watt erinnert die Einheit, mit der man die Leistung von Glühbirnen mißt.

Was hat James Watt mit Elektrizität zu tun?

Die elektrische Leistung wird in *Watt* gemessen. Diese Maßeinheit erhielt ihren Namen von dem schottischen Ingenieur James Watt (1736-1819), dem Pionier der Dampfmaschine. Das Watt ist eine Einheit der Arbeitsleistung. Die meisten Elektrogeräte sind mit einer Leistungsangabe in Watt gekennzeichnet. Eine Glühbirne zum Beispiel kann 60 oder 100 Watt haben; ein Elektroherd dagegen schon zwei Kilowatt (2000 Watt).

Was bedeuten die Bezeichnungen „Gleichstrom“ und „Wechselstrom“?

Wenn Elektrizität gleichmäßig in eine Richtung fließt, spricht man von Gleichstrom. Die Elektrizität in einer Taschenlampe beispielsweise fließt als Gleichstrom. Wechselstrom dagegen wechselt ständig die Richtung. Er baut sich in einer Richtung bis zur vollen Stärke auf, sinkt dann auf Null ab und steigt wieder zu voller Stärke, aber diesmal in der anderen Richtung. Dann geht er wieder auf Null zurück. Diesen Ablauf bezeichnet man als Periode. Die Anzahl von Perioden in einer Sekunde nennt man die *Frequenz* des Wechselstroms.

Hochspannungsleitungen transportieren den Strom über Land.

Was ist nützlicher, Gleich- oder Wechselstrom?

Wechselstrom ist nützlicher. Man kann eine Wechselspannung leicht verändern, vergrößern oder verkleinern; das nennt man auch transformieren. Gleichspannung ist schwieriger zu transformieren, während Wechselspannung auch leicht in Gleichspannung umgewandelt werden kann. Umgekehrt ist das nicht so einfach.

Welchen Strom haben wir zu Hause?

Die Kabel in unseren Häusern führen Wechselstrom. Man kann Wechselströme bei sehr hoher Spannung mit minimalen Leistungsverlusten über große Strecken durch Kabel befördern. Die Spannung muß verkleinert werden, bevor wir sie benutzen können. In Deutschland hat der Hausstrom zwischen 220 und 240 Volt. Der Wechselstrom wiederholt seine Periode 50mal in jeder Sekunde.

Erzeugung und Speicherung von Elektrizität

Was war die Leydener Flasche?

Die Leydener Flasche war ein erstes Gerät zur Speicherung von Elektrizität. Die Wissenschaftler fanden heraus, daß sie die Elektrizität aus einer Elektrisiermaschine (siehe Seite 31) speichern konnten, indem sie sie mit einem Draht in eine Flasche voll Wasser leiteten. Wenn sie die Flasche in die Hand nahmen und den Draht berührten, bekamen sie einen viel stärkeren Schlag als von der Maschine selbst. Das bewies, daß die Elektrizität sich in der Flasche speichern ließ. Diese Entdeckung wurde Mitte des 18. Jahrhunderts in der holländischen Stadt Leyden gemacht. Moderne Geräte, die auf diese Art Elektrizität speichern, heißen Kondensatoren.

Galvani

Wer war der Ansicht, daß Frösche Elektrizität auslösen könnten?

1786 fand ein italienischer Wissenschaftler namens Luigi Galvani heraus, daß tote Frösche zuckten, wenn man sie mit einer Elektrisiermaschine verband. Wenn Froschschenkel an einem metallenen Gitter hingen, zuckten sie ebenfalls. Galvani dachte, daß die Nerven und Muskeln des Frosches eine elektrische Kraft enthielten, die die toten Glieder in Bewegung versetzte. Galvani hatte unrecht. Er nahm Messinghaken, um die Froschschenkel an das Eisengitter zu hängen. Die beiden Metalle erzeugten die Elektrizität, nicht die Frösche, deren Glieder (da sie feucht waren) als Leiter funktionierten. Unwissentlich hatte Galvani das Prinzip der elektrischen Zelle entdeckt.

Wer baute die erste Batterie?

Alessandro Volta (1745-1827) erkannte, wie Galvanis Froschexperiment funktionierte. Mittels Zink und Kupferscheiben, zwischen die er feuchtes Papier legte, machte er 1799 eine Zelle, die elektrischen Strom erzeugte. Indem er mehrere Zellen aufeinanderstapelte, konnte er einen stärkeren Strom hervorbringen. Volta verbesserte seine *Voltasche Säule* noch, indem er Säure oder Salzlösung zum Befeuchten des Papiers nahm. Er hatte die erste Batterie gebaut.

Volta speicherte als erster Elektrizität.

Warum war Voltas Erfindung so wichtig?

Volta führte seine Erfindung 1801 Napoleon vor, worauf ihn der französische Kaiser begeistert in den Stand eines Grafen erhob. Volta hatte seine Belohnung verdient. Er hatte einen Weg gefunden, einen ständigen Vorrat an Elektrizität bereitzustellen. Elektrisiermaschinen versetzten den Menschen Schläge und erzeugten aufregende Funkenschauer, aber für das ernsthafte Studium der Elektrizität waren sie von geringem Nutzen. Mit Hilfe von Voltas Batterie konnten die Wissenschaftler viele neue Erkenntnisse über Elektrizität und Elektromagnetismus gewinnen.

Was ist eine einfache elektrische Zelle?

Man erhält eine einfache elektrische Zelle, wenn man einen Kupfer- und einen Zinkstab in eine Schwefelsäurelösung stellt. Die Stäbe sind die *Elektroden* der Zelle. Die Säure ist ihr *Elektrolyt.* Wenn die beiden Elektroden mit einem Draht verbunden werden, fließt elektrischer Strom zwischen ihnen.

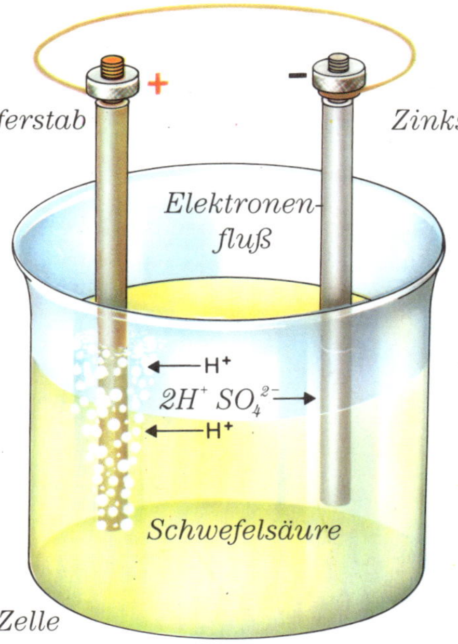

Einfache Zelle

Was geht in einer einfachen Zelle chemisch vor?

Die Moleküle einer Schwefelsäurelösung spalten sich in positiv geladene (+) Wasserstoff-Ionen und negativ (–) geladene Sulfat-Ionen. Die Zink-Elektrode gibt Zink-Ionen ab, wobei sie mehr Elektronen als Protonen zurückbehält. Die überschüssigen Elektronen fließen durch den Draht zur Kupfer-Elektrode. Dadurch lädt sich der Kupferstab negativ auf. Entgegengesetzte Ladungen ziehen sich an, so daß der negative Kupferstab Wasserstoff-Ionen aus der Säure herauszieht. An der Kupfer-Elektrode bilden sich Bläschen von Wasserstoffgas.

Was sind Ionen?

Ein Ion ist ein Atom (oder eine Gruppe von Atomen), das eine elektrische Ladung trägt. Ionen transportieren den elektrischen Strom zwischen den Elektroden einer Zelle. Ein positives (+) Ion entsteht, wenn ein Atom ein oder mehrere Elektronen verliert. Ein negatives (–) Ion bildet sich, wenn ein Atom ein oder mehrere Elektronen dazubekommt.

Was ist Elektrolyse?

Elektrolyse findet statt, wenn elektrischer Strom durch eine Flüssigkeit geleitet wird. Wenn beispielsweise Strom durch Wasser fließt, können sich Wasserstoff und Sauerstoff trennen. Die positive Elektrode heißt *Anode,* und dort sammelt sich der negativ geladene Sauerstoff. Die negative Elektrode heißt *Kathode* und zieht den positiv geladenen Wasserstoff an.

Wozu verwendet man Elektrolyse?

Mittels Elektrolyse kann man die reinen Metalle aus ihren geschmolzenen (flüssigen) Erzen herausziehen. Man verwendet sie, um Aluminium aus Bauxiterzen herzustellen, und auch, um Magnesium aus dem Magnesiumchlorid im Meerwasser zu gewinnen.

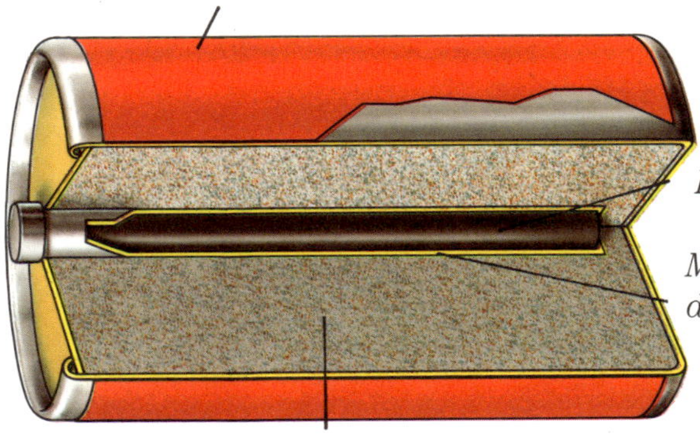

Trockenbatterie

Was ist eine Trockenbatterie?

Eine Trockenbatterie ist eine Batterie, die man zum Beispiel in einer Taschenlampe verwenden kann. Sie hat eine Zinkhülle (negativ) und innen eine chemische Paste, die einen Kohlestab (positiv) umgibt. Sie ist in Wirklichkeit gar nicht trocken; die Paste enthält genügend Feuchtigkeit, damit die Zelle funktionieren kann.

Wie funktioniert eine Autobatterie?

Eine Autobatterie ist ein Akkumulator. Wenn sie an Energie verliert, kann man sie wieder aufladen, indem man sie an eine Stromversorgung anschließt. Wenn sie wieder aufgeladen ist, funktioniert die Chemie der Batterie wieder wie vorher.

Warum sind Nickel-Cadmium-Batterien nützlich?

Die Nickel-Cadmium-Batterie kann man wie einen Akkumulator wieder aufladen, aber sie ist viel kleiner und paßt zum Beispiel in einen elektrischen Rasierapparat. Die Batterie enthält einen Elektrolyten aus Kaliumhydroxid, eine positive Elektrode aus Nickelhydroxid und Nickeloxid und eine negative Elektrode aus Cadmium.

Magnetismus

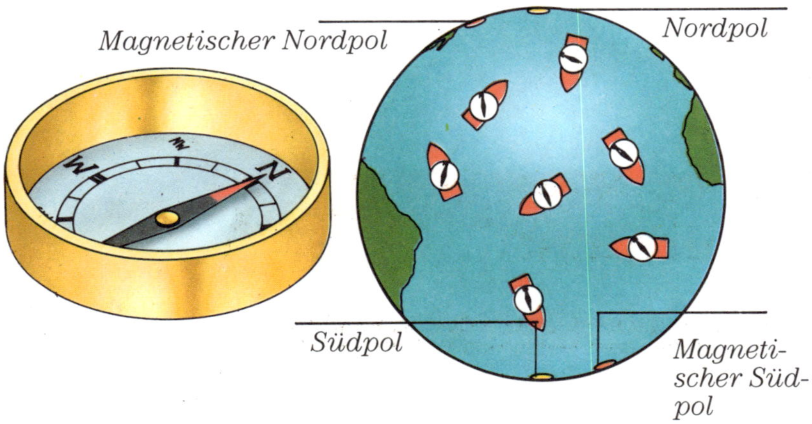

Ein Kompaß zeigt immer zum magnetischen Nordpol.

Was ist ein Magnet?

Ein Magnet ist ein Stück Metall, das die Kraft hat, andere Substanzen anzuziehen. Eisen und Stahl geben gute Magnete ab. Ein Magnet hat zwei Pole, Norden und Süden. Entgegengesetzte Pole (Norden und Süden) ziehen sich an, genau wie entgegengesetzte (+ und –) Elektroden. Gleiche Pole (Norden und Norden, Süden und Süden) stoßen sich ab. Beobachte, was passiert, wenn du zwei Stabmagneten zusammenbringst. Kannst du sagen, welches die gleichartigen Pole der Magneten sind?

Woher kommt der Name Magnetismus?

Früher dachte man, Magnetgestein besäße magische Kräfte. Seine Anziehungskraft wurde von den Griechen Magnetismus genannt, nach einer Gegend in Mazedonien namens Magnesia, in der Magnetgestein häufig vorkam.

Wann wurde der erste Kompaß in Europa eingesetzt?

Der Magnetkompaß breitete sich langsam von China nach Arabien aus, und mit den Arabern kam er nach Europa. Um 1100 benutzten die Europäer bereits einfache Kompasse. Sie setzten eine magnetisierte Eisennadel auf eine Drehachse und beobachteten, in welche Richtung sie ausschlug.

Welches ist der größte Magnet der Welt?

Die Erde selbst wirkt wie ein gigantischer Magnet. Sie hat magnetische Nord- und Südpole (die mit den geographischen Polen nicht übereinstimmen). William Gilbert, der Hofarzt von Königin Elisabeth I., äußerte im Jahre 1600 zum erstenmal den Gedanken, daß die Erde magnetisch sei. Heute wissen wir, daß jeder große rotierende Körper – etwa ein Planet – ein Magnetfeld hat.

Warum ist ein Hufeisenmagnet stärker als ein Stabmagnet?

Ein Hufeisenmagnet kann eine etwa dreimal so schwere Last hochheben wie ein Stabmagnet derselben Größe, denn die Anziehungskräfte seiner beiden Pole verstärken sich gegenseitig, weil sie so nahe beieinander liegen.

Warum gibt es Anker für Magnete?

Ein Magnet neigt dazu, seine Anziehungskraft nach und nach zu verlieren, wenn man keinen Anker verwendet. Der Anker ist ein Stück Weicheisen, das über die Pole eines Hufeisenmagneten gelegt wird oder Nord- und Südpol zweier verschiedener Magnete verbindet.

Was ist ein Magneteisenstein?

In früheren Zeiten entdeckten die Menschen, daß der Magneteisenstein (ein Erz, das man heute als Magnetit kennt), kleine Stückchen Eisen anziehen konnte. Wenn man einen Stab aus Magneteisenstein in Drehung versetzte, schwang er immer so, daß er nach Norden zeigte. Diese seltsame Eigenschaft machte den Magneteisenstein als Richtungsweiser wertvoll – der erste magnetische Kompaß. Vermutlich haben die Chinesen schon 2000 v.Chr. Kompasse aus Magnetstein gekannt.

Früher europäischer Kompaß

Wer hat den Elektromagnetismus entdeckt?

Der Däne Hans Christian Oersted entdeckte 1820 den *magnetischen Effekt.* Als er mit einer Batterie und einem elektrischen Stromkreis arbeitete, fiel ihm auf, daß jedesmal, wenn er einen stromdurchflossenen Draht in die Nähe eines magnetischen Kompasses brachte, die Nadel ausschlug. Wenn er den Draht von der Batterie trennte, kehrte die Nadel in die normale Lage zurück. Oersteds Entdeckung, daß Magnetismus und Elektrizität eng zusammenhängen und man das eine mittels des anderen erzeugen kann, war von allergrößter Bedeutung.

Worin unterscheiden sich Elektrizität und Magnetismus?

Ein wichtiger Unterschied ist der, daß die Anziehungskraft von zwei magnetischen Objekten unabhängig ist von der Substanz, die sie trennt. Die Kraft zwischen zwei elektrisch geladenen Objekten hängt aber davon ab, ob das Material zwischen ihnen ein guter oder schlechter Leiter ist.

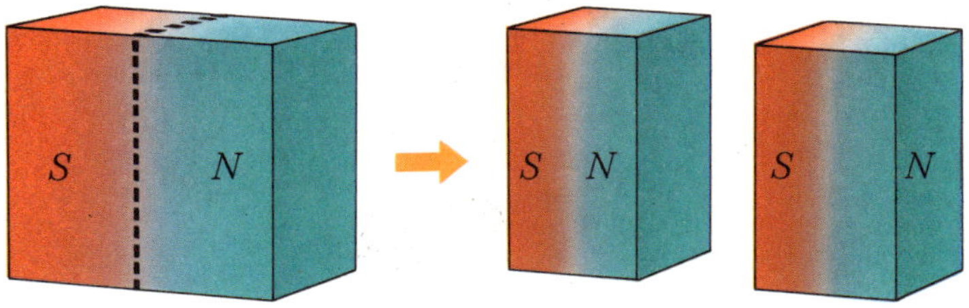

Die Polarität eines Magneten bleibt immer erhalten, selbst wenn er halbiert wird.

Was passiert, wenn man einen Magneten halbiert?

Wenn man einen Magneten teilt, wird jede Hälfte zu einem Magneten mit eigenem Nord- und Südpol.

Was ist magnetische Induktion?

Aus Stahlnadeln, die an einem Magneten hängen, kann man eine Kette bilden. Die Nadeln werden durch magnetische Induktion zusammengehalten. Sobald die erste Nadel vom Magneten getrennt wird, fällt die ganze Kette auseinander.

Wie kann man einen Magneten herstellen?

Ein Magnet setzt sich aus vielen molekularen Magneten zusammen, die Dipole heißen. Bevor ein Stück Eisen magnetisiert wird, sind die winzigen Magnete darin völlig ungeordnet. Um ein Stück Eisen zu magnetisieren, mußt du sanft mit einem Magneten in eine Richtung darüberstreichen. Die kleinen Magneten im Eisen ordnen sich, so daß alle Nordpole in die eine und alle Südpole in die andere Richtung zeigen. Stahl hält den Magnetismus noch länger als Eisen.

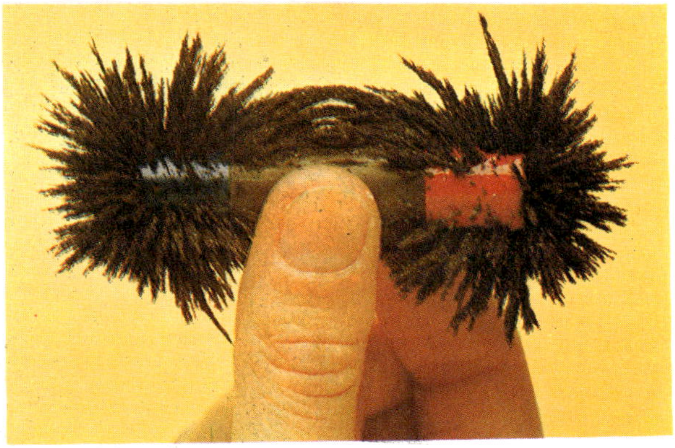

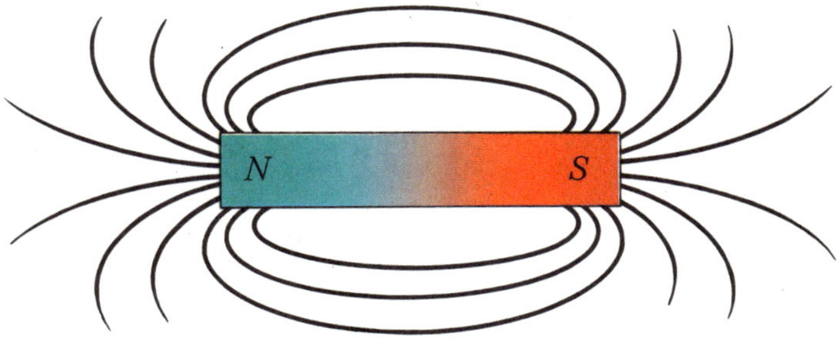

Magnetfeld

Wie sieht ein magnetisches Feld aus?

Von jedem magnetisierten Objekt geht ein unsichtbares magnetisches Feld aus, das man mit einem einfachen Experiment sichtbar machen kann. Man braucht dazu nur ein paar Eisenspäne, ein Stück dünnen Karton und einen Magneten. Streue die Späne auf den Karton, und halte den Magneten darunter. Dann tippst du den Karton mit dem Fingernagel leicht an, und schon ordnen sich die Späne nach einem Muster. Schau genau hin, wie sich die Linien um die Magnetpole formen, dort wo das Feld am stärksten ist.

Anwendungen von Elektrizität und Magnetismus

Wie wurden die ersten Elektromagneten gebaut?

In den ersten Jahren des 19. Jahrhunderts versuchte der französische Wissenschaftler André Ampère, elektrischen Strom durch eine große Spule Draht zu schicken. Er stellte fest, daß sich die Spule dann wie ein Magnet mit Nord- und Südpol verhielt. 1825 experimentierte der Engländer William Sturgeon mit einer Eisenstange innerhalb der Spule und entdeckte, daß sich dadurch die Kraft des Magneten stark erhöhte. Schon gegen 1830 waren Elektromagneten in Betrieb, die Gewichte von mehr als 1000 Kilogramm heben konnten.

Starker Elektromagnet

Welcher ehemalige Laufbursche wurde ein großer britischer Wissenschaftler?

Michael Faraday wurde 1791 geboren. Er war der Sohn eines Schmiedes und hatte kaum Schulbildung. Im Alter von zehn Jahren arbeitete er als Botenjunge für einen Buchhändler. Als er die Bücher selbst las, fand er Interesse an der Wissenschaft und besuchte eine Vorlesung des berühmten Chemikers Sir Humphry Davy. Faraday schrieb an Davy und wurde dessen Assistent. So begann Faradays eigene, brillante Karriere als Wissenschaftler.

Michael Faraday

Wie erfand Faraday den Dynamo?

1831 fand Michael Faraday eine nutzbringende Anwendung für Oersteds Entdeckung des magnetischen Effekts. Wenn elektrischer Strom Magnetismus erzeugen konnte, so überlegte er, sollte Magnetismus auch elektrischen Strom hervorbringen. Er fand heraus, daß elektrischer Strom entstand, wenn er einen Magneten auf eine Spule zu und wieder wegbewegte oder umgekehrt die Spule dem Magneten näherte und wieder wegzog. Sobald der Draht das magnetische Kraftfeld durchschnitt, wurde in der Spule ein Strom *induziert*. Das ist das Prinzip, nach dem sowohl Dynamo als auch Elektromotor funktionieren.

Wie funktioniert ein einfacher Dynamo?

Ein Dynamo ist ein Generator, der mechanische Energie in elektrische Energie umwandelt. Er hat einen Anker (eine Spule, die sich um die eigene Achse dreht), der zwischen den Polen eines Magneten sitzt. Wenn der Anker sich dreht, fließt jedesmal, wenn die Spule das Kraftfeld des Magneten kreuzt, Strom.

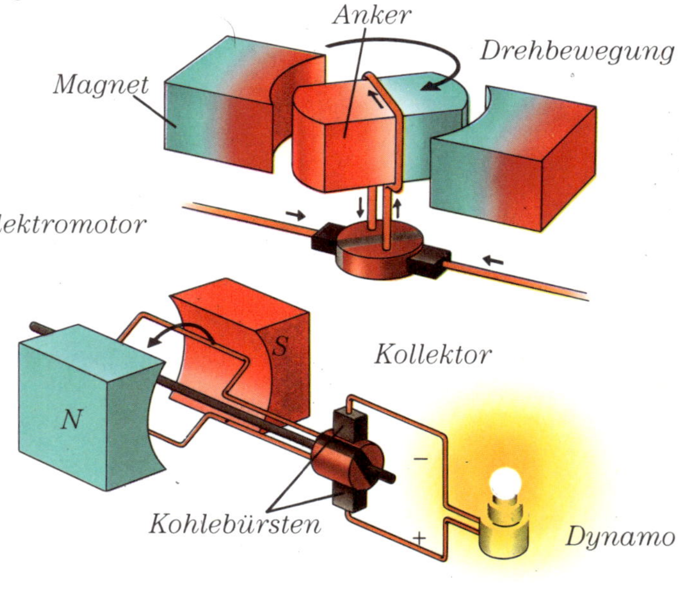

Wie funkioniert ein Elektromotor?

Ein Elektromotor funktioniert genau umgekehrt wie ein Dynamo. Er verwandelt elektrische in mechanische Energie. Ein Anker ist eine Spule, die auf einer Achse zwischen den Polen eines Magneten sitzt. Wenn Strom durch die Spule fließt, rotiert der Anker und dreht sich weiter, solange der Strom eingeschaltet bleibt.

Woher kommt eigentlich unsere Elektrizität?

Die Elektrizität, die wir zu Hause, in der Schule und bei der Arbeit verwenden, wird in Kraftwerken mit gewaltigen Generatoren oder Dynamos erzeugt. Es gibt zwei Typen von Kraftwerken. In den Wärmekraftwerken wird Hitze in Elektrizität verwandelt, indem ein Treibstoff verbrannt und so Hitze erzeugt wird. Der Dampf treibt Turbinen an. Als Treibstoff wird Öl, Kohle oder Kernbrennstoff (Uran) benutzt. Wasserkraftwerke dagegen nutzen die Energie des fließenden Wassers.

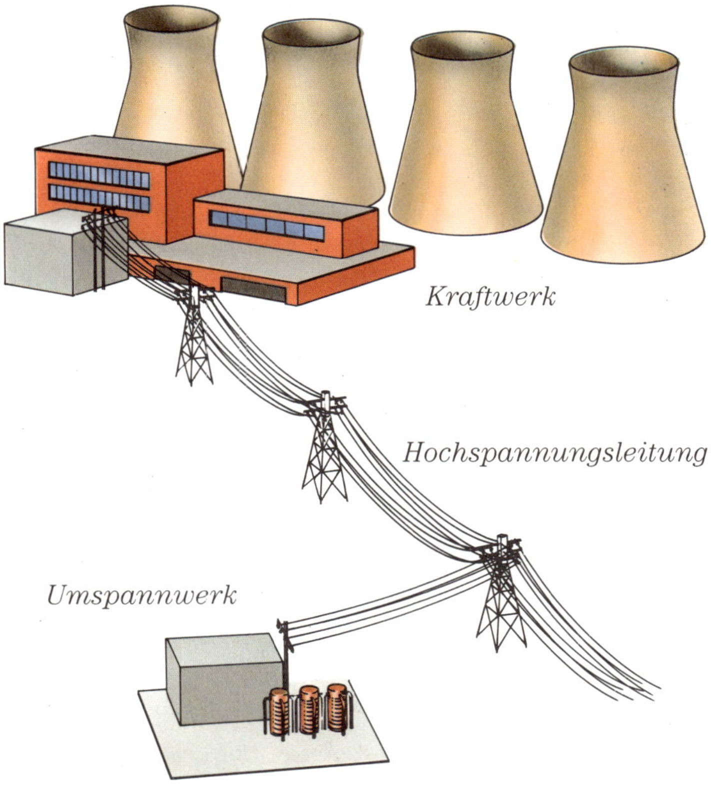

Wie wird die Elektrizität verteilt?

Im Kraftwerk wird die erzeugte Elektrizität mit Transformatoren auf eine hohe Spannung verstärkt (bis zu 400 000 Volt). Bei so hoher Spannung kann man viel Strom in relativ dünnen Kabeln über große Entfernungen schicken. Die Übertragungsleitungen verlaufen entweder unterirdisch oder werden über Hochspannungsmasten verlegt. Das System der Versorgungsleitungen in einem Land heißt Elektrizitätsnetz.

Wie kommt der Strom zu uns nach Hause?

Strom aus dem Kraftwerk mit 400 000 Volt könnte man nicht ohne Gefahr in die Häuser leiten. Deshalb wird die Spannung in Umspannwerken auf 11 000 Volt reduziert. Dieser Strom verläuft in Kabeln unter den Straßen der Stadt und wird nochmals auf eine Spannung von 220 Volt (Deutschland) transformiert, die wir zu Hause verwenden. In jedem Haus gibt es einen Hauptschalter, der den Stromfluß kontrolliert, und ein Meßgerät für die Strommenge, die jeder Kunden verbraucht hat.

Wie kann man hohe Spannungen in niedrigere verwandeln?

Man kann Spannungen reduzieren oder erhöhen, indem man sie durch einen Transformator schickt. Ein solcher Transformator besteht aus zwei Drahtspulen, die um einen Eisenkern gewickelt sind. Die eine Spule, die Primärspule, besteht aus dickem Draht, hat aber nur wenige Windungen. Die zweite, die Sekundärspule, hat zwar viele Windungen, besteht aber aus viel dünnerem Draht. Eine Spannung, die die Primärspule durchfließt, erzeugt ein Magnetfeld, das die Spannung in der Sekundärspule verändert (oder transformiert). Man kann die Spannung vergrößern oder vermindern, je nachdem, wie viele Windungen jede Spule hat.

Wie funktioniert ein elektrischer Schalter?

Ein Schalter dient dazu, einen elektrischen Stromkreis zu öffnen oder zu schließen. Wenn der Schalter eingeschaltet ist, schließt er den Stromkreis, und es fließt Strom. Wenn er aus ist, ist der Kreis unterbrochen, und der Strom kann nicht fließen.

Warum kann ein Stromkabel heiß werden?

Die Hitze entsteht durch Elektronen, die mit den Atomen des metallischen Leiters im Draht zusammenstoßen. Alle Leiter setzen dem elektrischen Strom bis zu einem gewissen Grad Widerstand entgegen. Gute Leiter haben wenig Widerstand. Das gebräuchlichste Metall bei elektrischen Verkabelungen ist Kupfer. Es ist billiger als Silber, wenn es auch nicht ganz so gut leitet. Aber auch Kupferdraht wird warm, wenn man lange genug Strom hindurchleitet.

Wie funktioniert eine Sicherung?

Eine Sicherung schneidet die Elektrizitätsversorgung eines Stromkreises ab, wenn etwas nicht in Ordnung ist. In der Sicherung ist ein dünner Draht, der nur so viel Strom verträgt, wie noch sicher ist, aber nicht mehr. Wenn ein elektrisches Gerät, zum Beispiel ein Haartrockner, zu heiß wird, fängt es an, mehr Strom zu verbrauchen. Dann heizt sich auch der dünne Draht in der Sicherung auf und schmilzt, eben weil er so dünn ist. Damit ist der Stromkreis unterbrochen und die elektrische Versorgung gekappt.

Wann wurde elektrisches Licht erstmals eingeführt?

Ab etwa 1880 begann man, die Gaslaternen durch elektrisches Licht zu ersetzen. Joseph Swan in Großbritannien (1878) und Thomas Alva Edison in den Vereinigten Staaten (1879) erfanden beide elektrische Lampen.

Warum leuchtet die Glühlampe?

Der dünne Draht oder Glühfaden in einer Glühlampe stellt für den hindurchfließenden Strom einen Widerstand dar. Wenn man Elektrizität durch die Glühlampe leitet, erhitzt sich der Faden und glüht. Um zu verhindern, daß der Glühfaden verbrennt, ist der Glaskolben mit einer Mischung aus inerten Gasen gefüllt (gewöhnlich Argon oder Stickstoff). In den meisten modernen Glühlampen besteht der Faden aus Wolfram.

Was ist Fotoelektrizität?

Wenn auf bestimmte Substanzen Licht fällt, entsteht ein elektrischer Effekt. Die Energie der Lichtstrahlen schlägt Elektronen aus den Atomen der Substanz heraus. Diese Elektrizität nennt man Fotoelektrizität.

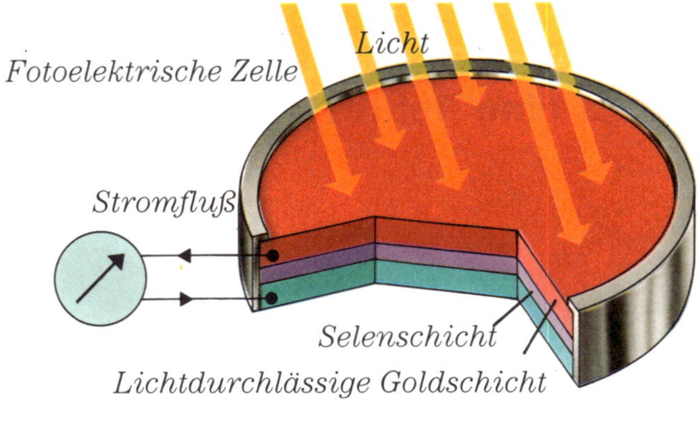

Satelliten benutzen Sonnenflügel zur Stromerzeugung.

Wie erzeugen Raumschiffe Elektrizität aus Sonnenlicht?

Raumschiffe haben Batterien mit sogenannten fotovoltaischen Zellen, die die Energie der Sonne in Elektrizität verwandeln. Jede Solarzelle erzeugt nur eine winzige Menge Elektrizität, für ein Raumschiff braucht man daher eine große Zahl von Zellen. Meistens sind die Fotozellen auf ausgebreiteten Flügeln zu Tafeln angeordnet. Tafeln aus Solarzellen kann man auch auf der Erde benutzen, um Häuser und Schwimmbäder zu beheizen.

Wie funktionieren elektronische Augen?

Das elektronische Auge, das dir die Tür automatisch öffnet, wenn du näherkommst, oder eine Alarmanlage auslöst, funktioniert mit Fotoelektrizität. Ein Lichtstrahl ist auf eine fotoelektrische Zelle gerichtet. Wenn der Strahl unterbrochen wird (von jemandem, der hindurchgeht), aktiviert die Zelle einen Stromkreis. Der Stromkreis kann einen Motor in Gang setzen, um eine Tür zu öffnen, aber auch (bei einer Alarmanlage) um eine Sirene zu betätigen.

Warum solltest du niemals etwas Elektrisches anfassen, wenn du nasse Hände hast?

Faß nie irgend etwas Elektrisches an, zum Beispiel einen Heizlüfter, wenn deine Hände und Füße naß sind. Wasser leitet die Elektrizität, und dadurch kann der Strom viel leichter auf deinen Körper überspringen. Der Strom aus der Steckdose kann dir einen Schlag versetzen, der stark genug ist, um schwere Verletzungen hervorzurufen oder sogar tödlich zu wirken.

Elektronik

Was sind elektromagnetische Wellen?

Elektrische Ladung gibt, wenn man sie beschleunigt, Energie ab, die sich in Form von Wellen ausbreitet. Die Wellen, die von elektrischen und magnetischen Feldern erzeugt werden, dehnen sich im rechten Winkel zueinander und zur Richtung der Wellen aus. Im Vakuum haben die *elektromagnetischen Wellen* Lichtgeschwindigkeit. Wie ein sich änderndes magnetisches Feld ein sich veränderndes elektrisches Feld erzeugen kann, faßte der Wissenschaftler James Clerk Maxwell (1831-1879) in präzise mathematische Formeln.

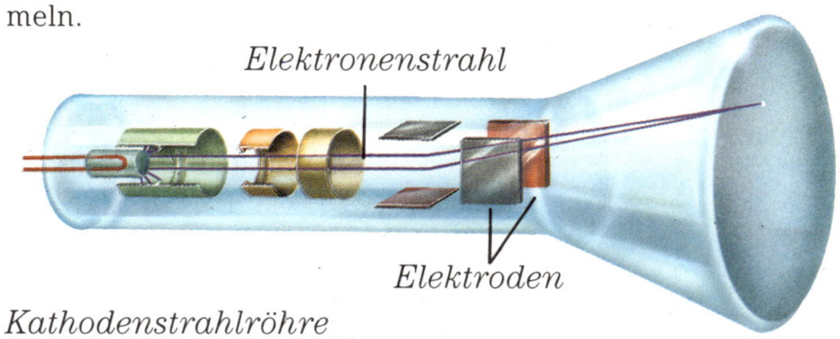

Kathodenstrahlröhre

Wann wurden die Kathodenstrahlen erstmals untersucht?

Im 19. Jahrhundert begannen sich die Wissenschaftler dafür zu interessieren, wie sich Elektrizität unter niedrigem Luftdruck verhält. Sie experimentierten mit Glasröhren, aus denen der größte Teil der Luft abgepumpt wurde. Wenn zwischen zwei Metallelektroden starker elektrischer Strom durch die Röhre geschickt wurde, entstand ein helles Leuchten. Bei sehr niedrigem Luftdruck strahlte dann die Röhre selbst ein grünliches Licht ab, weil von der Kathode (der negativen Elektrode) Strahlen ausgingen. Die Glasröhren nannte man Kathodenstrahlröhren.

Kann Strom durch ein Gas fließen?

Elektronen können durch Gase, Flüssigkeiten und sogar durch ein Vakuum fließen. Um Strom außerhalb eines Leiters (beispielsweise eines Drahtes) fließen zu lassen, müssen die Elektronen gewaltsam von ihren Atomen abgespalten werden. Das ist auf drei Arten möglich: durch Hitze, mit Licht oder indem man die Atome mit anderen Elektronen beschießt.

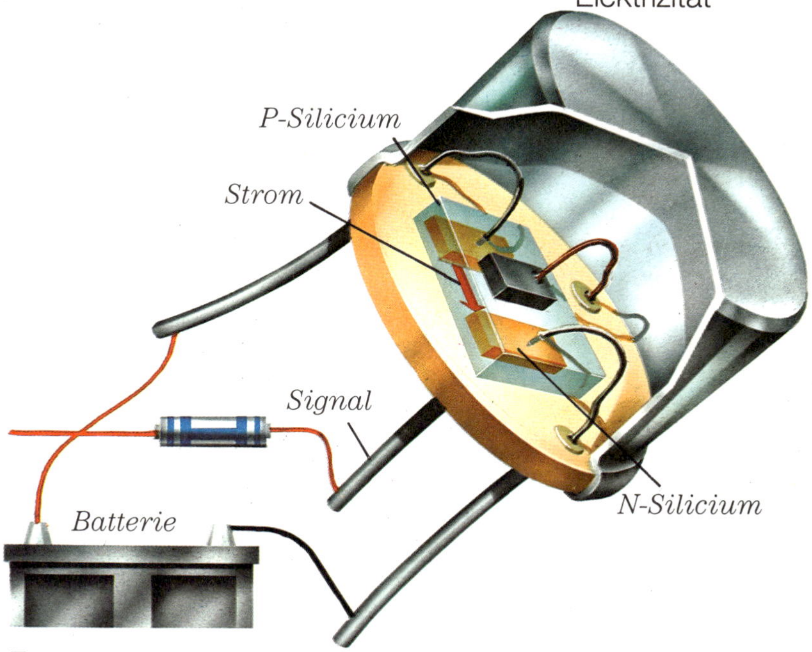

Transistor aus dem Halbleitermaterial Silicium

Wer erfand die erste Röhre?

Eine Röhre ist ein luftleerer Glaskolben. In einer einfachen Röhre gibt es zwei Elektroden: eine Kathode, die Elektronen abgibt, und eine Anode, die die Elektronen anzieht. Die Elektroden sind jeweils mit einer Scheibe verbunden, von der Drähte zum Sockel der Röhre führen. Die einfachste Form der Röhre ist die Diode, die Ambrose Fleming 1904 erfand. Sie läßt Ströme nur in einer Richtung passieren, und man kann mit ihr Radiosignale aufspüren.

Was ist eine Triode?

Die Triodenröhre wurde 1906 von Lee de Forest erfunden. Es handelt sich um eine Verbesserung der Diode, denn man kann mit ihr Signale auch verstärken. Durch die Triode wurde die Entwicklung von qualitativ hochwertigen Radioempfängern, Fernsehern, Radioteleskopen und Radargeräten möglich.

Warum ist der Transistor so viel besser als eine Röhre?

Der Transistor ist eine entscheidende Verbesserung der Röhre. Er wurde 1948 von drei Amerikanern (Shockley, Bardeen und Brattain) erfunden. Das neue Bauteil war viel kleiner als eine Röhre, weniger anfällig für Beschädigungen, und es verbrauchte weniger Energie, weil es keinen Glühfaden hatte. Ein kleiner Strom in einem Teil des Transistors kann einen viel größeren Strom in einem anderen Teil steuern.

Woraus bestehen Transistoren?

Transistoren bestehen aus sogenannten *Halbleitern.* Diese Materialien leiten Elektrizität, wenn auch nicht so gut wie Metall. Ein gebräuchliches Halbleitermaterial ist Silicium.

Was ist ein integrierter Schaltkreis?

Ein integrierter Schaltkreis ist eine komplizierte Anordnung von Transistoren und anderen Komponenten auf einem einzigen Bauteil, dem Chip, der aus Halbleitermaterial besteht. Der erste integrierte Schaltkreis wurde 1958 hergestellt. Wenn man die Schaltkreise verkleinert, kann man eine Unmenge elektronischer Leistung auf kleinstem Raum unterbringen. Hunderte von elektronischen Bauelementen lassen sich auf einem einzigen Chip anordnen, der nicht größer ist als ein Buchstabe dieses Textes.

Wie werden Mikrochips hergestellt?

Zuerst zeichnet man einen Plan der einzelnen Komponenten auf ein großes Blatt Papier. Der wird dann wieder und wieder verkleinert und auf ein dünnes Scheibchen Silicium übertragen. Das Silicium wird in einem Ofen zusammen mit anderen Materialien gebrannt, die nach dem Muster des Plans in seine Oberfläche eindringen. Dann kommen noch mehr Schichten dazu, bis das „Sandwich", der fertige Mikrochip, einsatzbereit ist.

Warum arbeiten Mikrochips so schnell?

In einem Mikrochip sind die Einzelteile auf engstem Raum untergebracht. Elektrische Ladungen können sich praktisch ohne Zeitverlust bewegen, deshalb arbeitet der Chip so erstaunlich schnell.

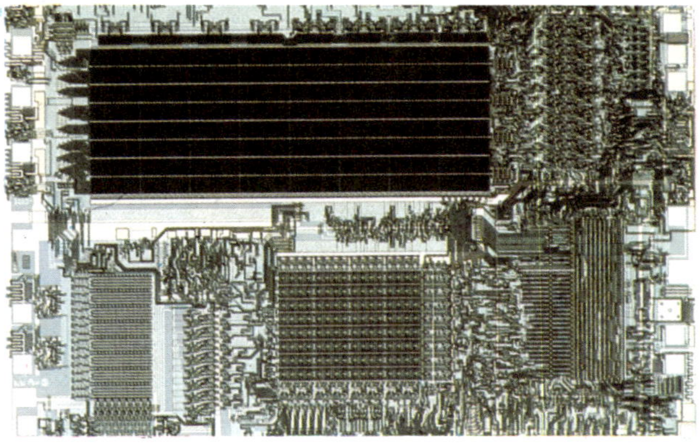

Mikrochip

Computer

Wer entwarf den ersten Computer?

Der englische Mathematiker und Computerpionier Charles Babbage (1792-1871) entwarf eine riesige Rechenmaschine, die er die *Analytische Maschine* nannte und die theoretisch darauf programmiert werden konnte, verschiedene Rechenoperationen auszuführen. Sie war ihrer Zeit weit voraus, aber ihr Bau technisch noch nicht machbar. Es gab keine Möglichkeit, die vielen Zahnräder und anderen beweglichen Teile der *Analytischen Maschine* mit genügend Energie zu versorgen.

ENIAC – der erste moderne Computer

Welches war der erste elektronische Computer?

Er hieß *ENIAC,* wurde 1946 in Amerika fertiggestellt und war der erste Computer der Welt, der viele mathematische Aufgaben durchführen konnte. Der Name *ENIAC* steht kurz für „Electronic Numerical Integrator and Calculator".

Wann begann das Computerzeitalter?

Eigentlich begann das Computerzeitalter schon im Zweiten Weltkrieg (1939-45). Britische Wissenschaftler bauten eine Maschine namens *Colossus,* die deutsche Geheimcodes knacken sollte. *Colossus* war ein *spezialisierter* Computer; Codes zu knacken war das einzige, was er konnte.

Wie viele Generationen von Computern gibt es inzwischen?

Die erste Computergeneration enthielt Röhren wie ein altmodisches Radio. Die zweite Generation in den späten 50er Jahren war schon mit Transistoren ausgestattet. In den 60er Jahren kam dann die dritte Generation mit integrierten Schaltkreisen. In den späten 70er Jahren tauchte die vierte Generation mit LSI („Large Scale Integration") auf. Inzwischen war man technisch in der Lage, mehrere integrierte Schaltkreise der letzten Generation in einem einzigen Chip zusammenzufassen. Jede Computergeneration war kleiner und trotzdem leistungsfähiger als die vorhergehende. Bald werden wir die fünfte Generation erleben, die selbständig denken können soll.

Cray II – ein Supercomputer

Was ist ein Großcomputer?

Großcomputer sind besonders leistungsfähig und werden von Industriekonzernen verwendet. Computer, die noch größer sind, nennt man Supercomputer.

Was ist ein Mikrocomputer?

Mikrocomputer sind die Geräte, die wir zu Hause oder in der Schule benutzen. Sie sind nicht größer als ein Fernseher und für kleine Geschäftsbetriebe genauso gut geeignet wie zum Spielen.

Hat der Computer ein Gedächtnis?

Ein Computer besteht aus vier Hauptteilen. Er hat eine zentrale Recheneinheit, das „Gehirn". Er verfügt über einen Eingabeteil, der Daten aufnimmt (und im allgemeinen mit einer Tastatur verbunden ist), und einen Ausgabeteil, der das Ergebnis der Rechenoperationen liefert (zum Beispiel auf Papier ausgedruckt). Der vierte und wichtigste Teil ist die Gedächtniseinheit, in der der Computer alle Informationen aufbewahrt, die er für seine Arbeit braucht. Diese Daten speichert er auf Magnetscheiben, den Disketten.

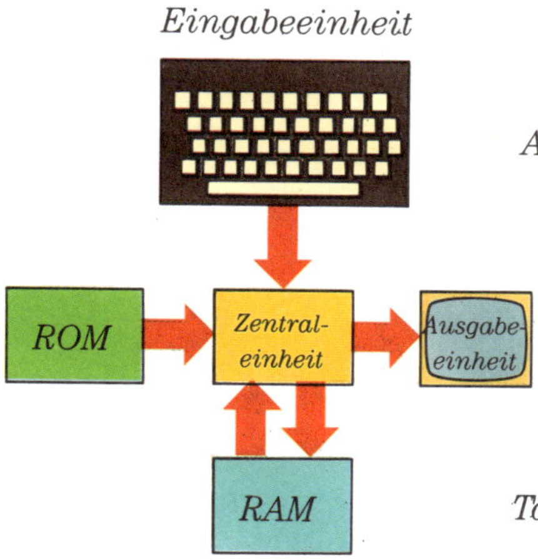

Kann man eine Diskette biegen?

Die Informationen, die man braucht, um einen Mikrocomputer zu betreiben, sind auf kleinen Magnetscheiben untergebracht (oder, heute eher selten, auf normalen Kassetten, wie man sie im Kassettenrecorder verwendet). Diese Scheiben heißen Disketten. Sie bestehen aus Plastik, das mit einem magnetischen Material beschichtet ist; zu ihrem Schutz sind sie in einem festen Plastikgehäuse untergebracht – also kann man sie nicht biegen.

Was ist ein Computerprogramm?

Alle Computer brauchen Anweisungen, was sie tun und wie sie es tun sollen. Diese Information bekommen sie in Form eines Programms, das dem Computer eingegeben werden muß, bevor er die Arbeit aufnimmt.

Komponenten eines modernen Mikrocomputers

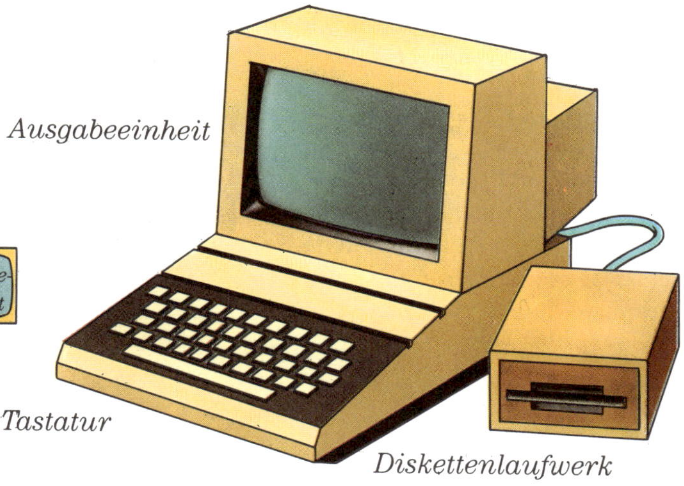

Binärcode

Welche Sprache sprechen Computer?

Die Daten, die ein Computer benötigt, bekommt er über ein Programm, das in einer besonderen Sprache geschrieben ist. Eine einfache Computersprache auch für Heimcomputer ist BASIC („**B**eginners **A**ll-Purpose **S**ymbolic **I**nstruction **C**ode; d.h. „Symbolischer Allzweck-Befehlscode für Anfänger"). Es gibt aber noch viele andere Sprachen.

Was versteht man unter Software und Hardware?

Software ist eine andere Bezeichnung für Computerprogramme – sowohl für die, die du im Laden kaufst (etwa Spiele), als auch für die, die vom Hersteller fest im Computer installiert sind. Hardware nennt man die Maschinerie des Computers, wie Tastatur, Bildschirm und Drucker.

Was sind ROM- und RAM-Chips?

Im Gedächtnis eines Computers sind die Daten in *Binärcode* auf Mikrochips gespeichert. Es gibt zwei Sorten von Gedächtnisspeichern. Die ROM-Chips (von „Read-Only Memory", nur zum Lesen bestimmter Speicher) enthalten Programme, die der Computer zum Funktionieren braucht und die nicht verändert werden können. RAM-Chips (kurz für „Random-Access Memory", frei belegbarer Speicher) enthalten nur das Programm und die Daten, die für eine bestimmte Aufgabe benötigt werden.

Wo findet man Bits und Bytes?

Alle Computer verwenden den Binärcode, eine Art des Zählens mit nur zwei Ziffern: 1 (ein) und 0 (aus). Diese stehen für das Ein- und Ausschalten der elektrischen Spannungen. Der Speicherplatz, der für eine binäre 0 oder 1 benötigt wird, heißt Bit. Ein Byte ist eine Gruppe von 8 Bits, was normalerweise als Speicherplatz für einen Buchstaben oder eine Zahl ausreicht.

Wie mißt man Speicherkapazität?

Die Speicherkapazität eines Computers oder die Länge eines Computerprogramms werden in K gemessen. K steht für Kilobyte, und ein K ist gleich 1024 Bytes.

Was ist ein „Superchip"?

Der mächtigste Supercomputer der Welt, der amerikanische *Cray 3*, wird mit Halbleiterchips aus einem Galliumarsenid genannten Material ausgestattet, das Elektronen bis zu zehnmal schneller leitet als Silicium. Der *Cray 3* wird vielleicht zwölfmal schneller arbeiten als die besten heute gebräuchlichen Supercomputer und soll in der Lage sein, 16 *Gigaflops* zu erreichen (das sind 16 Milliarden Rechenvorgänge pro Sekunde)!

Wie funktionieren Strichcodes?

Im Supermarkt liest die Kassiererin jeden Gegenstand, den du eingekauft hast, elektronisch in die Kasse ein, indem sie mit einem Lesegerät das Muster aus weißen und schwarzen Strichen abtastet, das auf jeder Packung ist. Dieser Strichcode enthält Informationen, die automatisch zum Zentralcomputer des Ladens geschickt werden. So weiß der Ladeninhaber immer, wieviel von einer Ware verkauft worden und wieviel noch auf Lager ist.

Wo gibt es LCD's?

LCD steht für „liquid crystal display", Flüssigkristallanzeige, und es gibt sie beispielsweise bei Taschenrechnern oder Digitaluhren.

Roboter

Wie wird ein Roboter angelernt?

Manche Arbeiten können von Robotern besser erledigt werden als von Menschen. Sie wiederholen ihre Aufgaben immer und immer wieder, ohne zu ermüden oder sich zu langweilen. Damit er eine neue Aufgabe erlernt, muß man dem Roboter zeigen, wie die Arbeit getan wird. Ein Mensch bewegt die Arme und Hände des Roboters durch jede Stufe des Arbeitsprozesses (beispielsweise die Montage eines Autos). Der Roboter merkt sich jeden Schritt, und wenn man ihm alles gezeigt hat, kann er selbständig weiterarbeiten. Bevor man ihm eine neue Aufgabe überträgt, muß das Gedächtnis des Roboters gelöscht werden.

Wie nutzen Piloten die Elektronik?

Moderne Hochgeschwindigkeitsflugzeuge sind mit Elektronik vollgepackt. Es gibt elektronische Navigationshilfen, Elektronik, um den Treibstoffverbrauch der Triebwerke zu überwachen und um Sicherheitskontrollen an den Systemen des Flugzeugs vorzunehmen. Ein Autopilot kann das Steuer übernehmen, das Flugzeug auf Kurs halten und die richtige Höhe und Geschwindigkeit einhalten. Einige hochentwickelte Kampfflugzeuge brauchen die Elektronik, um komplizierte Flugmanöver mit einer Geschwindigkeit zu fliegen, bei der der Pilot gar nicht mehr schnell genug reagieren könnte.

Die komplizierte Instrumententafel eines Space Shuttle

Die Roboter R2D2 und C3PO aus dem Film „Krieg der Sterne".

Was sind bionische Menschen?

In Science-fiction-Geschichten kommen bionische Menschen vor, denen elektronische Chips übermenschliche Kraft und Intelligenz verleihen. Diese Phantasie beginnt langsam Wirklichkeit zu werden, denn die Ärzte lernen, wie man menschliche Organe durch elektronische Ersatzteile austauschen kann. Jemandem, der herzkrank ist, wird z.B. mit einem elektronischen Schrittmacher geholfen.

Was ist ein Android?

Ein *Android* ist ein menschenähnlicher Roboter. Vielleicht wird man eines Tages Androiden für Aufgaben einsetzen, die für Menschen zu gefährlich sind. Aber sonst liegt wirklich kein Grund vor, einen Roboter wie einen Menschen aussehen zu lassen.

Wie wird das elektronische Heim des 21. Jahrhunderts aussehen?

Unser Heim wird im nächsten Jahrhundert vielleicht ganz anders aussehen als heute. Ein Zentralcomputer könnte alle Systeme des Hauses, also Heizung, Licht, Klimaanlage, Wasserversorgung, Türschlösser usw. steuern. Er würde alle Haushaltsgeräte und Kommunikationssysteme überwachen, Fernseher, Radio und Telefon. Er könnte den Einkaufszettel zum nächsten Laden durchgeben und außerdem noch das Auto durchchecken. Die Menschen werden vielleicht zu Hause arbeiten und per Computer Informationen mit Freunden am anderen Ende der Welt austauschen können.

LICHT UND SCHALL

Was ist Licht?

Eigentlich weiß niemand so genau, was das Licht ist. Im 17. Jahrhundert dachte Isaac Newton, Licht bestünde aus geschoßartigen Partikeln, die er *Korpuskel* nannte. Der holländische Wissenschaftler Christiaan Huygens glaubte, daß Licht sich pulsartig oder in Wellen durch den Raum ausbreite. Die moderne Wissenschaft hat herausgefunden, daß an beiden Theorien etwas dran ist. Licht breitet sich mit Sicherheit in Wellenform aus, verhält sich aber auch , als wäre es aus Partikeln zusammengesetzt. Heute nennen die Wissenschaftler diese Lichtteilchen *Photonen*.

Ist Licht Energie?

Licht ist eine Form von Energie und ähnelt der Hitze. Es ist die einzige Energieform, die wir direkt sehen können. Ein loderndes Feuer strahlt Licht und Wärme aus. Die Hitze können wir nur fühlen, das Licht aber sehen.

Woher kommt das Licht?

Von Sternen wie der Sonne erreicht uns Licht. Die Sterne strahlen infolge ihrer gewaltigen nuklearen Energie. Weil die Sonne Licht abgibt, sagen wir, daß sie *leuchtet*. Sehr wenige natürliche Dinge leuchten, aber unter ihnen gibt es sogar einige Tiere, wie Glühwürmchen oder Tiefseefische, die lichterzeugende Organe besitzen.

Mit welcher Geschwindigkeit bewegt sich das Licht?

Das Licht breitet sich mit enormer Geschwindigkeit aus, rund 300 000 Kilometer pro Sekunde! Sogar bei diesem Tempo braucht das Licht von der Sonne immer noch mehr als acht Minuten, um die Erde zu erreichen.

Wer hat die Lichtgeschwindigkeit gemessen?

Schon im frühen 17. Jahrhundert versuchte der italienische Wissenschaftler Galileo Galilei, die Lichtgeschwindigkeit zu messen. Er postierte zwei Männer mit blinkenden Lampen auf weit voneinander entfernten Hügeln und versuchte, die Zeit zu messen, die das Licht benötigte, um vom einen zum anderen zu kommen. Aber so kann man die Geschwindigkeit des Lichts nicht messen: Es bewegt sich viel zu schnell. 1676 errechnete der Däne Olaf Roemer eine Lichtgeschwindigkeit, die fast genau der entspricht, die moderne Wissenschaftler zugrunde legen.

Glühwürmchen machen ihr Licht selbst.

Macht der Mond sein eigenes Licht?

Der Mond leuchtet nicht von sich aus. Was wir als Mondlicht sehen, ist einfach das von der Mondoberfläche reflektierte Sonnenlicht. Ohne die Sonne könnten wir den Mond überhaupt nicht sehen.

Was sind Lichtwellen?

Wenn du einen Kieselstein in einen Teich wirfst, wirft die Wasseroberfläche Wellen. Auch das Licht breitet sich wellenförmig aus. 1873 entdeckte der Wissenschaftler James Clerk Maxwell nach zwanzigjähriger Forschungsarbeit diese Wellenstruktur des Lichts. Er wies nach, daß das Licht aus schwingenden Wellen von elektrischen und magnetischen Feldern besteht. Maxwell schlug als erster vor, das Licht als eine Art elektromagnetische Strahlung zu betrachten. Er ging sogar weiter und meinte, es müsse auch andere, für das Auge unsichtbare Arten von Strahlung geben.

Warum ist es gefährlich, in die Sonne zu schauen?

Die Sonne ist eine enorm starke Lichtquelle. Unsere Augen sind sehr empfindlich und kommen leicht zu Schaden. Du solltest nie direkt in die Sonne schauen, auch nicht durch geschwärztes Glas oder eine Sonnenbrille. Die Strahlen der Sonne sind so stark, daß sie die Netzhaut deines Auges beschädigen und dich sogar blind machen könnten.

Warum werfen wir einen Schatten?

Das Licht bewegt sich in gerader Linie. Wenn eine undurchsichtige Substanz, wie der menschliche Körper, im Weg steht, werden die Strahlen abgeblockt. Wenn du deine Hand vor eine Taschenlampe hältst, entsteht ein Schatten an der Wand. Schau genau hin, was passiert, wenn du die Lampe ein bißchen zur Seite bewegst. Beobachte, wo sich dein Schatten an einem sonnigen Tag gegen Mittag befindet, und markiere den Umriß mit einem Stück Kreide. Dann führe das gleiche Experiment am späten Nachmittag durch, wenn die Sonne tiefer am Himmel steht. Was ist mit deinem Schatten passiert?

Was ist eine Eklipse?

Zu einer sogenannten Eklipse oder Finsternis kommt es, wenn ein Himmelskörper die Strahlen der Sonne daran hindert, einen anderen Himmelskörper zu erreichen. Wenn die Erde zwischen Sonne und Mond gerät, wirft sie einen Schatten, der den Mond verdunkelt. Das ist dann eine Mondfinsternis. Manchmal zieht der Mond zwischen Sonne und Erde durch, und für kurze Zeit wird der Tag zur Nacht. Das ist eine Sonnenfinsternis.

Pflanzen wachsen im Dunkeln nicht.

Warum ist das Licht lebenswichtig?

Alles Leben hängt vom Sonnenlicht ab. Ohne Licht könnten Pflanzen nicht wachsen, und ohne Pflanzen könnten Tiere nicht existieren. Der Sinn, auf den sich der Mensch am meisten verläßt, ist das Augenlicht. Über die Augen erhält das Gehirn mehr als 80 Prozent seiner Informationen.

Warum können wir durch Glas hindurchsehen?

Eine Glasscheibe ist *durchsichtig:* Die Lichtstrahlen können es ungehindert passieren, deshalb können auch unsere Augen hindurchschauen. Eine Substanz, die das Licht blockiert, wie etwa Holz oder Metall, ist *undurchsichtig.*

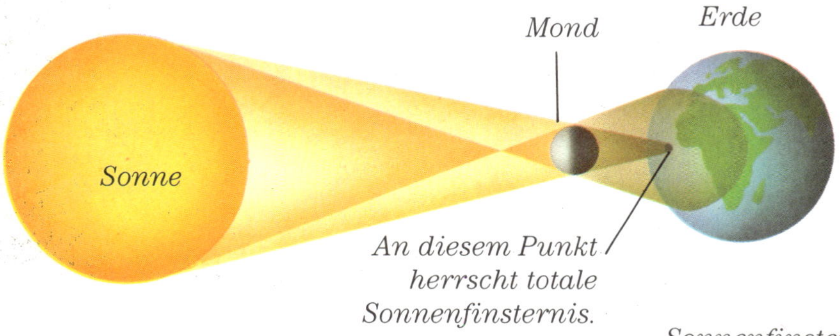

Sonnenfinsternis

Was ist Reflektion und Brechung?

Licht wird gebeugt, wenn es von einer Oberfläche, zum Beispiel einem Spiegel, zurückgeworfen wird. Diese Beugung nennt man *Reflektion.* Licht wird auch gebeugt, wenn es sich von einer durchsichtigen Oberfläche zur nächsten bewegt. Diese Art Beugung nennt man *Brechung*.

Warum sieht ein Stecken wie abgeknickt aus, wenn man ihn in einen Teich hält?

Wenn du einen Stecken in einen Teich tauchst, sieht es so aus, als ob er dort, wo er ins Wasser eintaucht, abgeknickt sei. Dieser Knick wird von einer Lichtbrechung verursacht. Die Geschwindigkeit, mit der sich Licht im Wasser bewegen kann, ist geringer als in der Luft (weil Wasser dichter ist). Der Unterschied in der Geschwindigkeit, mit der das Licht das Auge erreicht, läßt den Stecken gekrümmt erscheinen.

Was sind optische Täuschungen?

Manchmal ist das, was wir zu sehen glauben, in Wirklichkeit gar nicht da. Die besonderen Eigenschaften des Lichts gaukeln unseren Augen etwas vor. So etwas nennt man optische Täuschung. Hier zeigen wir eine ganz bekannte, die ihr selbst ausprobieren könnt:

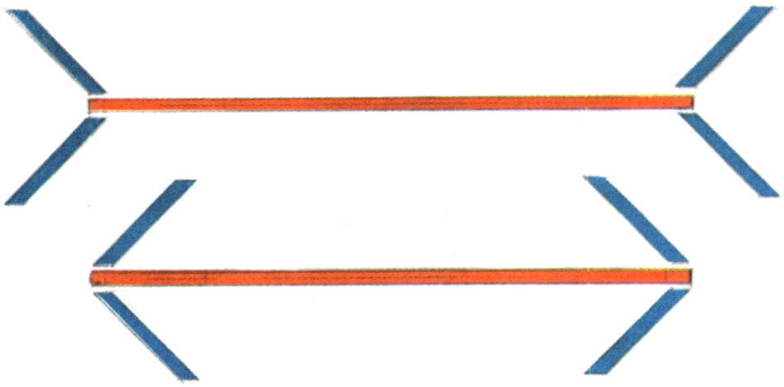

Optische Täuschung: Obwohl der eine Balken länger erscheint, sind beide gleich lang.

Sehen Tiere so gut wie der Mensch?

Viele Tiere sehen sogar wesentlich besser als der Mensch. Die Augen eines Falken zum Beispiel sind achtmal so scharf wie unsere. Aber ein Elefant sieht sehr schlecht. Wie andere Wirbeltiere (Tiere, die ein Rückgrat haben), haben wir Augen mit einer einzigen Linse. Insekten dagegen, zum Beispiel die Bienen, haben Augen, die aus vielen Tausenden von Linsen zusammengesetzt sind.

Was ist räumliches Sehen?

Jedes deiner Augen gibt dem Gehirn ein etwas anderes Abbild der Welt. Das Gehirn verschmelzt die beiden Bilder zu einem einzigen, das räumliche Tiefe hat. Wenn du dir ein Auge zuhältst, erscheint dir die Welt flach wie auf einem Foto. Das räumliche Sehen ermöglicht es, Entfernungen sehr genau einzuschätzen. Räumliches Sehen ist besonders wichtig für Baumbewohner, wie Affen, oder für Jäger, wie Eulen und Katzen. Voraussetzung für räumliches Sehen ist allerdings, daß beide Augen vorne am Kopf sitzen.

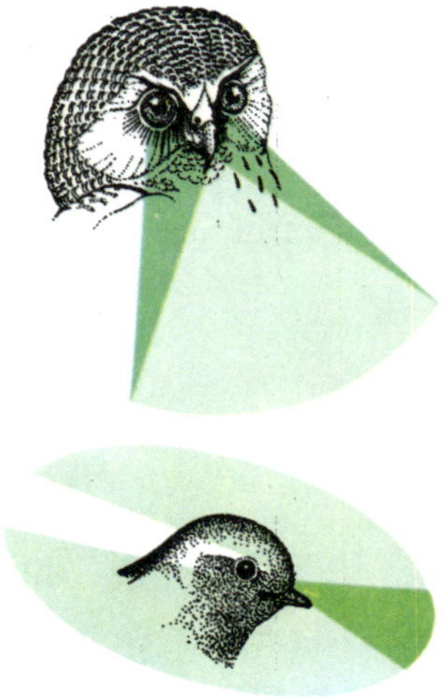

Raubtiere müssen besonders gut sehen können, um ihre Beute greifen zu können.

Wer bewies, daß weißes Licht eine Mischung von Farben ist?

Zwischen 1665 und 1666 führte Isaac Newton in einem abgedunkelten Zimmer Experimente durch. Er hielt ein Glasprisma in einen Sonnenstrahl, der durch ein kleines Loch in der Wand eindrang, und sah, wie er sich in die Farben des Regenbogens aufspaltete: Rot, Orange, Gelb, Grün, Blau, Indigo und Violett. Wenn er ein weiteres Prisma in den farbigen Strahl hielt, konnte er verfolgen, wie die Lichtstrahlen zum zweitenmal gebrochen und wieder weiß wurden.

Isaac Newton entdeckte, daß das Licht eine Mischung von Farben ist.

Wie entstehen die Farben des Regenbogens?

Der Regenbogen zeigt das Farbenspektrum der Natur. Fallende Regentropfen wirken wie winzige Prismen. Sie zerlegen das weiße Sonnenlicht in die Farben seines Spektrums.

Warum ist der Himmel blau?

Wenn das weiße Sonnenlicht in die Erdatmosphäre eindringt, wird es von Millionen kleiner Staubpartikel und Wassertröpfchen in der Luft reflektiert und gestreut. Das Licht am blauen Ende des Spektrums wird am stärksten gestreut, und deshalb sieht der Himmel blau aus. Ohne den Streueffekt der Atmosphäre wäre der Himmel schwarz – wie er es im Weltraum auch ist.

Wie kann ein Kreisel zeigen, daß Newton recht hatte?

Mit einem Kreisel aus einem Stück Karton kann man ein einfaches Experiment machen, das beweist, daß das Licht eine Mischung von Farben ist. Male die Farben des Spektrums auf den Karton und beobachte ihn, während er sich dreht. Vor deinen Augen fangen die Farben an, sich zu mischen, und die Oberfläche wird weiß.

Ein mit den Spektralfarben bemalter Kreisel sieht weiß aus, wenn er sich dreht.

Was sind die Grundfarben des Lichts?

Die Grundfarben des weißen Lichts sind Rot, Grün und Blau. Zusammengemischt ergeben sie Weiß. Die sogenannten zusammengesetzten Farben sind Magenta (blau-rot), Cyan (blau-grün) und Gelb.

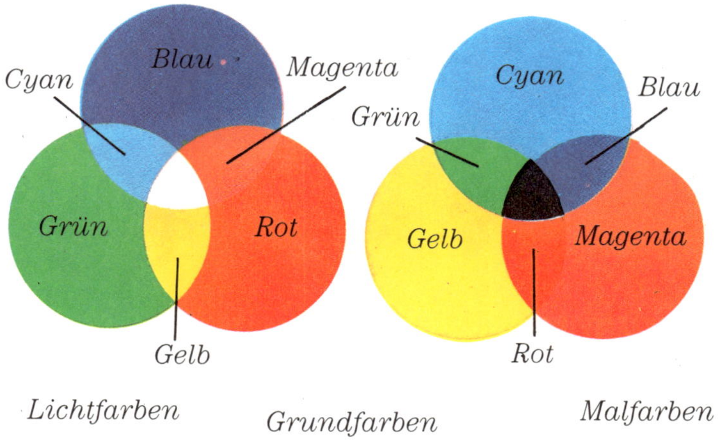

Sind Malfarben dasselbe wie Lichtfarben?

Malfarben sind aus Pigmenten hergestellt, die Licht absorbieren wie andere Substanzen auch. In Malfarben sind die Grundfarben daher nicht dieselben wie beim Licht. Man kann weiße Farbe nicht in verschiedene Farben aufspalten (wie es beim Licht möglich ist). Statt dessen muß man andere Farben hinzufügen. Die drei Grundfarben sind hier Gelb, Magenta und Cyan. Wenn man sie mischt, kann man beinahe jede beliebige Farbe herstellen. Beim richtigen Mischverhältnis kann sogar Schwarz herauskommen; aber es ist unmöglich, Weiß zusammenzumischen.

Wie sehen Bienen Blumen?

Eine Biene kann ultraviolettes Licht wahrnehmen, das für das menschliche Auge unsichtbar ist. Allerdings kann eine Biene nur wenig Rot sehen. Wenn eine Blume uns weiß erscheint, ist sie für die Biene blau.

Warum ist Gras grün?

Wir nehmen Gras als grün wahr, weil es das einfallende Licht so reflektiert. Die Blätter absorbieren (d.h., sie nehmen sie in sich auf) alle Farben des Lichts außer Grün. Das Grün aber wird reflektiert. Unter orangefarbenem Licht sieht Gras schwarz aus, weil das Gras das orangefarbene Licht absorbiert und so gut wie gar nicht reflektiert.

Spiegel und Linsen

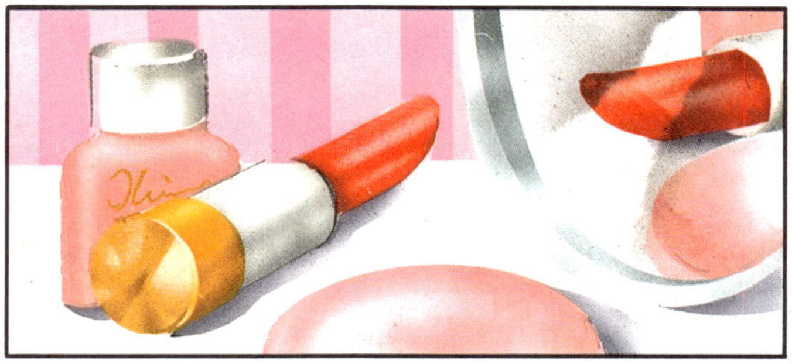

Konkave Spiegel vergrößern, konvexe verkleinern.

Wie werden Spiegel hergestellt?

Die ältesten Spiegel bestanden aus hochglanzpoliertem Metall. Die Römer benutzten Bronzespiegel. Die Herstellung von Glasspiegeln, bei denen man Glas mit einer Silberfolie belegte, um das Licht zu reflektieren, kam im 17. Jahrhundert auf. 1835 wurde die Technik, Spiegel auf der Rückseite mit Silber zu beschichten, entdeckt.

Warum reflektieren Spiegel unsere Abbilder?

Alles reflektiert Licht, auch die Seiten dieses Buches. Aber die meisten Oberflächen sind rauh und zerstreuen das Licht in alle Richtungen. Die Seiten eines Buches können wir von jedem Punkt eines Raumes aus erkennen. Die glatte, glänzende Oberfläche eines Spiegels reflektiert das Licht jedoch viel genauer in parallelen Strahlen, so daß ein scharfes Abbild entsteht.

Warum ist ein Spiegelbild seitenverkehrt?

Das Licht bewegt sich immer in gerader Linie, der Spiegel reflektiert also Strahlen, die von deiner linken Seite kommen, auch auf die linke Seite zurück. Wenn du in den Spiegel schaust, taucht deine linke Seite wieder zur Linken auf. Betrachtest du aber eine wirkliche Person, so ist ihre linke Seite von dir aus gesehen rechts.

Wer entdeckte, daß ein Spiegel das Licht im selben Winkel reflektiert, in dem es ihn erreicht hat?

Vor mehr als 2000 Jahren experimentierte der Grieche Hero von Alexandria mit Spiegeln. Er bemerkte, daß der Winkel, in dem Licht auf einen Spiegel traf, derselbe war, in dem es reflektiert wurde. Das kannst du selbst mit Hilfe einer Taschenlampe ausprobieren. Stell eine angeschaltete Taschenlampe seitlich von einem Spiegel auf. Gib acht, wo du dich hinstellen mußt, um die Reflektion der Taschenlampe im Spiegel sehen zu können.

Wie beeinflußt die Wölbung eines Spiegels das reflektierte Bild?

Ein gewölbter Spiegel verzerrt das Bild, das er reflektiert. Betrachte dich einmal in der Mulde eines polierten Löffels. Die Mulde wirkt wie ein Hohlspiegel (ein konkaver Spiegel). Dein Bild steht auf dem Kopf. Jetzt dreh den Löffel um, und schau dich noch einmal an. Die Rückseite des Spiegels wirkt wie ein konvexer Spiegel.

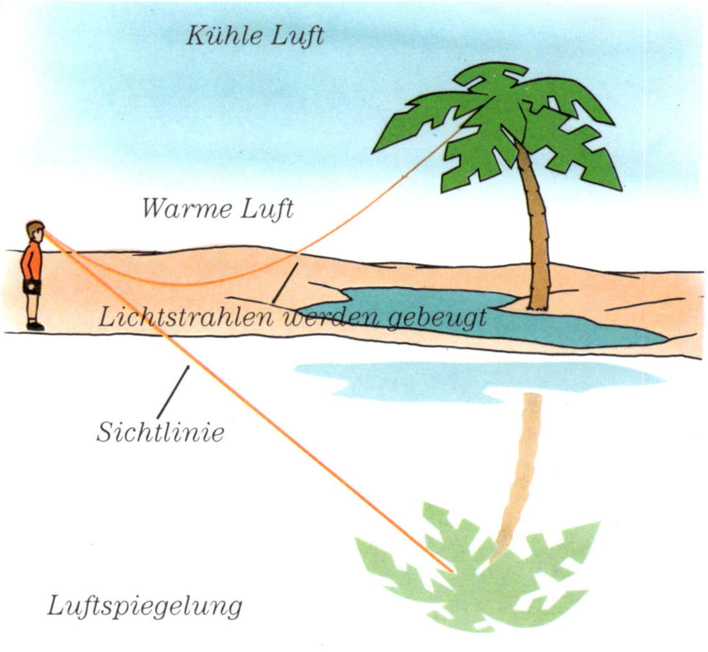

Luftspiegelung

Unregelmäßig gewölbte Spiegel wie die auf dem Jahrmarkt reflektieren das Licht in viele Richtungen. Die Wirkung ist manchmal sehr komisch; wir sehen uns ganz dick oder dünn oder haben sogar zwei Köpfe.

Was ist ein Spiegelkabinett?

Die Zerrspiegel in Vergnügungsparks oder auf Rummelplätzen bringen uns zum Lachen, weil sie uns auf sehr eigentümliche Art widerspiegeln. Manchmal sehen wir darin ganz klein und dick aus, dann wieder groß und dünn. Ein Zerrspiegel hat eine kompliziert gewölbte Oberfläche, die Licht in viele verschiedene Richtungen reflektiert.

Wie kommt es zu Luftspiegelungen?

An heißen Tagen heizt sich die Luft in der Nähe des Bodens auf, dehnt sich aus und wird weniger dicht. Dadurch wird das Licht auf ungewöhnliche Weise gebeugt und kann eine optische Täuschung oder Luftspiegelung hervorrufen. Für einen Reisenden in der Wüste kann sie aussehen wie Wasser. Tatsächlich spiegelt sich aber das Himmelslicht in der Schicht heißer Luft dicht über dem Boden.

Wie kann man über den Horizont hinaussehen?

Unter bestimmten Bedingungen, wenn dichte, kalte Luft über dem Meer liegt, kann es vorkommen, daß man ein Schiff sieht, das hinter dem Horizont liegt. Die kalte Luft beugt Lichtstrahlen zur Erde hin, so daß der Beobachter ein Schiff erblickt, das in der direkten Sichtlinie unsichtbar wäre. Wenn über der kalten Schicht wieder warme Luft liegt, können die Strahlen noch einmal gebeugt werden – und das Schiff scheint auf dem Kopf zu stehen!

Warum haben Linsen unterschiedliche Formen?

Linsen sind Glas- oder Plastikscheiben, die das Licht beugen und Gegenstände kleiner oder größer aussehen lassen können. Eine ausgehöhlte Linse (die so geschnitten ist, daß sie in der Mitte dünner ist als an den Rändern) nennt man *konkav*. Sie spreizt die Lichtstrahlen, die durch sie hindurchtreten, und Gegenstände wirken kleiner. Eine gewölbte Linse (in der Mitte dicker als an den Rändern) ist *konvex*. Sie konzentriert das Licht, bündelt die Strahlen und läßt die Dinge größer erscheinen.

Seit wann gibt es Brillen?

Etwa ab dem Jahr 1000 kannten die Araber das Vergrößerungsglas. Bald danach wurden die ersten Brillen hergestellt. Sie bestanden zunächst aus zwei Vergrößerungsgläsern, die dicht nebeneinander befestigt waren, nicht, wie in modernen Brillen, eine vor jedem Auge. Um 1300 gab es Augengläser, die im Gesicht getragen wurden, und gegen 1430 waren auch schon Brillen in Gebrauch, mit denen kurzsichtige Leute entfernte Gegenstände deutlicher erkennen konnten.

Wer erfand das Teleskop?

Um das Jahr 1600 setzte der holländische Brillenmacher Hans Lippershey zwei Linsen zusammen und betrachtete durch sie die Wetterfahne auf einer entfernten Kirche. Er war verblüfft, wie groß sie erschien. Das erste Teleskop war gebaut. Obwohl er versuchte, seine Erfindung patentieren zu lassen, wurde Lippersheys Antrag abgelehnt, und wenig später konstruierte man schon Teleskope in Venedig, Paris und London. Viele Leute versuchten später, den Ruhm für die Erfindung zu ernten; einer von ihnen wäre beim Bau des ersten Teleskops gerade mal zwei Jahr alt gewesen!

Wer sagte, er habe „Fliegen, so groß wie Lämmer" gesehen?

Galilei, der große Astronom

Der große italienische Wissenschaftler Galileo Galilei war ganz aufgeregt, als er von der Erfindung des Teleskops hörte. Er baute selbst eines und benutzte es zunächst, um nahe liegende Gegenstände zu betrachten. Er erzählte einem Besucher, daß er durch sein Teleskop Fliegen beobachtet habe, und sie hätten „so groß wie Lämmer" ausgesehen. Er entdeckte, daß Fliegen behaart sind und kopfunter an der Decke entlanglaufen, indem sie sich mit den Füßen festhalten.

Seit wann erforscht man mit dem Teleskop die Sterne?

Galilei war ein begabter Konstrukteur, denn sein Teleskop war viel stärker als die ersten, in Holland gefertigten. Er war auch Astronom und richtete sein neues Instrument gen Himmel. Er sah Myriaden von Sternen, die noch kein Mensch je erblickt hatte, und entdeckte vier neue Planeten, die in Wirklichkeit aber Monde des Jupiter waren.

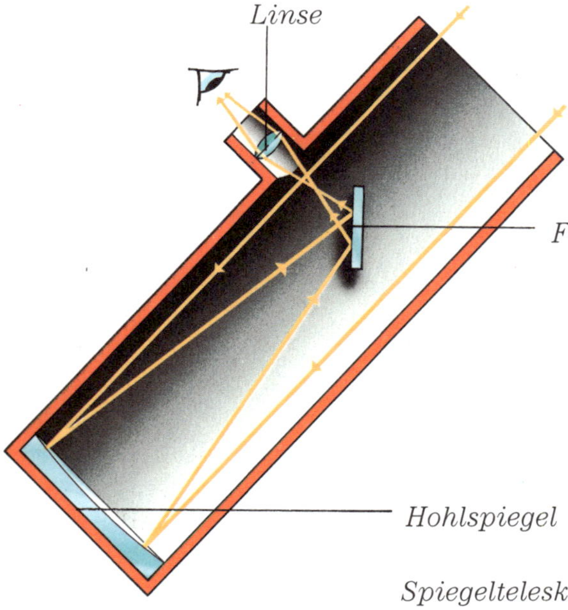

Spiegelteleskop

Welches sind die größten heute gebräuchlichen Teleskope?

Die meisten modernen Teleskope sind Spiegelteleskope. Das 5-Meter-Teleskop am Mount Palomar in den Vereinigten Staaten hat eine Vergrößerung von einer Million zu eins. In der Sowjetunion gibt es noch ein größeres Teleskop. Das größte Linsenteleskop hat eine Linse mit einem Durchmeser von 1,02 Meter.

Was ist ein Radioteleskop?

Mit normalen Teleskopen kann man nur Objekte im All beobachten, die Licht abstrahlen. Weit entfernte Objekte sondern andere Strahlung ab, zum Beispiel Radiowellen. In den 30er Jahren fing der amerikanische Wissenschaftler Karl Jansky Radiosignale aus der Tiefe des Weltalls auf. Seine Entdeckung der *Radiosterne* führte zur Erfindung des Radioteleskops, mit dem die Astronomen die am weitesten entfernten Objekte im Universum erforschen können. Ein großes Radioteleskop mit einem Durchmesser von hundert Metern steht bei Effelsberg in der Eifel.

Große Radioteleskope können die Strahlung von Millionen von Lichtjahren entfernten Sternen und Galaxien aufnehmen.

Wer erfand das Spiegelteleskop?

Galileis Teleskop war ein *Linsenteleskop.* Weil es mit Linsen funktionierte, mußte es extrem lang sein, um ausreichend zu vergrößern. Da die verschiedenen Farben verschieden stark gebrochen werden, ergaben sich durch die Linsen auch noch Verzerrungen. 1668 baute Isaac Newton das erste *Spiegelteleskop.* Es hatte konkave Spiegel statt der Linsen. Zwar war es nur 15 Zentimeter lang, hatte aber trotzdem eine Vergrößerung von 40 : 1 und war besser als die Linsenteleskope. Da Spiegel alle Farben gleichmäßig reflektieren, war das Verzerrungsproblem gelöst.

Wie funktioniert ein Periskop?

Man kann sich ein einfaches Periskop mit zwei Flachspiegeln bauen, die in 45-Grad-Winkeln zueinander angeordnet sind. Vom oberen Spiegel wird Licht auf den unteren geworfen. Auf diese Art kannst du über eine Mauer schauen oder über die Köpfe von Leuten hinweg, die größer sind als du. Unterseeboote haben Periskope, damit der Kommandant die Vorgänge über Wasser beobachten kann, ohne daß das Boot auftauchen muß.

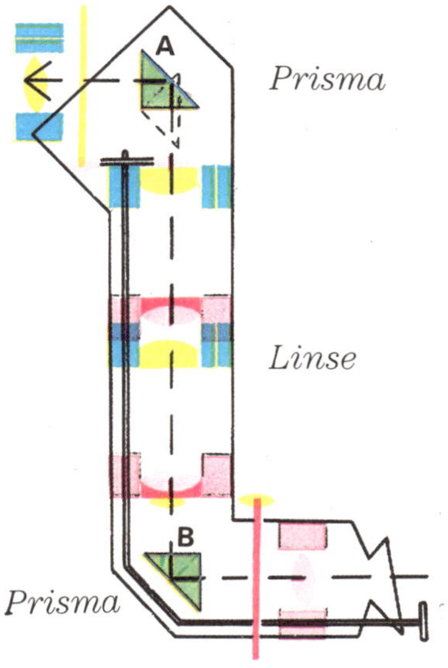

Einfaches Periskop

Wer erfand das Mikroskop?

Das Mikroskop wurde im frühen 17. Jahrhundert erfunden, und der Ruhm der Entdeckung gebührt mehreren Leuten; einer davon war Zacharias Janssen aus Holland. Linsen waren schon seit mehr als 300 Jahren bekannt, als endlich jemand auf die Idee kam, sie zu kombinieren und so entweder ein Mikroskop oder ein Teleskop herzustellen.

Wer entdeckte Leben in einem Glas Wasser?

Antoni van Leeuwenhoek (1632-1723) benutzte sein selbstgebautes, einlinsiges Mikroskop zum Studium des Teichlebens. 1674 untersuchte er grünliches Sumpfwasser und fand darin „sehr, sehr viele mikroskopisch kleine Tierchen“. Er hatte Bakterien entdeckt. Leeuwenhoek war höchst erstaunt darüber, daß es in einem einzigen Löffel Wasser von mikroskopischen Organismen nur so wimmelte, die viel zu klein waren, um mit bloßem Auge gesehen zu werden.

Antoni van Leeuwenhoek

Welches sind die stärksten Mikroskope?

Auch mit dem besten optischen Mikroskop kann man ein Objekt nicht mehr als 2000fach vergrößern. Der Franzose Louis de Broglie hatte 1924 die Idee, daß es, da die Elektronen genannten Atomteilchen sich wie Licht in Wellen ausbreiteten, möglich sein müßte, ein Elektronenmikroskop zu bauen, das stärker wäre als jedes optische Instrument.

Elektronenmikroskopische Aufnahme vom Kopf einer Stubenfliege

Wie funktioniert ein Elektronenmikroskop?

1932 entwickelten die beiden Deutschen Max Knoll und Ernst Ruska das Elektronenmikroskop, das mehr als millionenfach vergrößern konnte. Die „Linsen“ des Mikroskops sind elektromagnetische Felder. Ein heißer Drahtfaden schickt einen auf das zu untersuchende Objekt gerichteten Elektronenstrahl aus. Die dichteren Regionen des Objektes halten viele Elektronen auf. Der Rest bewegt sich weiter und trifft auf einen Bildschirm oder eine fotografische Platte. Das Ergebnis ist ein Schattenbild des Objekts.

Fotografie

Wie kann Licht Bilder erzeugen?

Licht kann in vielen Substanzen Veränderungen hervorrufen. Beispielsweise bleichen farbige Vorhänge aus, wenn sie zu lange in einem Sonnenfenster hängen. Das Wort „Fotografie“ kommt aus dem Griechischen und bedeutet „mit Licht zeichnen“. Die Linse einer Kamera fängt das Licht ein und hinterläßt ein Abbild auf den lichtempfindlichen Chemikalien des Films in der Kamera.

Spiegelreflexkamera

Was war die Camera Obscura?

Die Camera Obscura war ein Hilfsmittel für Künstler. Sie war ein abgedunkelter Raum mit einem stecknadelkopfgroßen Loch in einer Wand. Das Licht, das durch dieses Loch drang, warf ein auf dem Kopf stehendes Bild der Szenerie draußen auf die gegenüberliegende Wand. Der Künstler malte die Konturen dieses Abbilds nach, um eine genaue Skizze für sein endgültiges Gemälde zu erhalten.

Wann wurde das erste Foto aufgenommen?

Das früheste bekannte Foto wurde von dem Franzosen Joseph Niepce 1826 aufgenommen. Es wurde auf einer asphaltbeschichteten Zinnplatte gemacht und zeigt den Blick aus einem Fenster. Die Belichtung dauerte acht Stunden.

Die ersten Fotografen benötigten eine umfangreiche Ausrüstung.

Was ist ein Sofortbild?

1947 erfand Edwin Land, ein Amerikaner, die Polaroidkamera. In dieser Kamera wurde der Film automatisch von darin enthaltenen Chemikalien entwickelt. Es war die erste Sofortbildkamera.

Warum wurde die Fotografie nicht früher erfunden?

Obwohl die Camera Obscura schon im Mittelalter bekannt war, gelang es bis ins frühe 19. Jahrhundert niemandem, eine Kamera zu bauen, die die Bilder festhielt. Das Problem war, die richtigen Chemikalien zu finden. Die Lösung lag am Ende darin, dünne Schichten lichtempfindlicher Silbersalze auf Glasplatten aufzutragen.

Wer waren die Pioniere der Fotografie?

In den 30er und 40er Jahren des 19. Jahrhunderts wurden zwei fotografische Prozesse entwickelt. Der eine war die *Daguerreotypie* des Franzosen Daguerre, der andere die *Kalotypie* des Engländers Fox Talbot. Bei der Daguerreotypie wurden Kupfer-Silber-Platten anstelle von Glas benutzt. Es dauerte eine ganze Minute, eine Platte zu belichten. Fox Talbot fand einen Weg, positive Papierabzüge von einem Negativ zu ziehen. 1888 erfand der Amerikaner George Eastman die Kodak-Kamera, die statt der unhandlichen Platten mit Rollfilm arbeitete.

Wann wurden die ersten Farbfotografien gemacht?

Schon seit 1861 haben Fotografen immer wieder mit Farbfotografie experimentiert, aber wirtschaftliche Bedeutung erlangte die Farbfotografie erst in den späten 30er Jahren.

Strahlung

Gibt es unsichtbare Strahlen?

Um 1870 sagte James Clerk Maxwell voraus, daß man andere Formen der Strahlung jenseits des sichtbaren Spektrums finden werde. Ein Beispiel: Wenn man mit einem Thermometer das Licht in einem Spektrum mißt, dann wird es am roten Ende einen Temperaturanstieg verzeichnen. Jenseits des roten Endes des sichtbaren Spektrums liegen Hitzestrahlen, Infrarotstrahlung genannt, und deren Gegenwart verursacht den Temperaturanstieg.

Das elektromagnetische Spektrum

Was ist ein elektromagnetisches Spektrum?

Das elektromagnetische Spektrum ist ein Wellenband, und das Licht ist nur ein kleiner Teil davon. Die Strahlen bewegen sich in Wellen verschiedener Länge durch den Raum. Lichtstrahlen können wir sehen. Aber andere Teile des Spektrums sind für das Auge unsichtbar. Am roten Ende des sichtbaren Spektrums sind Infrarot, Mikrowellen, Radar, Fernseh- und Radiowellen. Am anderen (violetten) Ende des Spektrums liegen Ultraviolett, Röntgenstrahlen, Gammastrahlen und kosmische Strahlungen.

Warum kommt ein Schürhaken zur Weißglut?

Ein eiserner Schürhaken, den man ins Feuer legt, glüht erst rot, dann gelb und schließlich weiß. Je mehr Energie ein Gegenstand hat, desto mehr Strahlung gibt er ab. Während der Schürhaken sich aufheizt, nimmt er Energie auf. Das Licht, das er abgibt, bewegt sich durchs ganze Spektrum nach Blau hin. Wenn das Metall heiß genug ist, um in allen Farben zu glühen, sieht es weiß aus.

Was kann ein Spektrum uns über die Sterne erzählen?

Die Astronomen können im Spektrum der Sonne und anderer Sterne dunkle Linien feststellen. Diese Linien entstehen dadurch, daß bestimmte Elemente Licht bestimmter Wellenlängen schlucken, während es die Atmosphäre der Sonne durchquert. Jedes Element erzeugt ein typisches Muster von Linien. Indem sie das Spektrum studieren, können die Astronomen also sagen, woraus die Sonne und andere Sterne bestehen.

Was ist die Frequenz einer Welle?

Die Frequenz einer Welle ist ihre Schwingungsrate. Die Länge einer Welle ist die Entfernung zwischen zwei Wellengipfeln. Frequenz ist die Anzahl der Wellen, die einen bestimmten Punkt innerhalb einer Sekunde passieren. Licht ist sehr schnell und hat eine sehr hohe Frequenz.

Was sind Lang- und Kurzwellen?

Alle elektromagnetische Strahlung bewegt sich mit der gleichen Geschwindigkeit, der des Lichts. Aber jeder Strahlungstyp hat eine andere Wellenlänge. Radiowellen können Tausende von Metern lang sein. Kosmische Strahlung hat eine sehr kurze Wellenlänge, weniger als ein Hundertmillionstel eines Millionstel Meters.

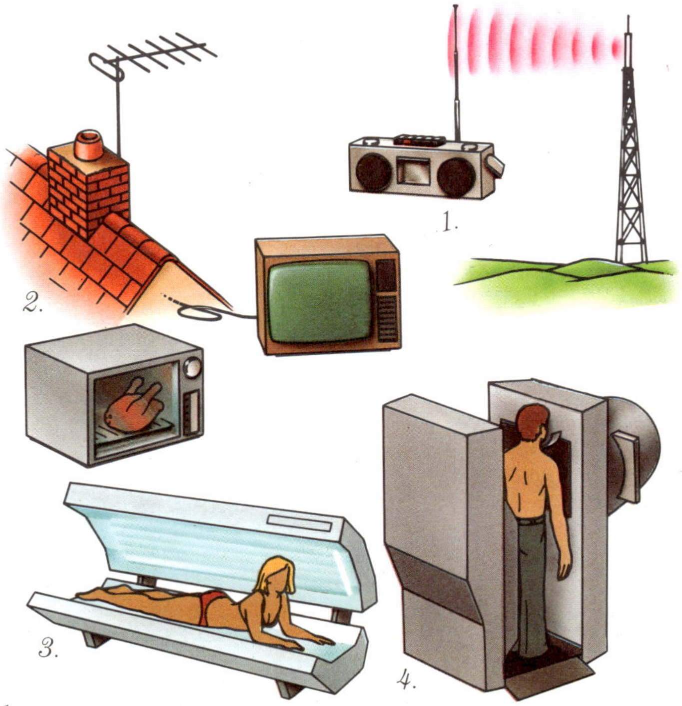

1. Radio und Fernseher 2. Mikrowellenherd
3. Sonnenbank 4. Röntgengerät

Welche Strahlen schützen uns?

Die ultravioletten Strahlen im Sonnenlicht sind für unsere Gesundheit lebenswichtig. Unser Körper braucht diese Strahlung, um Vitamin D produzieren zu können, das eine Rachitis genannte Krankheit verhindert.

Wie entsteht ein Sonnenbrand?

Ultraviolette Strahlen dringen nur oberflächlich in unsere Haut ein. Während sie den Hautzellen die Produktion von Vitamin D ermöglichen, schädigen sie aber auch die äußere Hautschicht. Der Körper reagiert darauf, indem er vermehrt ein braunes Pigment namens Melanin herstellt. Es verhindert, daß die Strahlen zu tief eindringen. Die Atmosphäre der Erde verhindert, daß wir der schädlichen Wirkung der ultravioletten Strahlung zu sehr ausgesetzt sind.

Was sind infrarote Strahlen?

Wenn wir vor einem Infrarotstrahler sitzen, spüren wir die Hitze, die in Form von infraroten Strahlen von den Heizspiralen ausgeht. Mehr als die Hälfte der Sonnenenergie erreicht uns in Form von infraroter Strahlung.

Was zeigt eine Infrarotfotografie?

Von Satelliten aus aufgenommene Infrarotfotografien zeigen kleinste Temperaturschwankungen auf der Erde. Man kann damit zum Beispiel Pflanzenkrankheiten auf den Feldern erkennen oder die warmen und kalten Meeresströmungen verfolgen.

Infrarotfotografie

Braune Haut schützt vor schädlicher Sonnenstrahlung.

Was ist ein Kühler Fleck?

Wenn etwas einen Schatten wirft, gibt es einen kühlen Fleck, ein Stück Boden, das, auch nachdem der Schatten verschwunden ist, kühler bleibt als seine Umgebung. Die Infrarotkameras eines Spionagesatelliten im All können den kühlen Fleck aufspüren, den ein Panzer oder Raketenwerfer hinterläßt, wenn das Fahrzeug weggefahren ist.

Was ist Fluoreszenz?

Manche Substanzen absorbieren ultraviolette Strahlen, wenn sie von ihnen getroffen werden, und geben dann Strahlung von größerer Wellenlänge wieder ab. Das ist Fluoreszenz. Fluoreszierendes Licht kann man mit bloßem Auge sehen, die ultraviolette Strahlung nicht.

Wer entdeckte die Röntgenstrahlen?

1895 entdeckte der deutsche Wissenschaftler Wilhelm Conrad Röntgen durch Zufall die nach ihm benannten Röntgenstrahlen. Er experimentierte mit einer Kathodenstrahlröhre, und ihm fiel auf, daß einige Kristalle im Raum jedesmal aufleuchteten, wenn die Röhre eingeschaltet war. Aber selbst als er die Kristalle in den angrenzenden Raum brachte, leuchteten sie noch. Röntgen wurde klar, daß das Glühen von unsichtbaren Strahlen verursacht werden mußte, die sogar solide Mauern durchdringen konnten. Er nannte sie X-Strahlen (X = unbekannt). In vielen Ländern heißen die Röntgenstrahlen heute noch X-Strahlen.

Was zeigt ein Röntgenbild?

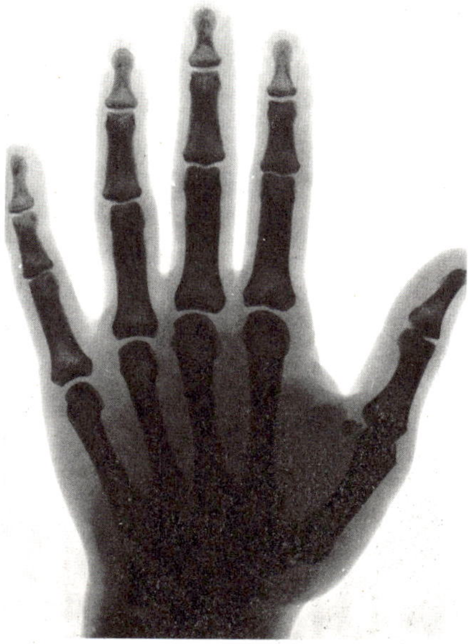

Röntgenbild einer Hand

Wenn ein menschlicher Körper zwischen einer Strahlenquelle und einem Film oder einem fluoreszierenden Schirm plaziert wird, werfen die Röntgenstrahlen ein Schattenbild des Körperinneren. Röntgenstrahlen werden von festen Stoffen, wie es Knochen sind, stärker absorbiert als von Muskelsubstanz. Deshalb kann man die Knochen klar erkennen – und eventuelle Brüche. Auch ein für Röntgenstrahlen undurchlässiger Gegenstand, wie zum Beispiel ein verschluckter Knopf, ist auf dem Röntgenbild deutlich zu sehen.

Was sind Mikrowellen?

Mikrowellen liegen im Spektrum jenseits des Infrarots. Sie haben eine sehr kurze Wellenlänge, und Astronomen verwenden sie, um sehr weit entfernte Himmelskörper zu studieren. Auch beim Radar werden sie eingesetzt. Mit Hilfe von Mikrowellenrichtstrahlen sendet man Fernsehbilder um die ganze Welt.

Wie funktioniert ein Mikrowellenherd?

Im Mikrowellenherd wandelt ein Gerät namens Magnetron elektrische Energie in Mikrowellen um. Die Mikrowellen werden von allen metallenen Oberflächen innerhalb des Herds reflektiert. Durch nichtmetallene Töpfe gehen sie glatt durch, aber Nahrungsmittel absorbieren sie. Sie versetzen die Moleküle in der Nahrung in Schwingung und erzeugen so eine Hitze, die das Essen gar kocht.

RA*dio* **D***etecting*
A*nd* **R***anging*
(Radar)

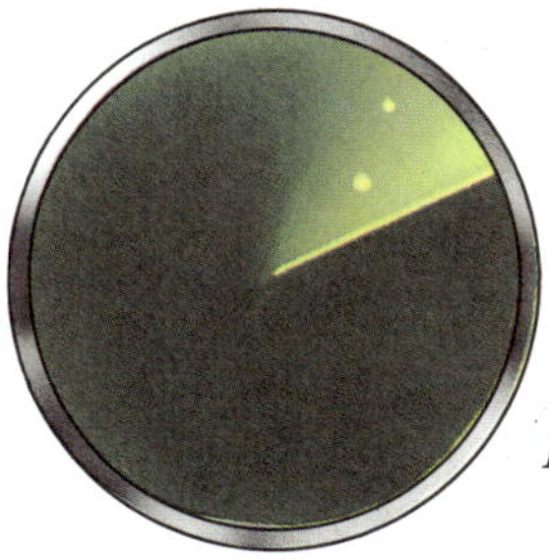

Radarschirm

Wie wurde das Radar erfunden?

Radar wurde in den 30er Jahren erfunden. Robert Watson-Watt erhielt den Auftrag, Berichte zu überprüfen, daß Deutschland an „Todesstrahlen“ aus gerichteten Radiowellen arbeite. Solche Strahlen gab es nicht. Aber Watson-Watts Forschungen ergaben eine Möglichkeit, Schiffe und Flugzeuge aufzuspüren, und zwar mittels Funkortung. Ein Funkstrahl wurde von einer Bodenstation ausgeschickt, und jedes Objekt, das den Strahl durchquerte, erzeugte ein Echo, das man wieder empfangen und aus dem man seine Position ermitteln konnte.

Wann wurde Radar erstmals eingesetzt?

Schon 1936 hatte man in Großbritannien eine Anzahl geheimer Radarstationen installiert. Diese Stationen spielten im Zweiten Weltkrieg eine Schlüsselrolle bei der Luftschlacht um England. Mittels Radar machte man die anfliegenden Bomber frühzeitig aus, und das half der britischen Luftwaffe, die deutschen Luftangriffe abzuwehren.

Wie können Röntgenstrahlen eine Kunstfälschung entlarven?

Kunstexperten können Gemälde und Skulpturen mit Hilfe von Röntgenbildern besser untersuchen. Manchmal enthüllen die Röntgenstrahlen ein verstecktes Bild, das vom Künstler übermalt wurde, oder auch Veränderungen, die von anderen angebracht wurden. Mit Röntgenstrahlen kann man auch feststellen, ob eine Skulptur oder ein Metallgegenstand so alt ist, wie behauptet wird.

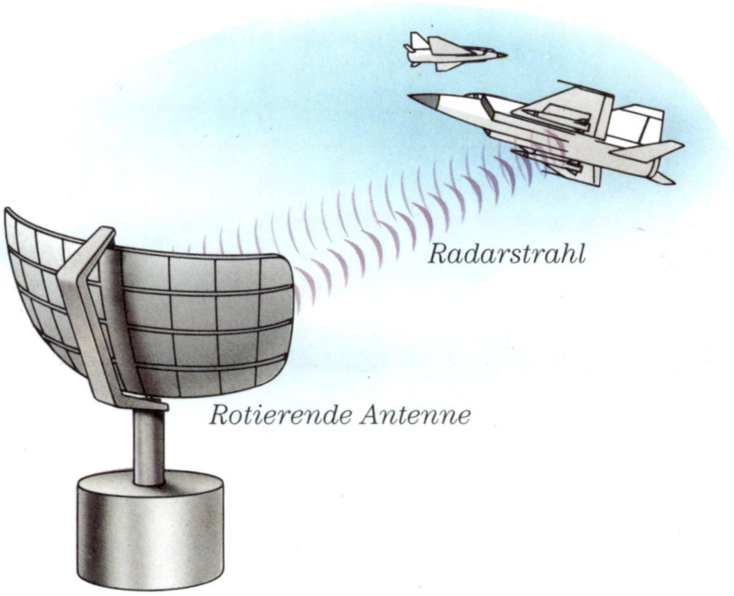

Radarstrahl

Rotierende Antenne

Laser und Hologramme

Was ist der Unterschied zwischen Laserlicht und gewöhnlichem Licht?

Ein Laser erzeugt einen sehr starken Lichtstrahl, so stark, daß er Löcher in Metall bohren kann. Anders als das Licht beispielsweise einer Taschenlampe zerstreut sich Laserlicht praktisch überhaupt nicht, es bleibt gebündelt. Ein Laserstrahl enthält nur Licht einer einzigen Farbe, während das Sonnenlicht eine Mischung aus Farben ist. Man sagt, Laserlicht ist *kohärent:* seine Wellen sind identisch und schwingen im Gleichklang.

Wie entstand der Name „Laser"?

Den ersten Laser baute 1960 ein amerikanischer Wissenschaftler namens Theodore H. Maiman. „Laser" ist eine Abkürzung aus den Anfangsbuchstaben von „Light Amplification by Stimulated Emission of Radiation", auf deutsch etwa „Lichtverstärkung durch induzierte Emission elektromagnetischer Strahlung".

Welches sind die drei wichtigsten Teile eines Lasers?

Ein Laser hat drei Hauptteile: 1. das Medium, das Material, das den Strahl erzeugt (wie zum Beispiel ein Rubinkristall oder ein Gas); 2. die Energiequelle, die das Medium mit Energie auflädt; 3. der Resonator, der den Strahl verstärkt (meistens Spiegel).

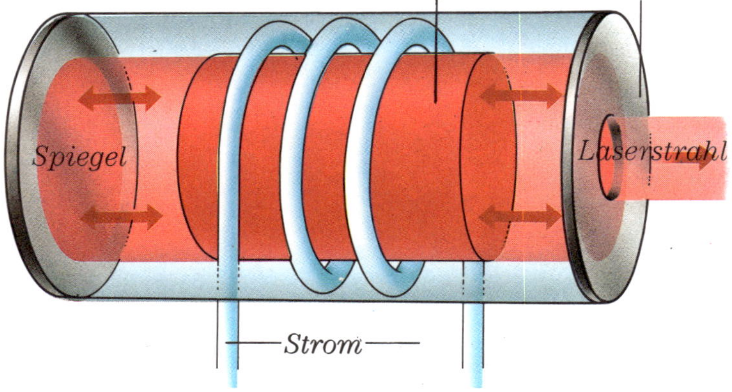

Rubinlaser

Warum verwendet man Laser in der Augenchirurgie?

Ärzte verwenden Laserstrahlen zum Beispiel, um die beschädigte Netzhaut eines Auges wieder zu fixieren. Die Laserbehandlung ist schmerzlos, und der Patient bleibt während der Operation bei Bewußtsein. Während der Laser arbeitet, muß der Patient ruhig bleiben; aber weil die Laserblitze so kurz sind (jeder dauert nur eine tausendstel Sekunde), hat das Auge keine Zeit, sie wahrzunehmen. Es besteht also keine Gefahr, daß der Patient blinzelt.

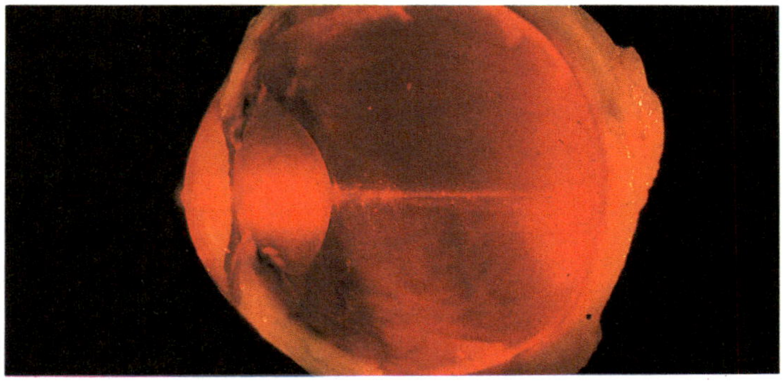

Ein Laser schweißt die abgelöste Netzhaut wieder an.

Wie werden Laser bei Vermessungen und am Bau eingesetzt?

Vermessungsingenieure können einen Laserstrahl wie eine unendlich hohe Meßlatte einsetzen, mit deren Hilfe sie Winkel und andere Maße abnehmen. Der Laserstrahl wird senkrecht in die Höhe gerichtet und dient als leicht zu findender Fixpunkt auch für andere Vermessungsleute, selbst dann, wenn Hügel oder Wälder im Wege sind. Die Baumeister von Wolkenkratzern nehmen Laser anstelle von Senkblei und Schnur, um zu prüfen, ob das Gebäude genau senkrecht steht. Anders als ein gewöhnliches Senkblei (das sowieso nicht lang genug wäre) kann ein Laser nicht vom Wind abgetrieben werden.

Wie hat man mit Hilfe von Lasern die Entfernung zwischen Erde und Mond gemessen?

Die *Apollo*-Astronauten ließen, als sie 1969 auf dem Mond landeten, einen Laserreflektor zurück. Ein Laserstrahl wurde von der Erde aus abgefeuert, traf den Reflektor und wurde wieder zur Erde zurückgeworfen. Dann maß man die Zeit, die der Laser für Hin- und Rückweg gebraucht hatte, und konnte so die Entfernung zwischen Mond und Erde berechnen.

Eine Zukunftsvision: Ein Weltraumlaser zerstört einen gegnerischen Satelliten.

Wie kann man Laser als Waffe einsetzen?

Laser werden auch in Zielsuchgeräten verwendet. Der Laserstrahl wird auf das Ziel gerichtet (zum Beispiel auf einen Panzer), und eine Lenkrakete fliegt den Strahl entlang, bis sie das Ziel trifft. Außerdem führt man Experimente durch, ob Laser sich als Weltraumwaffen eignen, um Satelliten und ballistische Raketen abzuschießen. Die Lichtschwerter aus den „Krieg der Sterne"-Filmen gehören aber ins Reich der Zukunftsphantasien.

Was ist ein 3D-Bild?

Wenn du ein normales Foto anschaust, haben die Gegenstände darauf keine Tiefe. Das Foto der Frontseite eines Autos zum Beispiel sieht aus jedem Winkel betrachtet gleich aus. Egal wo du stehst, du kannst nie die Seite des Autos sehen. Ein dreidimensionales (3D-)Bild dagegen läßt ein Objekt so erscheinen, als hätte es Tiefe. Wenn du dich zur Seite bewegst, siehst du das Objekt aus einer anderen Perspektive. Bei dem Auto könntest du dann beispielsweise die Seite des Wagens sehen. Diesen Effekt kann man mit einer besonderen Bildart erzeugen, dem *Hologramm*.

Was ist ein Hologramm?

Das griechische Wort *holos* heißt „ganz". Ein Hologramm ist ein „ganzes Bild". Das Hologramm wird erzeugt, indem man einen Gegenstand mit Laserlicht beleuchtet. Das dreidimensionale Bild wird sichtbar, wenn ein Laser der gleichen Farbe bzw. Wellenlänge auf das Hologramm gerichtet wird. Das Prinzip des Hologramms wurde schon 1948 von dem Physiker Dennis Gabor, einem gebürtigen Ungarn, ausgearbeitet, aber die Herstellung von Hologrammen war erst nach der Erfindung des Lasers möglich.

Wie werden Hologramme hergestellt?

Man stellt Hologramme her, indem man das Licht eines Lasers in zwei Strahlen aufspaltet. Der eine Strahl, der Objektstrahl, wird über einen Spiegel durch eine Linse auf das Objekt (sagen wir, einen Stuhl) gerichtet, dann zurück auf die holografische Platte. Der andere Strahl, der Referenzstrahl, wird von einem anderen Spiegel und durch eine andere Linse direkt auf die holografische Platte gelenkt. Dort, wo die beiden Strahlen sich treffen, entsteht ein *Interferenzmuster*. Dieses Muster enthält die Bildinformation, die nötig ist, um ein 3D-Bild des Stuhls zu erzeugen, wenn die Platte wieder der gleichen Art Laserlicht ausgesetzt wird.

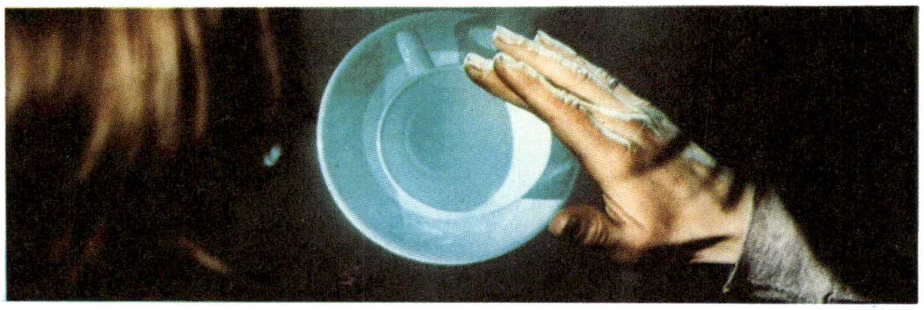

Hologramm

Wie kann ein kleiner Kristall eine ganze Bild-Bibliothek enthalten?

Mit Hilfe von Hologrammen kann man sehr viele Bilder auf kleinstem Raum speichern. Mit einem Laser wird das Hologrammbild in einem Kristall aus einer Substanz namens Lithiumniobat erzeugt. Dann bewegt man den Kristall ein winziges Stückchen und fügt ein zweites Bild hinzu, und immer so weiter, bis Hunderte von Bildern darin gespeichert sind. Die Bilder kann man sich einzeln wieder anschauen, indem man einen Laserstrahl in exakt dem gleichen Winkel in den Kristall lenkt wie bei der Aufnahme.

Wie kann man mit Licht Telefonanrufe übertragen?

Im Telefon werden Töne in elektrische Signale umgewandelt und durch Kabel übertragen. 1966 gelang es Wissenschaftlern, Telefongespräche erfolgreich mit Laserstrahlen zu übermitteln, indem sie die elektrischen Signale in Lichtblitze verwandelten. Anstelle von Kabeln benutzten sie Lichtleiter – sehr lange, dünne Glasfasern. Ein einziger Lichtleiter kann rund 2000 Telefongespräche übermitteln und wiegt trotzdem viel weniger als ein Kupferdraht. Die Lichtblitze pflanzen sich durch die Glasfasern fort, in denen sie durch die spiegelartigen Innenwände der Faser festgehalten werden. Am Ende des Lichtleiterkabels werden die optischen Signale wieder in Töne umgesetzt.

Schall

Was verursacht Geräusche?

Es gibt ganz verschiedene Arten von Klängen – Donnern von Düsentriebwerken, Orchestermusik, Vogelgesang –, aber alle Töne entstehen auf ähnliche Art und Weise. Wenn ein Gegenstand vibriert (sich schnell hin- und herbewegt) ruft er Töne hervor.

Wie bewegt sich der Schall?

Der Schall ist eine Form von Energie. Wie das Licht breitet er sich in Wellen aus. Aber der Schall braucht ein Medium, mit dessen Hilfe er sich fortpflanzen kann. Schall kann von jeder Substanz geleitet werden, die bewegliche Moleküle hat. Er kann sich also in einem Vakuum, zum Beispiel im Weltraum, nicht fortbewegen.

Wie schnell ist der Schall?

Schall ist viel langsamer als Licht. Wenn du einer starken Explosion in einigen Kilometern Entfernung zuschauen könntest, würden deine Augen den Blitz sehen, bevor deine Ohren den Knall hören könnten. Durch die Luft pflanzt sich der Schall mit etwa 340 Metern pro Sekunde fort. Je kälter die Luft ist, desto langsamer breitet sich der Schall aus.

Kann man unter Wasser etwas hören?

Durch Wasser pflanzt sich der Schall schneller fort als durch die Luft, nämlich mit etwa 1400 Metern pro Sekunde. Durch Stahl bewegt er sich sogar noch schneller – mit rund 6000 Metern pro Sekunde. Das liegt daran, daß Flüssigkeiten (Wasser) und Festkörper (Stahl) elastischer sind als Gase (Luft). Ihre Moleküle geben Energie leichter weiter und leiten den Schall daher schneller.

Warum ist der Mond eine stille Welt?

Auf dem Mond gibt es keine Luft, deshalb kann sich auf seiner Oberfläche der Schall nicht fortpflanzen. Die Astronauten, die auf dem Mond landeten, konnten über Funk miteinander reden. Aber sonst war kein einziger Ton zu hören, nicht einmal, wenn sie mit dem Hammer einen Felsbrocken abschlugen.

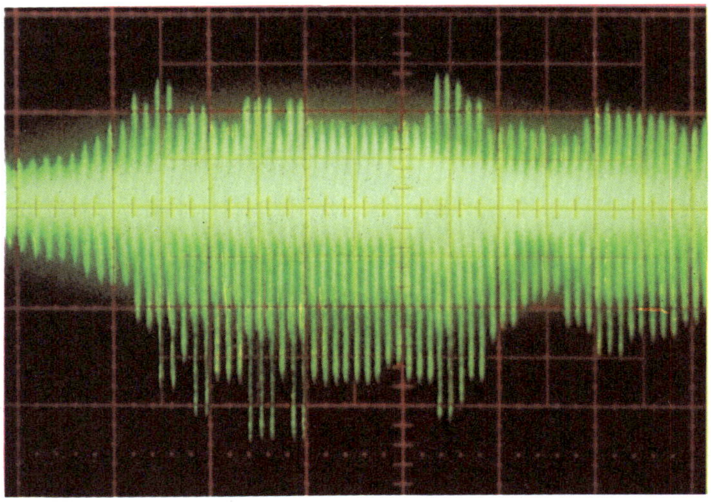

Die Schallwellen des Satzes „Wo bist du?“ werden auf einem Bildschirm dargestellt.

Töne entstehen durch Vibration.

Warum sind Konzerthallen und Tonstudios schalldicht?

Harte Oberflächen reflektieren den Schall, während weiche ihn absorbieren. Die Lehre von der Kontrolle des Schalls heißt *Akustik* und ist sehr wichtig bei der Planung von solchen Gebäuden, in denen Menschen bestimmte Klänge hören, andere aber ausschließen möchten. Konzerthallen und Aufnahmestudios müssen gegen ungewollte Geräusche, wie Verkehrslärm, versiegelt werden. Unerwünschte Geräusche bahnen sich ihren Weg durch Fußböden und Wände, wenn die Halle oder das Studio nicht mit weichen, schallschluckenden Materialien ausgekleidet worden ist.

Wodurch wird ein Echo ausgelöst?

Hast du jemals in einer alten Kathedrale gestanden und gehört, wie deine Stimme von den dicken Steinwänden widerhallt? Dasselbe geschieht in einer Höhle oder vor Klippen und hohen Wänden. Die Schallwellen prallen von der harten Wand ab, der Schall wird zu deinem Ohr zurückgeworfen, und du hörst ein Echo deiner Stimme.

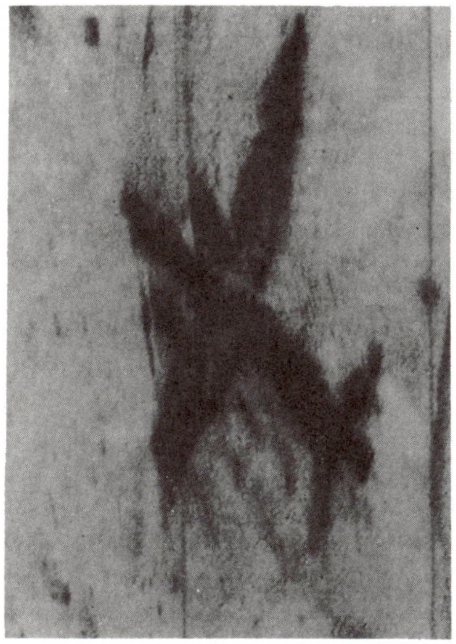

Echobild eines abgestürzten Bombers.

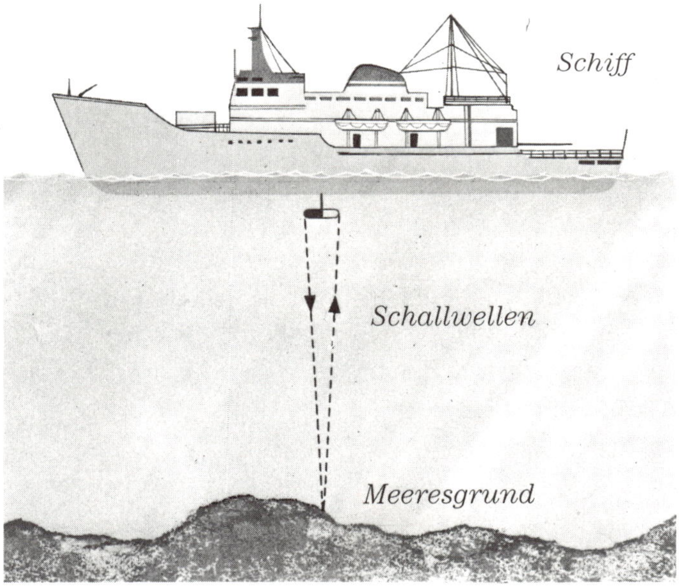

Schiffe messen mit Echoloten die Wassertiefe.

Wie kann man Echos nutzen, um den Meeresboden zu vermessen?

Auf Schiffen verwendet man Echolote. Das sind Geräte, die Schallimpulse aussenden, um die Wassertiefe zu messen. Die Schallwellen treffen auf den Meeresgrund und werden zum Schiff zurückreflektiert. Da man weiß, wie schnell sich der Schall unter Wasser ausbreitet, muß man nur die Zeit messen, die der Schall braucht, bis er das Schiff wieder erreicht, um die Wassertiefe ausrechnen zu können.

Gibt es wirklich eine Schallmauer?

Bis in die 40er Jahre war noch kein Flugzeug schneller als der Schall geflogen. Testpiloten hatten große Schwierigkeiten, ihre Propellermaschinen unter Kontrolle zu halten, wenn sie sich der Schallgeschwindigkeit näherten. Daher fragte man sich, ob es wohl eine geheimnisvolle „Schallmauer" gäbe. Aber die Erfindung von Düsenflugzeugen zeigte, daß diese Vermutung falsch war. Düsenjets flogen schneller als der Schall, ohne daß es sie in Stücke riß. Heutzutage fliegt die *Concorde* regelmäßig mit doppelter Schallgeschwindigkeit über den Atlantik.

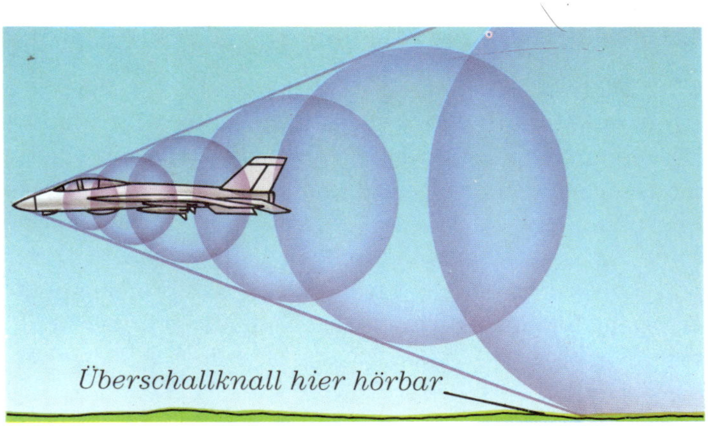

Schockwellen eines Überschallflugzeugs

Warum gibt es einen Überschallknall, wenn uns ein Flugzeug mit mehr als Schallgeschwindigkeit überfliegt?

Ein Flugzeug fliegt bei Unterschallgeschwindigkeit innerhalb eines Systems von Druckwellen, die es bei seiner Bewegung durch die Luft selbst erzeugt. Wenn die Maschine sich der Schallgeschwindigkeit nähert, holt sie diese Druckwellen ein und läßt sie bei Überschallgeschwindigkeit sogar hinter sich zurück. Dabei entsteht eine kegelförmige Schockwelle, die die Menschen als Überschallknall wahrnehmen, wenn sie über sie hinwegfegt.

Was ist der Unterschied zwischen Lautstärke und Tonhöhe?

Die Lautstärke eines Geräusches hängt davon ab, wie stark der Gegenstand vibriert, der das Geräusch hervorruft. Je größer die Vibrationsstärke, desto lauter das Geräusch. Lautstärke wird in *Dezibel* gemessen. Die Tonhöhe hängt von der *Schnelligkeit* der Vibrationen ab. Die Anzahl der Schwingungen pro Sekunde ist die Frequenz eines Tons und wird in *Hertz* (Hz) gemessen.

Gibt es Töne, die wir nicht hören?

Das menschliche Ohr ist am empfindlichsten für Geräusche von etwa 2000 Hertz (siehe vorhergehende Frage). Der tiefste Laut, den wir hören können, liegt bei etwa 16 Hz und der höchste bei etwa 20 000 Hz. Hunde können auch noch höhere Töne wahrnehmen. Manche Hundebesitzer verwenden Pfeifen, die so hohe Töne von sich geben, daß sie selbst sie nicht hören können, wohl aber ihr Hund.

Wie benutzen Fledermäuse Ultraschall?

Ultraschall hat eine zu hohe Frequenz, als daß Menschen ihn hören könnten. Fledermäuse können aber Töne mit einer Frequenz bis zu 100 000 Hz erzeugen und wahrnehmen. Sie benutzen den Ultraschall als eine Art Echolot zur Navigation und zum Jagen. Die Fledermäuse stoßen sehr hohe Pfiffe aus und nehmen die Echos mit ihren großen Ohren auf. Die Echos sagen der Fledermaus genau, wo eine Beute oder ein Hindernis sich befindet. Das „Radar" der Fledermäuse ist so gut, daß sie sich sogar in einem dunklen Zimmer voller Hindernisse zurechtfinden.

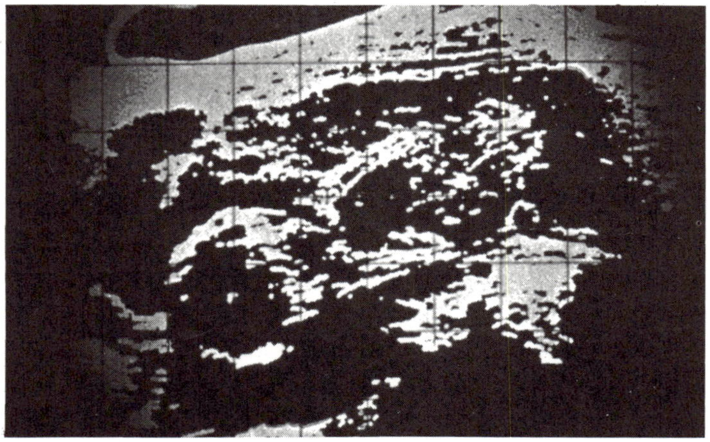

Ultraschallbild eines ungeborenen Babys

Wie untersuchen Ärzte ungeborene Babys mit Hilfe von Schallwellen?

Ultraschallwellen durchdringen Muskeln und andere Weichteile des Körpers, genau wie Röntgenstrahlen, und man kann mit ihrer Hilfe Bilder vom Inneren des Körpers aufnehmen. Weil die Schallwellen keine nachteiligen Folgen haben, benutzen Ärzte Ultraschallgeräte, um schwangere Frauen zu untersuchen. Die Bilder zeigen, ob das ungeborene Kind im Mutterleib gesund ist und richtig wächst.

Wie mächtig ist der Schall?

Laute Geräusche können Schmerzen erzeugen und das Gehör schädigen. Beim Menschen kann jedes Geräusch, das lauter als 140 Dezibel ist (lauter als ein Düsentriebwerk), Schmerzen verursachen. Sehr starker Ultraschall kann wie ein Laserstrahl gebündelt werden und Löcher bohren oder Metall zusammenschweißen.

Was ist Resonanz?

Wenn du in ein offenes Klavier hineinsingst und gleichzeitig das rechte Pedal trittst, wirst du eine Überraschung erleben. Das Klavier „singt" zurück. Was ist geschehen? Deine Stimme hat die Klaviersaiten in Schwingung versetzt. Diesen Effekt nennt man Resonanz. Die Geige und die Gitarre sind Instrumente, bei denen die Resonanz eine wichtige Rolle spielt. Ihre Schallkörper schwingen mit den Saiten und geben einen volleren Klang.

Wann wurde erstmals Schall aufgezeichnet?

Der amerikanische Erfinder Thomas Alva Edison machte im Jahr 1877 die erste Tonaufzeichnung mit einem Gerät, das er *Phonograph* nannte. Die Schallwellen wurden auf eine vibrierende Membran übertragen, deren Schwingungen wiederum auf eine Nadel, die spiralförmige Rillen in einen mit Stanniol bezogenen Zylinder schnitt. Wenn eine zweite Nadel die Rillen entlanggeführt wurde, reproduzierte sie den Ton mit Hilfe einer anderen vibrierenden Membran, verstärkt durch einen Schalltrichter.

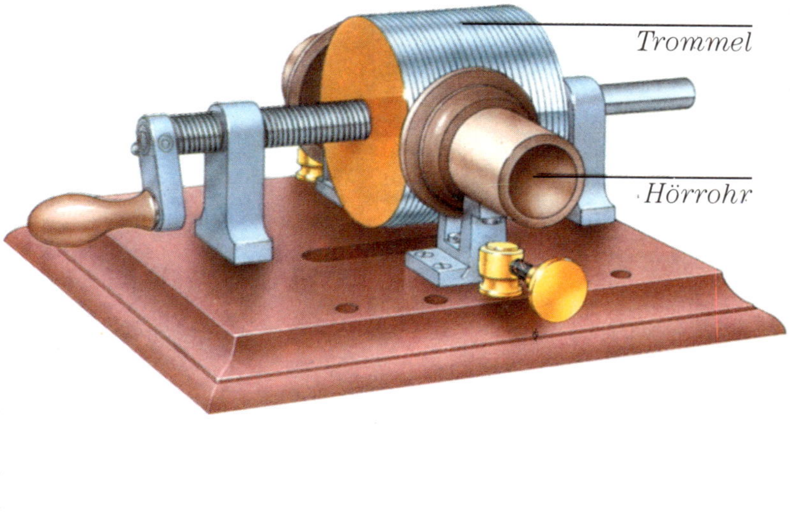

Edisons Phonograph, der erste Plattenspieler

Wer machte die ersten Schallplatten?

Im Jahr 1887 machte Emile Berliner erstmals Tonaufzeichnungen auf flachen Scheiben statt auf Zylindern. Er nannte seine Tonaufzeichnungsmaschine *Grammophon*.

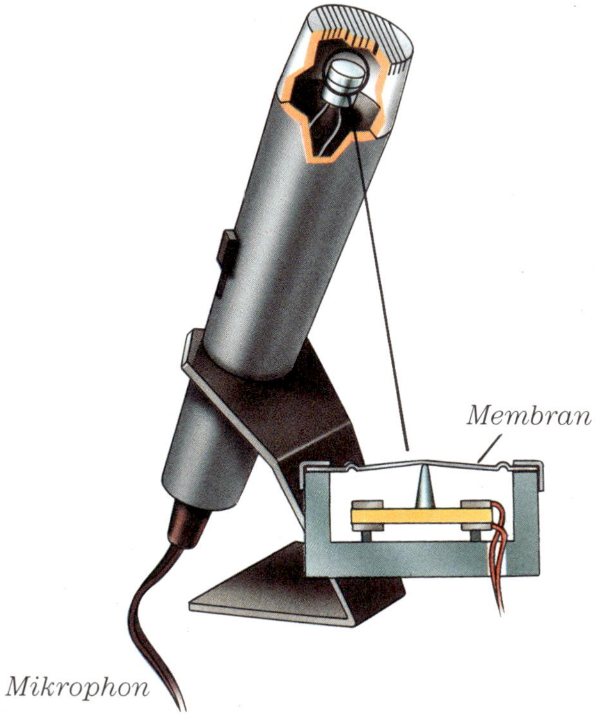

Wie funktioniert ein Mikrophon?

Ein Mikrophon setzt Schallwellen in elektrische Ströme um, die durch Kabel geleitet werden können. Die einfachste Art ist das Telefonmikrophon, das eine vibrierende Membran enthält, die Schallwellen auf Kohlekörnchen überträgt. Wenn die Kohlekörner vom auftreffenden Schall bewegt werden, verändern sie ihrerseits einen elektrischen Strom. Die elektrischen Signale werden über Kabel weitergeleitet und im Empfänger wieder in Schallwellen verwandelt.

Wann wurde erstmals ein Tonband zur Schallaufzeichnung eingesetzt?

Die ersten Versuche, Töne auf Band aufzunehmen, unternahm 1898 der dänische Erfinder Valdemar Poulsen. Er verwendete dazu verzinkten Draht. In den 30er Jahren wurden Papiertonbänder entwickelt, und in den 40er Jahren tauchten Tonbandmaschinen mit zwei Spulen auf. Die heutigen Kassettenrecorder verwenden Kunststoffbänder, die mit magnetischem Material beschichtet sind.

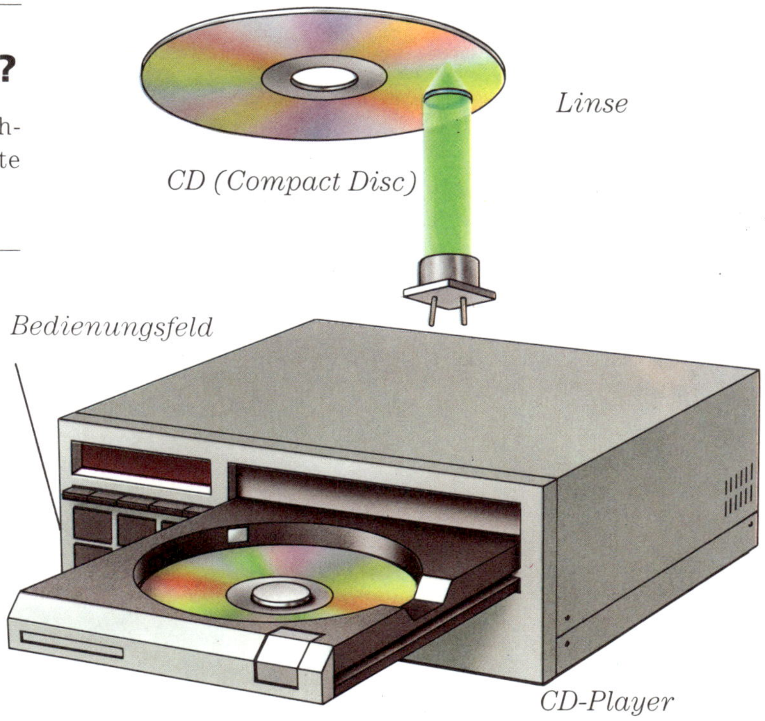

Was heißt digitale Tonaufzeichnung?

In den meisten Aufzeichnungssystemen werden die elektrischen Signale als kontinuierliches Wellenmuster aufgezeichnet. Diese stellen ein Duplikat dar, *analog* dem ursprünglichen Ton. Bei der Digitalaufzeichnung werden die Schallwellen in elektrische Impulse umgesetzt, die als eine Reihe von Ziffern im Binärcode gespeichert werden. Um den Ton wiederzugeben, werden die Signale wieder in analoge Form decodiert (obwohl man dabei ist, rein digitale Systeme zu entwickeln). Digitale Aufzeichnungen sorgen für wesentlich genauere Wiedergabe, weil sie viel mehr Informationen über den aufgezeichneten Klang enthalten. Bis vor kurzem mußten digitale Aufzeichnungen auf CD's (Compact Discs) erfolgen, aber inzwischen sind auch digitale Kassettenrecorder erhältlich (sogenannte DAT-Recorder).

Wie kann man alte Tonaufnahmen neu erklingen lassen?

Alte Schallplatten klingen kratzig, weil die Aufzeichnungsmethoden der Vergangenheit primitiv waren. Ein Computersystem, das „digitaler Signalprozessor" heißt, kann alte Schallplattenaufnahmen überarbeiten. Der Computer füllt Lücken, Kratzer oder verrauschte Stellen auf, indem er den Klang der Musik oder des Gesangs von anderen Stellen der Platte imitiert. Auf diese Weise kann man fast perfekte Bandkopien von alten Aufzeichnungen machen. So können wir jetzt hören, wie die berühmten Sänger vergangener Zeiten, etwa Enrico Caruso, wirklich klangen.

ENERGIE UND BEWEGUNG

Was ist Energie?

Energie ist die Fähigkeit, Arbeit zu verrichten. Wenn du Treppen hinaufsteigst, muß dein Körper arbeiten und verbraucht Energie. Die Feder in einem Uhrwerk stellt die Energie für den Antrieb des Mechanismus bereit. Eine Taschenlampenbatterie liefert die nötige Energie, damit die Lampe leuchtet. Die Sonnenenergie ermöglicht das Wachstum der Pflanzen. Tatsächlich hängen alle Lebewesen mit ihrem Energiebedarf von der Sonne ab. Energie kann weder erschaffen noch vernichtet werden, sondern nur in eine andere Form umgewandelt werden, zum Beispiel die potentielle Energie eines gespannten Bogens in die kinetische Energie eines fliegenden Pfeils.

Was ist Arbeit?

Für die meisten Menschen hat Arbeit viele Bedeutungen: im Büro zu arbeiten, in der Fabrik Teile zu montieren, die Schulbank zu drücken, den Rasen zu mähen, den Abwasch zu machen und so weiter. Für den Physiker ist Arbeit eine Kraft, die einen Gegenstand bewegt oder verändert. Die Einheit, in der man Arbeit mißt, heißt *Joule* und ist nach dem britischen Physiker James Prescott Joule benannt, der von 1818 bis 1889 lebte.

Woher kommt Energie?

Energie kommt aus der Materie. Alles im Universum besteht aus Materie, deshalb findet sich überall Energie in irgendeiner Form. Sogar die winzigen Atomteilchen können in Energie umgewandelt und Energie in Materie verwandelt werden. Weder Energie noch Materie kann vernichtet werden.

Der gespannte Bogen hat potentielle Energie; der fliegende Pfeil kinetische Energie.

Wie viele Formen von Energie gibt es eigentlich?

Gespeicherte Energie heißt *potentielle* Energie. Das hinter einem Damm gestaute Waser, der gespannte und schußbereite Bogen eines Schützen: beides sind Beispiele für potentielle Energie. Fallendes Wasser und der von der Sehne schnellende Pfeil haben *kinetische* Energie. Es gibt noch andere Formen von Energie: thermische oder Hitzeenergie, chemische Energie, Kernenergie und Strahlungsenergie.

Kann Energie ihre Form ändern?

Wenn du einen Hammer hebst, um einen Nagel einzuschlagen, gewinnt der erhobene Hammer an potentieller Energie. Wenn der Hammer den Nagel trifft, wird diese Energie in Arbeit umgesetzt. Der Nagel wird ins Holz getrieben. *Potentielle* (= gespeicherte) Energie ist zu *kinetischer* (= Bewegungs-)Energie geworden. Auf ähnliche Weise kann man Hitzeenergie in elektrische Energie umsetzen; elektrische Energie kann zu Strahlungsenergie werden (zu Licht beispielsweise); und aus chemischer Energie kann mechanische entstehen.

Welches ist die größte Energiequelle der Erde?

Die größte Energiequelle, die wir auf der Erde kennen, ist die nukleare Energie, die Energie aus dem Atom. Wenn sich ein Atomkern spaltet, wird soviel Energie auf einmal freigesetzt wie bei keiner anderen Energiequelle. Eine kleine Menge Materie (ein Klumpen Uran zum Beispiel) wird zu einer ungeheuren Menge Energie.

Erdgas aus einer Pipeline wird abgefackelt

Was sind fossile Brennstoffe?

Ein großer Teil der Energie, die wir zu Hause und bei der Arbeit verbrauchen, stammt aus der Verbrennung sogenannter fossiler Brennstoffe, wie Gas, Kohle oder Öl. Diese Brennstoffe sind vor Millionen von Jahren aus den Überresten von Pflanzen und Tieren entstanden.

Warum wird von Energiekrise geredet?

Die Vorräte an fossilen Brennstoffen sind begrenzt. Wenn die Öl-, Kohle- und Gasreserven der Erde einmal aufgebraucht sind, werden wir andere Energiequellen erschließen müssen. Die Wissenschaftler suchen bereits jetzt nach Alternativen, zum Beispiel Wind- und Wellenenergie, Solarenergie (aus Sonnenlicht) und sichere Kernenergie. Damit die fossilen Brennstoffe so lange wie möglich reichen, ist es wichtig, keine Energie zu verschwenden.

Warum werden Gegenstände heiß?

Hitze ist die Übertragung von Energie von einer Substanz auf die andere. Wenn du ein Stück Stoff mit der Hand reibst, wird sich der Stoff bald wärmer anfühlen. Das Rubbeln hat als Resultat von Reibungsenergie Wärme erzeugt.

Wie kalt kann etwas überhaupt werden?

Wenn eine Substanz erwärmt wird, bewegen sich ihre Moleküle schneller, wenn man sie abkühlt, langsamer. Sobald die Moleküle völlig stillstehen, hat die Substanz den kältesten Punkt erreicht. Das passiert bei einer Temperatur von minus 273 Grad Celsius, dem *absoluten Nullpunkt.* Die Wissenschaftler sind schon bis auf Bruchteile eines Grades an den absoluten Nullpunkt herangekommen, konnten ihn aber bis jetzt noch nicht ganz erreichen.

„Kühlschrank" mit Flüssighelium

Wie kann sich ein Krug voll Flüssigkeit selbst ausleeren?

Wenn man sie sehr stark abkühlt, verhalten sich manche Substanzen äußerst seltsam. Einige werden zu *Supraleitern,* durch die Elektrizität praktisch ohne Widerstand fließen kann. Andere werden zu *Supraflüssigkeiten,* die auch noch durch den kleinsten Spalt fließen und sogar aus einem Behälter herausklettern. Füllt man flüssiges Helium bei minus 271 Grad Celsius in einen Krug, dann fließt der Krug über, selbst wenn er nur halb voll ist.

Warum wird der Henkel eines metallenen Kochtopfes heiß?

Substanzen, die Hitze leicht weitergeben, nennt man gute Hitzeleiter. Die besten Leiter sind Metalle. Ein Metalltopf ist zum Kochen gut geeignet, weil er die Hitze vom Herd gleich an das Essen im Topf weitergibt. Aber der Topf selbst wird auch sehr heiß – und damit natürlich auch der Henkel, es sei denn, er ist mit einem Material beschichtet, das Hitze nicht so gut leitet.

Warum werden Eisenbahnschienen im Sommer länger?

Eisenbahnschienen sind nicht direkt aneinandergelegt, dazwischen befindet sich ein schmaler Spalt. Das erscheint merkwürdig, denn sicher würden die Züge ohne diese Lücken besser und leiser dahingleiten. Es gibt aber einen guten Grund dafür: Metalle dehnen sich aus, wenn sie erhitzt werden. An heißen Tagen werden die Schienen also ein kleines Stück länger. Ohne die schmale Lücke würden sie dann gegeneinanderdrücken und sich verbiegen.

Was verursacht die Strömungen in einem Wasserkessel?

Wenn du kaltes Wasser mit einem Tauchsieder erhitzt, siehst du nach kurzer Zeit, wie sich Wasserströmungen um den Tauchsieder herum bilden. Die Hitze des Heizstabes erwärmt das Wasser in seiner nächsten Umgebung. Warmes Wasser steigt auf, denn wenn man eine Flüssigkeit erhitzt, dehnt sie sich aus und wird leichter. Während das warme Wasser aufsteigt, fließt kaltes Wasser nach, nimmt seinen Platz ein und wird nun selbst erwärmt. Solche Bewegungen nennt man *Konvektionsströmungen.*

Wie kann sich Hitze übertragen?

Hitze breitet sich auf verschiedene Weise aus. Die Wärme, die du spürst, wenn du einen heißen Topfgriff anfaßt, wird durch *Konduktion* übertragen. Die Hitzeenergie in einem elektrischen Wasserkessel wird durch *Konvektion* transportiert. Ein Heizstrahler mit seinem polierten Reflektor sendet durch *Strahlung* Hitzewellen aus.

Wer erfand die Celsius-Skala zur Temperaturmessung?

Die früheste Skala zur Messung der Temperatur erfand der Holländer Gabriel Fahrenheit im frühen 18. Jahrhundert. Auf dieser Skala, die nach ihm benannt ist, liegt der Gefrierpunkt von Wasser bei 32 Grad und der Siedepunkt bei 212 Grad. 1742 schlug ein Schwede names Anders Celsius eine Skala vor, die den Gefrierpunkt von Wasser als Nullpunkt hat. In Grad Celsius liegt dann der Siedepunkt bei 100 Grad. Das Symbol ° wird für Grad verwendet. Üblicherweise schreiben wir dreißig Grad Celsius also 30° C und so weiter.

Anders Celsius

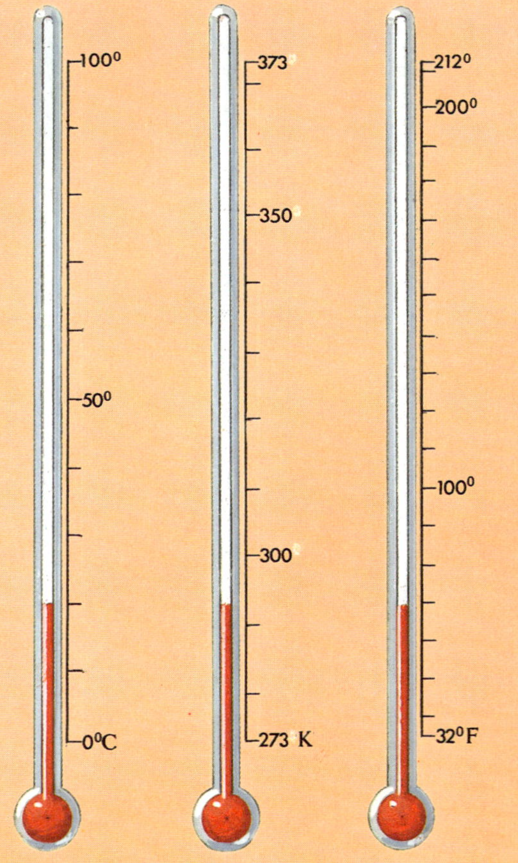

Temperaturskalen *1. Celsius* *2. Kelvin* *3. Fahrenheit*

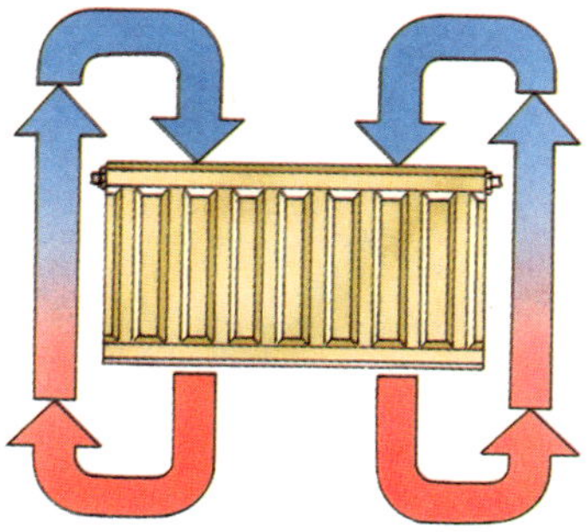

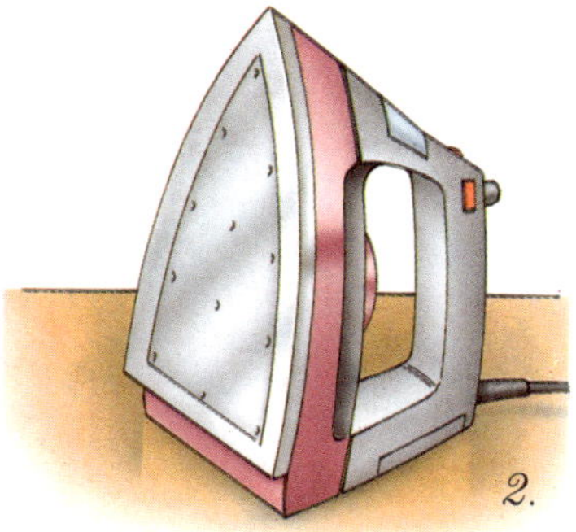

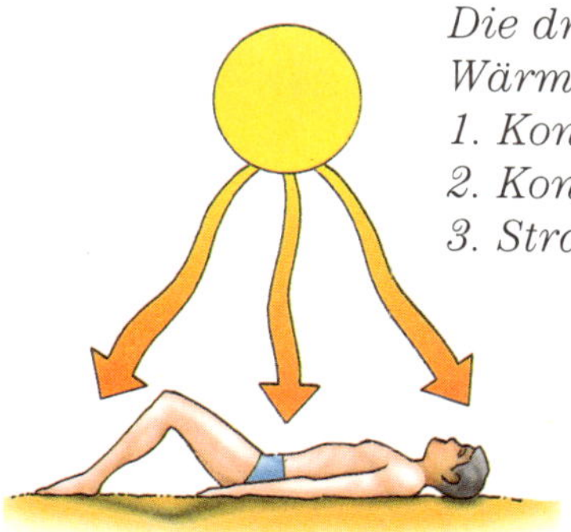

Die drei Möglichkeiten der Wärmeübertragung
1. Konvektion
2. Konduktion
3. Strahlung

Was ist die Kelvin-Skala?

Wissenschaftler benutzen die Kelvin-Skala, die beim absoluten Nullpunkt (oder –273,16° C) anfängt. In dieser Skala ist der absolute Nullpunkt aber null Kelvin (K), Wasser gefriert bei 273,16 K und kocht bei 373,16 K. Die Skala ist nach dem britischen Wissenschaftler Lord Kelvin benannt, der ihre Verwendung 1848 vorschlug.

Wie heiß oder kalt können Dinge werden?

Im Mittelpunkt von Sternen herrschen enorme Temperaturen, bis zu 20 Millionen Grad Kelvin. Die Oberfläche unserer Sonne hat etwa 6000 K. Im Weltall ist es sehr kalt, die Temperatur kann sich dem absoluten Nullpunkt nähern.

Warum können Enten in eiskaltem Wasser schwimmen, ohne zu frieren?

Die Federn von Vögeln, zum Beispiel Enten, schließen eine dünne Schicht Luft direkt über der Haut ein. Luft ist ein schlechter Wärmeleiter, deshalb wirken die Luftschichten isolierend. Dank dieser Isolierung fühlt sich eine Ente auch in kaltem Wasser immer warm. Ein doppeltes (Isolier-) Fenster erfüllt den gleichen Zweck bei einem Haus.

Große Eisberge liegen zu 90 Prozent unter Wasser.

Warum schwimmt ein Eisberg?

Anders als die meisten Flüssigkeiten dehnt sich Wasser aus, wenn es gefriert, und verliert dadurch an Dichte. Deshalb schwimmt ein Eiswürfel in einem Glas Wasser und geht nicht unter. So erkärt sich auch, warum riesige Eisberge schwimmen und warum Flüsse im Winter nicht vollständig gefrieren. Das Eis bildet sich als schwimmende Schicht auf der Oberfläche, und diese Schicht verhindert das weitere Gefrieren des Wassers darunter. Wenn das Eis auf den Boden sinken würde, wäre der Fluß schnell völlig gefroren.

Wie funktioniert ein Thermometer?

Ein Thermometer ist ein Instrument zur Temperaturmessung. Ein enges Röhrchen ist mit Flüssigkeit gefüllt (meistens Quecksilber oder Alkohol). Wenn die Temperatur steigt, dehnt sich die Flüssigkeit im Röhrchen aus, und der Pegel steigt. Wenn die Temperatur fällt, schrumpft die Flüssigkeit und sinkt in der Röhre nach unten. Der italienische Wissenschaftler Galileo Galilei erfand 1592 ein einfaches Thermometer.

Einfache Maschinen

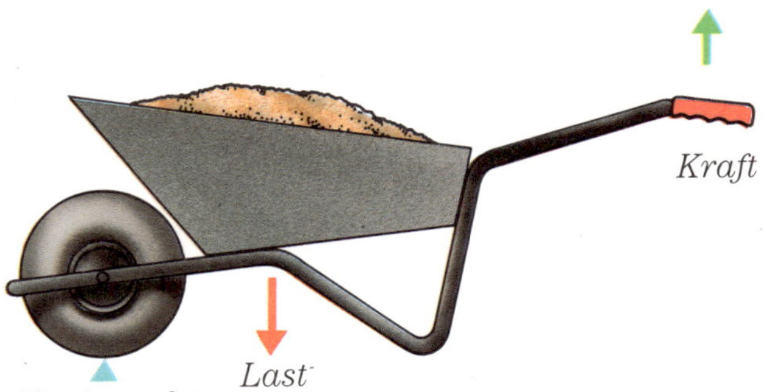

Schubkarre

Welches sind die ältesten bekannten Maschinen?

Eine Maschine ist eine Vorrichtung, die Arbeit leisten soll, und die ältesten bekannten Maschinen sind auch die einfachsten: der Keil, der Hebel und die schiefe Ebene. Schon die Steinzeitmenschen vor 100 000 Jahren kannten diese Hilfsmittel. Das Rad war eine spätere Entdeckung und kam erst vor etwa 5000 Jahren allgemein in Gebrauch.

Wie funktioniert ein Hebel?

Ein Hebel ist eine einfache Maschine, um Gegenstände zu bewegen. Am meisten verbreitet ist der *zweiarmige Hebel*. Der Gegenstand, der bewegt wird, heißt *Last* und die Mühe, die zur Bewegung nötig ist, *Kraft*. Der Hebel braucht einen Angel- oder *Drehpunkt*. Nimmt man einen Ast und legt ihn auf einen kleinen Stein (Drehpunkt), kann man ein viel größeres Gewicht heben. Als die Steinzeitmenschen das herausfanden, hatten sie eine der wichtigsten Maschinen der Menschheit erfunden: den Hebel.

Wippe

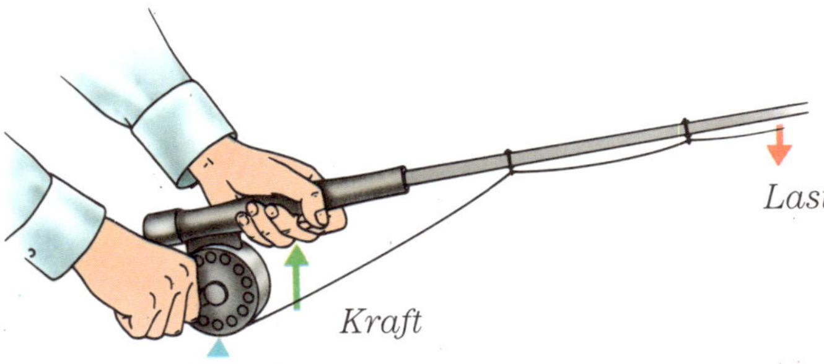

Angelrute

Wie kann eine Schubkarre ein Hebel sein?

Die Schubkarre ist ein Beispiel für einen einarmigen Hebel. Beim zweiarmigen Hebel, dem einfachen Hebel, liegt der Drehpunkt zwischen Last und Kraft (Denk an eine Wippe, dann wirst du sofort verstehen, was gemeint ist). Wo liegt der Drehpunkt bei einer Schubkarre?

Ägyptischer Shaduf zur Bewässerung der Felder

Wie kann man den Hebel einsetzen, um Felder zu bewässern?

Die Bauern im alten Ägypten hatten eine *Shaduf* genannte Maschine, mit der sie Wasser aus dem Fluß schöpften und in Gräben zur Bewässerung der Felder schütteten. Der Shaduf arbeitet nach dem Prinzip des einfachen Hebels. Er wird auch heute noch eingesetzt.

Was für ein Hebel ist eine Angelrute?

Die Angelrute ist eine dritte Art von Hebel. Die Kraft (die zupackende Hand des Anglers) wirkt zwischen Drehpunkt (dem Griff der Rute) und Last (dem Fisch am Ende der Angelschnur).

Wer behauptete, er könne die ganze Erde mit einem Hebel bewegen?

Der griechische Wissenschaftler Archimedes, der vor mehr als 2000 Jahren lebte, erkannte das Prinzip, das der Hebelwirkung zugrunde liegt. Dieses Gesetz besagt, daß die Kraft, multipliziert mit der Länge des Kraftarms (immer gemessen vom Drehpunkt aus), mindestens so groß sein muß wie das Gewicht der Last, multipliziert mit der Länge des Lastarms. Als Gleichung sieht das so aus:

Kraft x Kraftarm = Last x Lastarm

Wenn die Kraft am längeren Hebel sitzt, der Kraftarm also viel länger ist als der Lastarm, kann ein großes Gewicht mit wenig Aufwand angehoben werden. Als Archimedes das erkannt hatte, soll er gesagt haben: „Gebt mir einen festen Punkt zum Stehen, und ich hebe die Welt aus den Angeln."

Wie wurden die Pyramiden erbaut?

Die Pyramiden des alten Ägypten sind kolossale Bauwerke und wurden vor mehr als 4000 Jahren errichtet. Man verwendete große Steinblöcke, die jeweils von Hunderten von Sklaven an ihren Platz gehievt wurden. Um die schweren Steine nach oben zu bringen, bauten die Ägypter schräge Rampen aus Erde, über die die Steine auf hölzernen Rollen hochgeschleppt wurden. Die Rampe ist eine Maschine, die schiefe Ebene heißt. Beobachte einmal einen Bauarbeiter, wenn er einen Container mit Schutt füllt. Wenn er seine Schubkarre über die Planke schiebt, um sie auszuleeren, benutzt er die kraftsparende schiefe Ebene, genau wie die Ägypter.

Was ist ein Keil?

Der Keil ist eine weitere einfache Maschine. Die Steinzeitmenschen besaßen Handbeile, um Holz zu spalten und um Feuersteine zu Werkzeugen zu formen. Das Handbeil war keilförmig. Später übernahmen Bauern die Keilform, um den Boden zu hacken, und so wurde der Pflug erfunden.

Warum ist eine Schraube eine Art schiefe Ebene?

Das Gewinde der Schraube ist tatsächlich eine schiefe Ebene, die spiralförmig verläuft. Wenn du eine Schraube oder eine Mutter drehst, bewegt sich die Mutter entlang des Gewindes. Sie *erklimmt* die Spirale der gewundenen, schiefen Ebene.

Die Ägypter benutzten Rollen zum Transport der riesigen Steine für ihre Pyramiden.

Was haben der Schraubenschlüssel und das Rad gemeinsam?

Ein Schraubenschlüssel ist eine Art Rad mit Achse. Die auslösende Kraft (über den Griff) bewegt sich in einem größeren Radius als die erzeugte Wirkung (an der Mutter). Die größere Distanz, die der Griff zurücklegt, erzeugt eine größere Kraftwirkung auf die Mutter; mit einem langen Schraubenschlüssel kann man also eine größere Kraft ausüben als mit einem kurzen.

Warum ist es so leicht, ein Auto mit dem Wagenheber hochzukurbeln?

Der Wagenheber hat eine Schraube, die von einer Kurbel angetrieben wird. Die Kurbel bewegt sich über große Distanz, während das Auto nur ein kleines Stück angehoben wird, und das gibt dem Wagenheber eine große *Übersetzung.* Wenn die Kurbel 100 Millimeter bewegt wird und sich der Wagen 1 Millimeter anhebt, spricht man davon, daß der Wagenheber eine Übersetzung von 100 hat. Wenn ein Mensch eine Kraft von 10 Kilogramm auf die Kurbel ausübt, kann er mit dem Wagenheber im Prinzip 1000 Kilogramm (= eine Tonne) hochheben.

Warum erleichtern Rollen die Arbeit?

Eine Rolle ist ein Gerät, um die Richtung einer Kraft umzulenken. Wenn du zum Beispiel eine Last nach oben ziehen willst, geht das, indem du ein Seil, das durch eine Seilrolle läuft, nach unten ziehst. Je mehr Rollen ein durchgehendes Seil durchläuft (in einem *Flaschenzug)*, desto größer wird die Übersetzung und umso schwerere Lasten können mit dem gleichen Kraftaufwand gehoben werden.

Römischer Kran mit Tretmühle

Wann gab es die ersten Baukräne?

Schon die Römer hatten Kräne, das heißt, Maschinen zum Heben von Lasten, die nach dem Flaschenzugprinzip funktionierten. Die Kräne wurden von Tretmühlen angetrieben. Die nötige Kraft zum Heben der Bausteine wurde von Sklaven erbracht, die die Tretmühle bewegen mußten.

Wer benutzte eine Schraube als Wasserpumpe?

Archimedes erhielt einmal den Auftrag, eine Pumpe zu bauen, um Wasser aus dem Rumpf eines Schiffes zu entfernen. Er nahm dazu eine Schraube, die in einem hölzernen Zylinder von einer Kurbel angetrieben wurde. Wenn man die Kurbel drehte, förderte die Transportschraube das Wasser aus dem Schiffsrumpf.

Wie verbesserte ein gelangweilter Junge die Dampfmaschine?

Die ersten Dampfmaschinen waren sehr langsam und mühsam zu betreiben. Man brauchte zwei Leute dazu. Der eine überwachte das Feuer unter dem Kessel, der andere (meistens ein Junge) öffnete und schloß die Ventile. Diese steuerten den in den Zylinder einströmenden Dampf und das kalte Wasser, mit dem der Dampf kondensiert wurde. Eines Tages war ein Junge namens Humphrey Potter so gelangweilt von dieser Aufgabe, daß er eine Konstruktion aus Schnüren erfand, so daß sich die Ventile automatisch öffneten und schlossen. Dadurch verdoppelte er die Geschwindigkeit seiner Maschine (und wurde arbeitslos).

Wie funktioniert ein Getriebe?

Ein Getrieberad ist eine Scheibe mit Zähnen am Rand, also ein Zahnrad. Die Zähne greifen in die Zähne anderer Räder. Wenn ein Rad sich dreht, drehen sich auch die anderen. Mit Zahnrädern kann man die Richtung einer Bewegung ändern und auch die Schnelligkeit und Kraft einer Maschine erhöhen. Ein großes Rad mit 40 Zähnen wird sich zum Beispiel viermal so langsam drehen wie ein Zahnrad mit zehn Zähnen, wenn sie miteinander verbunden sind. Aber es entwickelt dann viermal soviel Kraft. Ein Auto im ersten Gang fährt langsam, aber es hat mehr Kraft beim Anfahren oder wenn es bergauf geht. Im höchsten Gang fährt es viel schneller, hat aber weniger Kraft.

Warum hatten die Hochräder so große Vorderräder?

Ein modernes Fahrrad hat Zahnräder, damit das Treten weniger anstrengend ist. In den kleinen Gängen bewirkt eine Umdrehung der Pedale eine kleinere Bewegung der Räder als im höchsten Gang. Im kleineren Gang fährt es sich leichter bergauf. Die Hochräder des 19. Jahrhunderts hatten keine Zahnräder und keine Gangschaltung. Statt dessen hatten sie ein sehr großes Vorderrad. Eine Umdrehung der Pedale brachte das Rad eine lange Strecke voran, und deshalb konnten die Hochräder schneller fahren als andere zeitgenössische Fahrräder.

Kraft und Bewegung

Was versteht man unter träger Masse?

Um einen Gegenstand in Bewegung zu setzen, ist Kraft nötig. Wenn du gegen einen Ball trittst, rollt er davon und bleibt so lange in Bewegung, bis ihn eine andere Kraft aufhält, vielleicht dein Fuß oder auch nur die Reibung beim Rollen auf dem Boden. Der Ball hat – wie alle bewegten Objekte – Trägheit, das heißt, er versucht, in Bewegung zu bleiben, bis eine entgegengesetzte Kraft auf ihn einwirkt.

Die Trägheit hält Gegenstände in Bewegung, bis sie etwas aufhält – in diesem Fall ein Lastwagen.

Warum fallen die Passagiere nach vorne, wenn ein Bus plötzlich bremst?

Hast du schon einmal in einem Bus gestanden, der plötzlich gebremst hat? Man wird nach vorne geschleudert wegen der Trägheit des eigenen Körpers. Zwar hat der englische Wissenschaftler Isaac Newton niemals in einem Bus gestanden, aber er erkannte das Prinzip der trägen Masse. 1687 definierte er das erste Gesetz der Dynamik, das besagt, daß jeder Gegenstand so lange in Bewegung oder bewegungslos bleibt, bis eine Kraft auf ihn einwirkt.

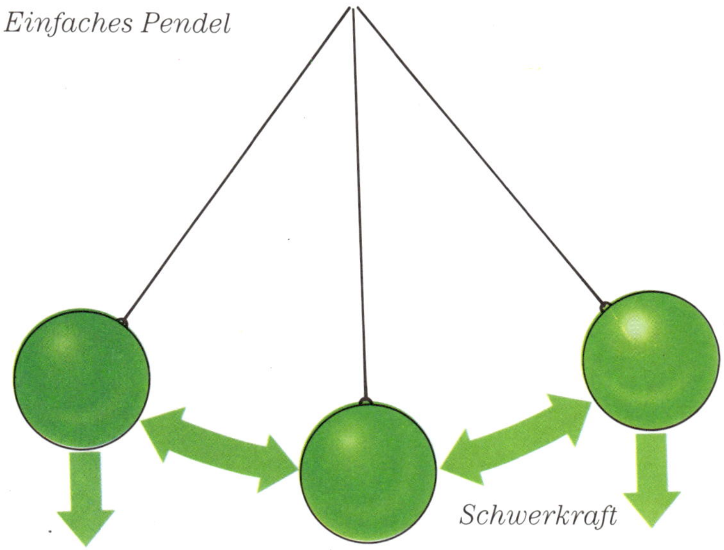

Warum schwingt ein Pendel?

Du kannst dir ein einfaches Pendel bauen, indem du ein Gewicht an einem Stück Schnur befestigst. Halte die Schnur so, daß das Gewicht senkrecht hängt. Wenn du dem Pendel einen Stoß gibst, schwingt es von dir weg. Die Stoßkraft setzt es in Bewegung. Wenn es den tiefsten Punkt seiner Schwingung erreicht, bleibt das Pendel nicht stehen, sondern bewegt sich weiter, diesmal aufwärts. Durch die Trägheit schwingt es so lange empor, bis eine stärkere Kraft (die Schwerkraft) die Bewegung stoppt und das Pendel schließlich wieder in die Vertikale zurückschwingt.

Wie funktioniert eine Ramme?

Eine Ramme, wie sie beim Bau eingesetzt wird, ist ein gewaltiger Hammer. Er treibt Stahlpfosten tief in den Boden, damit große Gebäude auf soliden Fundamenten stehen. Das schwere Gewicht, das die Pfähle in den Boden rammt, wird mit Motorkraft emporgehoben und dann wieder freigegeben, so daß es fällt. Wenn es den Pfahl trifft, übt es durch seine Masseträgheit eine enorme Kraft aus und treibt so den Pfahl in die Erde. Genau das gleiche geschieht, wenn du mit dem Hammer auf einen Nagel schlägst.

Warum hat ein Vorschlaghammer einen langen Stiel?

Ein Hammer mit einem langen Stiel, wie ein Schmiede- oder Vorschlaghammer, kann besonders schwere Schläge versetzen, weil sein Kopf und damit die darin gespeicherte Energie einen langen Weg zurücklegt. Je größer der Hammerkopf und je länger der Stiel, desto härter der Aufprall.

Warum ist es schwieriger, einen Schlagball zu fangen als einen Tennisball?

Um einen Ball aufzufangen, mußt du ihn abbremsen, bis er in deiner Hand ruht. Deine Hand muß also in die Flugbahn greifen und genügend Kraft aufbringen, um die Bewegung des Balles zu stoppen. Da ein Tennisball viel weniger Masse hat als ein Schlagball, braucht es weniger Kraft, um ihn zu verlangsamen. Das ist das zweite Gesetz der Dynamik, wie Isaac Newton es formuliert hat – obwohl er, soweit wir wissen, niemals Schlagball spielte.

Wie funktioniert ein Düsentriebwerk?

Bei einem Düsentriebwerk wirkt der *Rückstoß* als Antriebskraft. Das Triebwerk stößt heißes Gas aus, und die Kraft dieses in eine Richtung gebündelten Gases verursacht eine gleich große Kraft in der Gegenrichtung. Für jede Wirkung (hier das Gas, das aus dem Triebwerk schießt) gibt es eine gleich große Gegenwirkung in die andere Richtung (das Düsenflugzeug, das vorwärtsfliegt). Newton wußte auch das schon, obwohl im 17. Jahrhundert niemand von Düsenflugzeugen auch nur zu träumen wagte. Dies war sein drittes Gesetz der Dynamik, das auch *Reaktionsgesetz* heißt.

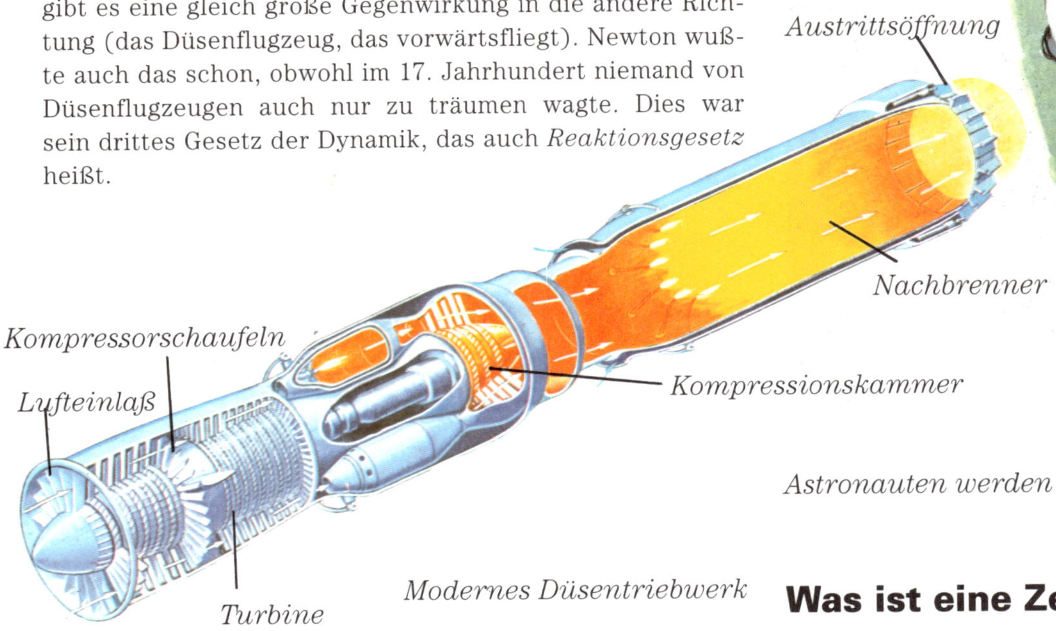

Modernes Düsentriebwerk

Was geschieht, wenn zwei Billardkugeln zusammenstoßen?

Wenn eine Billardkugel die andere trifft, bewegen sich beide. Sie tauschen einen Impuls oder ein Kraftmoment aus, wobei die eine verliert, die andere dazugewinnt. Der Impuls (die Geschwindigkeit eines bewegten Gegenstandes multipliziert mit seiner Masse) bleibt insgesamt derselbe wie vorher. Wenn der rollende Stoßball sein Ziel trifft, verliert er einen Teil seiner Geschwindigkeit. Die entsprechende Energie wird auf die Zielkugel übertragen.

Warum läuft kein Wasser aus einem Eimer, den man an einer Schnur herumwirbelt?

Wenn du ein wenig Wasser in einen Plastikeimer füllst, eine Schnur fest an den Henkel knotest und dann den Eimer im Kreis herumwirbelst, geschieht etwas Überraschendes. Das Wasser bleibt im Eimer. Warum fließt es nicht heraus? Der Eimer verhält sich genauso wie ein Satellit, der die Erde umkreist. Er versucht, davonzufliegen, wird aber von der Schnur zurückgehalten (so wie die Schwerkraft der Erde den Satelliten festhält). Das Wasser im Eimer will ebenfalls entweichen, wird aber durch die Kraft der Drehbewegung gegen den Boden des Eimers gedrückt.

Astronauten werden in einer Zentrifuge trainiert.

Was ist eine Zentrifuge?

Die nach innen gerichtete Kraft, die ein bewegtes Objekt in einer Umlaufbahn hält, heißt *Zentripetalkraft.* Du kannst sie in der Leine spüren, an der du den wirbelnden Eimer hältst. Wenn du mit dem Rad in eine Kurve fährst, scheint es, daß du nach außen, zum Kurvenrand getrieben wirst, und du legst dich leicht nach innen, um dem entgegenzuwirken. Diese nach außen gerichtete Kraft heißt *Zentrifugalkraft.* Man macht sich diese Kraft in der Zentrifuge zunutze, einem Apparat, mit dem man beispielsweise den Rahm von der Milch trennt. Da der Rahm schwerer ist, wird er nach außen geworfen. Zentrifugen werden auch bei der Ausbildung von Raumfahrern eingesetzt, um sie einer sehr großen Schwerkraft auszusetzen.

Diese Eiskunstläuferin wird sich schneller drehen, wenn sie den Körper aufrichtet und die Arme anlegt.

Warum drehen sich Eiskunstläufer schneller, wenn sie die Arme anlegen?

Ein sich drehender Gegenstand wird von entgegengesetzten Kräften in Bewegung gehalten, die man *Kräftepaar* nennt. Wenn der Durchmesser eines Kreisels verringert wird, dreht er sich schneller. Wenn ein Eiskunstläufer eine Pirouette dreht, kann er die Drehbewegung beschleunigen, indem er die Arme an den Körper legt.

Warum schwimmt Holz, während Blei sinkt?

Holz hat eine geringere Dichte als Wasser. Wenn man ein Stück Holz ins Wasser wirft, verdrängt es nur soviel Wasser, wie seinem eigenen Gewicht entspricht. Deshalb schwimmt es. Blei ist viel dichter als Wasser. Es versinkt, weil der Auftrieb des Wassers, das es verdrängt, sein Gewicht nicht ausgleichen kann.

Wieso schwimmt ein eisernes Schiff?

Ein hohler Körper weist eine geringe Dichte auf, weil er hauptsächlich mit Luft gefüllt ist. Sogar ein Stahlschiff schwimmt wegen der Luft in seinem Inneren. Wenn man aber Löcher in das Boot bohrt, läuft Wasser ein und verdrängt die Luft. Die durchschnittliche Gesamtdichte des Schiffes wird größer als die des Wassers, und dann sinkt es.

Wie kann ein Gegenstand in der Luft ‚schwimmen'?

Luft ist flüssig, wie Wasser. Aber weil sie eine so geringe Dichte hat, können nur wenige Gegenstände in ihr schwimmen. Wasserstoff ist leichter als Luft, deshalb steigt ein mit Wasserstoff gefüllter Ballon auf. Irgendwann erreicht er eine Höhe, in der die Luft so dünn ist wie der Wasserstoff, und kann dann nicht mehr weiter steigen.

Öltanker und Luftschiff

Schwerkraft

Warum ist die Schwerkraft so wichtig?

Eine von drei wichtigen Größen, die die Wissenschaftler untersuchen, um das Universum besser zu verstehen, ist die Kraft. Die anderen beiden sind Entfernung und Zeit. Es gibt viele Arten von Kräften, aber eine, die auf alle Körper auf der Erde einwirkt, ist die Schwerkraft.

Warum fallen die Dinge zu Boden?

Die Schwerkraft ist eine Kraft, die uns und alle Dinge zur Erde hinzieht. Die Schwerkraft sorgt dafür, daß der Regen abwärts und nicht aufwärts fällt. Die Schwerkraft erklärt, warum ein Ball, den du in die Luft geworfen hast, wieder zur Erde zurückkehrt. Der Planet Erde übt seine Schwerkraft auf alles aus. Aber auch viel kleinere Körper bewirken einen ähnlichen Effekt. Zwischen zwei beliebigen Objekten gibt es immer Schwerkraft.

Wer soll Gegenstände von einer Turmspitze geworfen haben, um zu beweisen, daß die Schwerkraft auf alle Dinge gleichermaßen wirkt?

Der italienische Wissenschaftler Galileo Galilei (1564-1642) stieg auf den Schiefen Turm von Pisa, um die Wirkung der Schwerkraft zu demonstrieren. Indem er Gewichte vom Turm warf, zeigte er, daß Gegenstände ähnlicher Größe und Form gleich schnell fielen. Nur der Luftwiderstand beeinflußte ihren Fall: Ein rundes Gewicht fiel schneller als ein Stück Stoff, weil seine Form der Luft weniger Widerstand entgegensetzte. Alle fallenden Objekte werden von der Schwerkraft zur Erde gezogen.

Galilei warf verschieden schwere Gewichte vom Schiefen Turm von Pisa hinab und stellte fest, daß sie gleichzeitig landeten.

Fiel Newton wirklich der berühmte Apfel auf den Kopf?

Es wird berichtet, daß Isaac Newton eines Tages unter einem Apfelbaum saß und ihm ein Apfel auf den Kopf fiel. Das brachte ihn dazu, sich Gedanken zu machen, wie die Schwerkraft wirkte. Niemand weiß, ob die Geschichte wahr ist, aber wie jeder große Wissenschaftler hatte Newton ein waches Auge für alles, was um ihn herum vorging, und versuchte dann, Erklärungen für das, was er sah, zu finden.

Die Endgeschwindigkeit im freien Fall wird von Gewicht und Luftwiderstand bestimmt.

Wie schnell kann ein Gegenstand fallen?

Die Schwerkraft sorgt dafür, daß fallende Dinge mit etwa zehn Metern pro Sekunde beschleunigt werden. Mit anderen Worten: In jeder Sekunde, die ein Gegenstand fällt, steigt seine Geschwindigkeit um 10 Meter pro Sekunde.

Wie sagte Newton die Weltraumfahrt voraus?

Im Jahr 1666 (dem Jahr des Großen Brandes von London) stellte Isaac Newton seine universelle Gravitationstheorie auf, die die Bewegung des Mondes um die Erde erklärte. Er veröffentlichte diese Theorie erst sehr viel später, nämlich 1687. Newton überlegte, daß eine Kanonenkugel, könnte man sie nur mit genügend großer Energie abfeuern, geradewegs in den Weltraum fliegen müßte – wie ein Raumschiff. Keine Kanone konnte jedoch eine Kugel so beschleunigen, daß sie der Gravitation der Erde entkam, daher mußte die Weltraumfahrt noch bis ins zwanzigste Jahrhundert und bis zur Erfindung des Raketenmotors warten.

Warum bleiben die Planeten in ihren Umlaufbahnen?

Die Planeten bewegen sich schon seit der Entstehung des Sonnensystems in ihren Bahnen. Den ersten Anstoß bekamen sie vor Millionen von Jahren, und seitdem kreisen sie um die Sonne. Die starke Gravitationskraft der Sonne hält die Planeten in ihren Umlaufbahnen. Sie bewegen sich weiter, weil es im Sonnensystem keine Kraft gibt, die stark genug wäre, sie aufzuhalten, und weil ihnen keine Reibungskräfte im Weg stehen. Außerhalb der Atmosphäre gibt es keinen Luftwiderstand.

Astronauten wiegen auf dem Mond weniger.

Wie schwer wärst du auf dem Mond?

Das Gewicht eines Objektes entspricht der darauf einwirkenden Schwerkraft. Gewicht müßte richtigerweise in Newton (Newton ist die Einheit, in der Kräfte gemessen werden) angegeben werden, Masse dagegen in Kilogramm (oder Pfund). Die Masse eines Gegenstandes ändert sich nie. Wenn du auf den Mond reisen könntest, würdest du viel weniger wiegen als auf der Erde, denn der Mond hat nur ein Sechstel der Anziehungskraft der Erde. Aber auch dort wäre deine Masse noch dieselbe.

Wie ist es, schwerelos zu sein?

Niemand kannte das Gefühl der Schwerelosigkeit, bis die ersten Astronauten ins All flogen. Die Menschen in einem Raumschiff, das die Erde umkreist, schweben darin herum, als würden sie in Luft schwimmen. Es gibt keine Erdgravitation, die sie zu Boden ziehen könnte. Wenn ein Astronaut ein Werkzeug losläßt, treibt es quer durch die Kabine, statt, wie auf der Erde, herunterzufallen.

Wo liegt dein Schwerpunkt?

Alles hat einen Schwerpunkt, einen Punkt des Gleichgewichts. Bei einem Ball liegt der Schwerpunkt in der Mitte. Unregelmäßig geformte Körper können fast unglaublich erscheinende Schwerpunkte haben. Ein Stehaufmännchen zum Beispiel wird sich immer wieder aufrichten, egal, wie man es hinlegt, weil sein Schwerpunkt so tief ist. Eine Flasche mit dünnem Hals steht ganz stabil, solange sie auf ihrem Boden steht. Versucht man aber, sie auf den Kopf zu stellen, ist das gar nicht so einfach, weil der Gewichtsschwerpunkt jetzt weit oben liegt.

Diese Stehaufmännchen können wegen ihres tiefen Schwerpunktes nicht umfallen.

Wie kann man ein Gyroskop auf der Spitze eines Bleistifts balancieren?

Ein Gyroskop sieht aus wie ein Kreisel in einem radähnlichen Rahmen. Wenn es sich einmal dreht, ändert es seine Richtung nicht mehr. Wenn man es auf einer Bleistiftspitze balanciert, fällt es nicht herunter, solange es rotiert. Die Wirkung der Schwerkraft (die versucht, das Gyroskop umzukippen) wird von einer anderen Kraft ausgeglichen, die *Präzession* heißt und in rotierenden Körpern auftritt. Dadurch dreht sich das Gyroskop um die Spitze des Bleistifts, als wäre es in einer Umlaufbahn.

Reibung

Wodurch wird Reibung verursacht?

Reibung entsteht, wenn zwei Oberflächen sich gegeneinander bewegen. Sogar eine glatt aussehende Oberfläche ist in Wirklichkeit voller winziger Krater und Hügel, wovon man sich mit Hilfe eines Mikroskops leicht überzeugen kann. Das Aneinanderreiben erzeugt Wärme. Es entsteht sogar Reibung zwischen den fast körperlosen Oberflächen von Luft und Wasser.

Wie kann man Reibung vermindern?

Die Reibung wird geringer, wenn man eine Flüssigkeit zwischen zwei Oberflächen bringt. Wenn du versuchst, zwei Glasscheiben gegeneinander zu verschieben, kleben sie vielleicht sogar fest. Aber wenn du Wasser über das Glas gießt, bewegen sich die Platten ganz leicht. Das Wasser wirkt als Schmiermittel.

Wieso kann ein Rennwagen Kurven mit höchster Geschwindigkeit nehmen?

In einem Auto gibt es, wie in anderen Maschinen auch, Schmierstoffe (wie Öle und Fette), um die Reibung zwischen seinen beweglichen Teilen auszuschalten. Aber ohne Reibung zwischen der Straße und den Reifen könnte sich das Fahrzeug überhaupt nicht von der Stelle bewegen. Ein Grand-Prix-Rennwagen hat eine niedrige, flache Karosserie, die wie ein umgedrehter Flugzeugflügel wirkt. Während die Luft über den Wagen streicht, preßt sie ihn nach unten auf die Straße. Das erhöht die Reibung zwischen dem Straßenbelag und den überbreiten Reifen des Rennautos. Die zusätzliche Reibung verbessert die Straßenlage des Wagens, so daß der Fahrer die Kurven viel schneller nehmen kann, als es in einem normalen Auto möglich wäre.

Was ist das gebräuchlichste Schmiermittel?

In Automotoren verwendet man Öl als Schmierstoff. Eine dünne Schicht, der Ölfilm, breitet sich über alle beweglichen Teile der Maschine aus. Wasser wird zum Schmieren der Bohrgestänge an Bohrtürmen gebraucht, mit denen man nach Erdöl sucht.

Wie können Kugellager die Reibung reduzieren?

Wenn du je auf eine Murmel getreten bist, weißt du, wie leicht sie rollt. Die Murmeln wirken wie ein Kugellager. Sie reduzieren die Gleitreibung zwischen der Last und dem Boden. Viele Maschinen sind mit Kugellagern ausgerüstet (die in kreisförmigen Laufringen sitzen), damit bewegliche Teile (wie zum Beispiel Räder) sich frei drehen können.

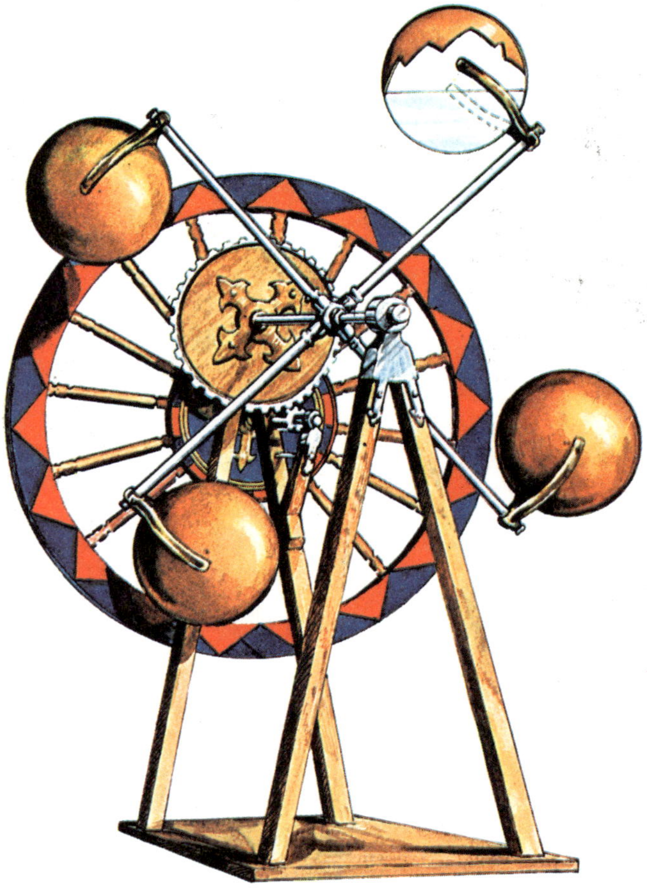

Ein Modell für ein Perpetuum Mobile.

Ist ein Perpetuum Mobile denkbar?

In der Vergangenheit haben viele Leute versucht, ein sogenanntes Perpetuum Mobile zu bauen, eine Maschine, die ewig weiterläuft. Einige benutzten fallendes Wasser, andere Magneten oder rollende Kugeln. Obwohl diese Maschinen höchst einfallsreich konstruiert waren, funktionierte keine von ihnen, denn jede Maschine auf der Erde benötigt einen zusätzlichen Antrieb, eine Kraft, die sie am Laufen hält. Andernfalls werden Schwerkraft und Reibung sie nach einer gewissen Zeit anhalten.

Warum brauchen wir Reibung zum Laufen?

Unsere Schuhe pressen sich beim Laufen gegen den Boden und erzeugen dadurch Reibung. Diese Reibung gibt uns einen *Vortrieb* gegenüber dem Boden, so daß wir uns vorwärtsbewegen können. Rennläufer oder Jogger tragen Schuhe mit starkem Profil oder Spikes, die besonders griffig sind.

Warum wird ein Raumschiff beim Wiedereintritt in die Erdatmosphäre rotglühend?

Die Atmosphäre ist wie eine unsichtbare Haut aus Luft, die sich um die Erde schmiegt. Ein Raumschiff, das aus dem fast luftleeren Raum des Weltalls zurückkehrt, muß erst durch diese Haut hindurch. Wenn das Raumschiff in die Atmosphäre hineinrast, wird es heißer und heißer. Die Hitze entsteht durch Reibung, und ohne einen Hitzeschild würde das Raumschiff zu Asche verglühen.

Warum sehen Autoreifen unten am Boden platt aus?

Ein Autoreifen wölbt sich an der Stelle, wo er auf der Straße aufliegt, nach außen. Das Gewicht des Wagens lastet auf dem Rad, preßt die Luft darin zusammen und drückt den Reifen gegen die Straße. Je mehr Lauffläche des Reifens die Straße berührt, desto größer ist die Reibung und desto besser die Straßenlage.

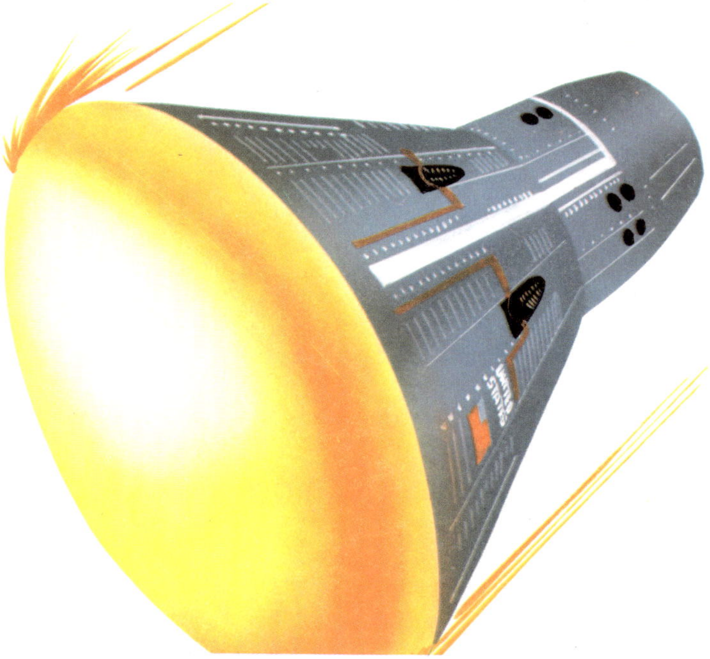

Raumschiffe benötigen zum Wiedereintritt in die Erdatmosphäre einen Hitzeschild.

Funktionieren Räder ohne Reibung?

Die Ingenieure suchen ständig nach Möglichkeiten, Reibung zu vermindern, damit ihre Maschinen besser laufen. Aber eine gewisse Reibung ist notwendig, sonst könnten sich Fahrzeuge mit Rädern überhaupt nicht fortbewegen. Die Räder müssen Haftung auf der Straße oder auf den Schienen haben.

Warum haben Eisenbahnlokomotiven keine Gummireifen?

Ein Fahrzeug, das auf Schienen rollt, ist effektiver als eines, das auf der Straße fährt, weil ein hartes Rad wie das einer Eisenbahnlokomotive weniger Reibung erzeugt als luftgefüllte Reifen. Ein hartes Rad verformt sich nicht unter dem Gewicht des Fahrzeugs. Es ist also leichter, eine schwere Ladung über Schienen zu ziehen als über die Straße. Aber ganz ohne Reibung, die sie an die Schienen „klebt", würden die Räder einer Lokomotive durchdrehen.

Der französische Hochgeschwindigkeitszug TGV

RAUM UND ZEIT

Wann wurde die Null erstmals zum Rechnen benutzt?

Ohne ein Symbol für eine „Leerstelle" könnten wir nicht rechnen. Schon die frühen Mathematiker stellten fest, daß sie ein spezielles Symbol brauchten: 0. Die Null wurde im 7. Jahrhundert n.Chr. in Indien und Südostasien benutzt, und die Chinesen kannten sie vielleicht noch früher.

Die Chinesen benutzen das Dezimalsystem seit über 3000 Jahren.

Wer erfand das Dezimalsystem?

Wir haben zehn Finger und zehn Zehen, deshalb erscheint es ganz normal, in Zehnern (dem Dezimalsystem) zu zählen. Aber man kann auch auf viele andere Arten rechnen. Die Chinesen benutzten das Zehnersystem schon um 1400 v.Chr. Sie schrieben die Zahl 365 als „dreihundert plus sechs Dekaden (Zehner) plus fünf Tage". Mit dem Dezimalsystem konnte man leichter komplizierte Additionen durchführen, aber es erreichte Europa erst im 10. Jahrhundert n.Chr.

Was sind negative Zahlen?

Eine negative Zahl ist eine Zahl mit einem Minuszeichen (–) davor. Wenn 2 um zwei größer ist als 0, dann ist –2 um zwei kleiner, –20 ist zehnmal –2 und so weiter. Eigenartigerweise kamen westliche Mathematiker jahrhundertelang ohne Minuszahlen aus. Sie waren in Europa bis um 1500 völlig unbekannt, obwohl die Chinesen sie schon viel früher benutzten.

Wie wurde der menschliche Körper für Messungen herangezogen?

Die alten Kulturen verließen sich auf Körpermaße. Die kleinste Längeneinheit war die *Fingerbreite* oder *Daumenbreite.* Eine *Elle* (die Entfernung zwischen Ellenbogen und Fingerspitzen) entsprach dreißig Fingerbreiten (nach modernen Begriffen rund 50 Zentimeter). Eine *Handbreite,* worunter man normalerweise etwa 10 Zentimeter versteht, ist heute noch die Einheit, in der man die Schulterhöhe eines Pferdes mißt. Nach der Bibel war Goliath sechs Ellen und eine Spanne groß, maß also 3 Meter 25.

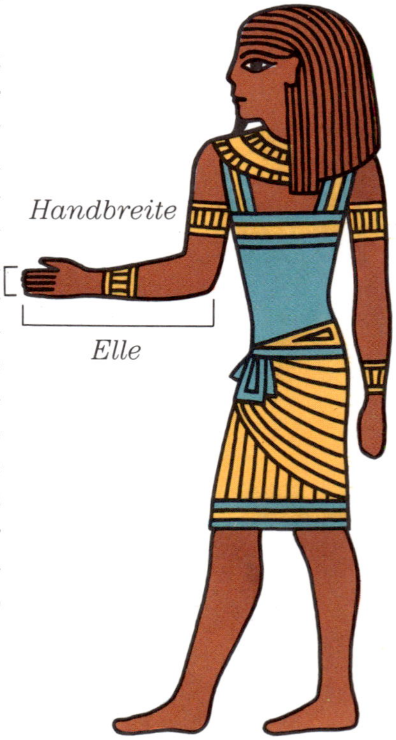

Ägyptische Maßeinheiten wurden von verschiedenen Körperteilen abgeleitet.

Wie groß ist ein Morgen?

Die Felder der Bauern werden in vielen Teilen der Welt noch nach überlieferten Maßen, zum Beispiel dem *Morgen,* gemessen. Das metrische Äquivalent ist der Hektar (10 000 Quadratmeter). Ein Morgen war die Ackerfläche, die der Bauer an einem Tag bestellen konnte; in Bayern heißt der Morgen daher auch *Tagwerk.* Der Morgen war kein einheitliches Maß und schwankte von Land zu Land zwischen 25 Ar und 36 Ar. Das englische Maß „furlong" („Furchenlänge") bezeichnete die Länge einer Furche, die ein Zugochse mit Pflug ziehen konnte, ohne eine Pause einzulegen. Ein „furlong" ist etwa 201 Meter lang.

Wo wurde das metrische System erstmals offiziell eingeführt?

Das metrische (dezimale) System der Maße und Gewichte wurde in Frankreich nach der Französischen Revolution 1789 eingeführt. Zuvor hatten die Völker Europas ganz unterschiedliche alte Maße verwendet, hinter denen eigentlich kein System steckte. Die Wissenschaftler gaben bald dem metrischen System den Vorzug, aber England und die Vereinigten Staaten benutzten im Alltag weiterhin ihre eigenen Maßsysteme (Zoll, Yard, Meile, Pfund, Gallone usw.). In England wurde das metrische System in den 60er Jahren nach und nach eingeführt, wenn auch nicht vollständig.

Wie können wir mit Hilfe der Geometrie unsere Welt besser verstehen lernen?

Die Geometrie ist jener Zweig der Mathematik, der sich mit dem Studium von Formen und Größen befaßt. Der Name kommt von einem griechischen Wort, das „Erdvermessung" bedeutet, und mit Hilfe der Geometrie gelang es den griechischen Mathematikern erstmals, die Größe der Erde zu berechnen. Jeder wissenschaftliche Fortschritt war von einer Weiterentwicklung der Geometrie begleitet, denn ohne sie konnte man keine exakten Messungen vornehmen. Etwa 300 v.Chr. schrieb der Grieche Euklid ein Buch mit dem Titel „Die Elemente", in dem er viele geometrische Entdeckungen der Griechen zusammentrug. Das Lehrbuch des Euklid hat seitdem Generationen von Mathematikern inspiriert.

Magisches Quadrat

8	1	6
3	5	7
4	9	2

Ein Morgen war soviel, wie ein Ochse am Tag pflügen konnte.

Was ist eine geometrische Figur?

Man kann sich jede geometrische Figur als eine Anordnung von Punkten denken. Eine gerade Linie, eine Strecke, ist zum Beispiel die kürzeste Entfernung zwischen zwei Punkten. Ein Kreis ist eine Anordnung von Punkten, die alle denselben Abstand (Radius) von einem weiteren Punkt haben, dem Mittelpunkt. Das Studium der zweidimensionalen (flachen) Figuren nennt man *Planimetrie.* Die Lehre von den dreidimensionalen Figuren (das ist beispielsweise ein Würfel) heißt *Stereometrie.*

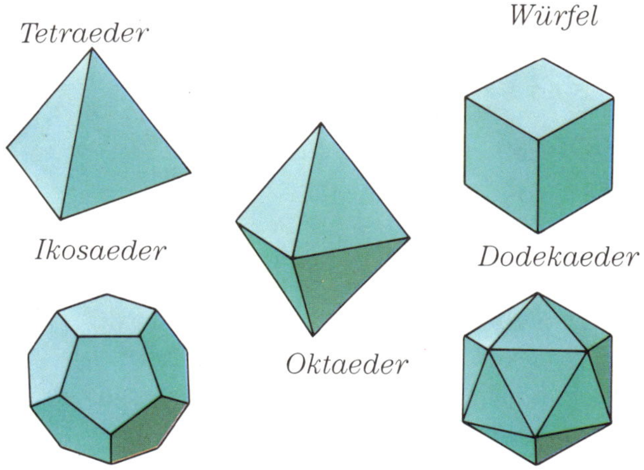

Fünf geometrische Figuren, mit denen schon die Griechen sich befaßten.

Was ist ein magisches Quadrat?

Es gibt viele magische Quadrate, die sich aus Zahlen zusammensetzen, deren Addition interessante Resultate ergibt. Das abgebildete Quadrat ist einfach, aber sehr alt. Die Chinesen kannten es schon vor mindestens 3000 Jahren. Die Addition der Zahlen in jeder beliebigen Zeile, Spalte und sogar diagonal ergibt immer 15.

Wer erfand die Logarithmen?

Logarithmieren ist eine Art zu rechnen, bei der man Tafeln oder Tabellen verwendet. Sie war besonders vor der Erfindung der Taschenrechner sehr nützlich. Logarithmen wurden 1614 von dem schottischen Mathematiker John Napier erfunden. Er erkannte, daß es möglich war, Zahlen in einer Art Kurzschrift aufzuschreiben. Die Zahl 16 konnte man zum Beispiel als 4^2 (4 x 4) darstellen; 64 als 4^3 (4 x 4 x 4) und so weiter. Mit Hilfe der von ihm zusammengestellten Logarithmentafeln konnte er lange Multiplikationen ausführen, indem er die Kurzschriftzahlen addierte, und Divisionen, indem er sie subtrahierte. Für die Erstellung der Logarithmentafeln brauchte Napier 20 Jahre.

Was sind Zehnerpotenzen?

Wenn man mit sehr großen (oder sehr kleinen) Zahlen umgeht, ist es besser, sie als Zehnerpotenzen zu notieren, als furchtbar viele Nullen hinzuschreiben. Zehn hoch 1 (10^1) ist zum Beispiel 10; 10 hoch 2 (10^2) ist hundert und so weiter. Mit Zehnerpotenzen kann man auch sehr kleine Zahlen aufschreiben, indem man ein Minuszeichen vor die Hochzahl stellt und jedesmal eine Null nach dem Komma hinzufügt: 10^{-1} ist 0,1; 10^{-2} ist 0,01 und so weiter.

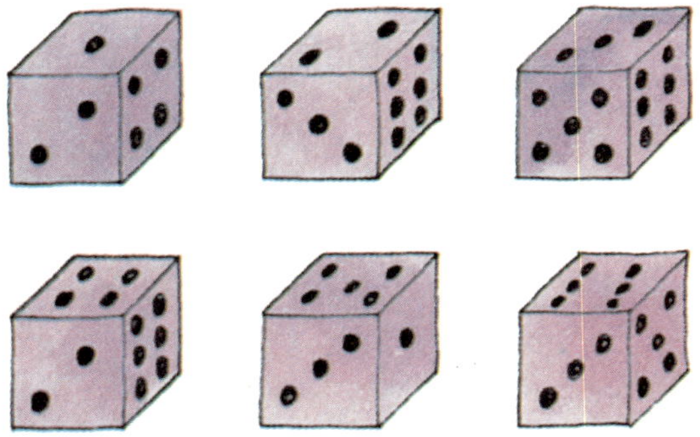

Die Wahrscheinlichkeit, eine bestimmte Zahl zu würfeln, ist eins zu sechs.

Wie oft kommt die Sechs beim Würfeln?

Mathematiker suchen schon lange nach Möglichkeiten, unvorhersehbare Ereignisse, wie den Fall eines Würfels, zu berechnen. Der Franzose Blaise Pascal arbeitete 1642 seine grundlegenden „Gesetze der Wahrscheinlichkeit" aus, wobei er Würfel benutzte. Das einfachste Problem ist folgendes: Ein Würfel hat sechs Seiten mit unterschiedlichen Werten. Wenn du würfelst, hat jede Seite die gleiche Chance, oben zu landen. Die Wahrscheinlichkeit, daß eine bestimmte Seite oben liegt, ist also eins zu sechs.

Warum verhalten sich Zahlen so seltsam?

Ein faszinierendes mathematisches Problem ist, wie merkwürdig sich Zahlen manchmal verhalten. Wie wäre es zum Beispiel mit folgendem Rätsel? Nimm dreimal die Eins: 111. 1 + 1 + 1 = 3. Teile 111 durch 3. Das Resultat ist 37. Jetzt versuche dieselbe Rechnung mit Zwei. Dreimal die Zwei: 222. 2 + 2 + 2 = 6. 222 geteilt durch 6 ist ... 37! Welches Ergebnis bekommst du mit Drei, Vier oder Fünf?

Unsere Ziffern leiten sich aus dem Arabischen her.

Warum war es für die Römer leichter, Daten aufzuzeichnen, als lange Divisionen durchzuführen?

Die Römer verwendeten andere Zahlen, als wir es heute tun. Ein Römer zählte von eins bis zehn so: I, II, III, IV, V, VI, VII, VIII, IX, X. L war 50, C war 100, D gleich 500, und M stand für 1000. Dieses System funktionierte gut, wenn man Daten aufschreiben wollte, aber zum Rechnen war es unhandlich. Weil die lateinische Sprache sich noch lange nach dem Untergang des Römischen Reiches in Europa hielt, kann man an alten Gebäuden oder in Büchern oft noch römische Datierungen sehen. Das Jahr 1548 schreibt sich zum Beispiel in römischen Zahlen so:

M	D	XL	VIII
1000	500	40	8

Wann kamen die arabischen Ziffern nach Europa?

Die arabischen Ziffern, die wir heute verwenden, wurden zuerst in Indien benutzt und erreichten Europa um das Jahr 1000. Ein Buch, das der italienische Mathematiker Leonardo Fibonacci 1202 schrieb, trug dazu bei, die europäischen Wissenschaftler zu überzeugen, daß sie um des Fortschritts der Mathematik willen in arabischen Ziffern rechnen mußten.

In einem Dreieck ist die Summe der Winkel immer 180°. Das gelbe und blaue Dreieck zusammen haben 360°.

Wer wies nach, daß die Summe aller Winkel in einem Dreieck immer 180 Grad beträgt?

Die alten Griechen waren von der Geometrie fasziniert. Sie wußten, daß ein Kreis sich aus 360 Graden zusammensetzt, eine Zahl, die wahrscheinlich von den Babyloniern eingeführt wurde. Welche Form ein Dreieck auch haben mag, seine Winkel addieren sich immer zu 180 Grad. Dies wurde erstmals um 300 v.Chr. von Euklid nachgewiesen.

Was ist der Goldene Schnitt?

Die alten Griechen waren ebenso überragende Baumeister wie Mathematiker. Sie bauten den Parthenon, eines der berühmtesten Bauwerke der Welt, nach einem präzisen mathematischen Gesetz, das sie den Goldenen Schnitt nannten. Die Regel besagte, daß ein Rechteck beliebig breit sein konnte, seine Länge aber etwas mehr als ein Sechstel länger sein mußte als die Breite. Das sollte die schönsten Proportionen und ein Gebäude mit magischen Eigenschaften ergeben. Ohne Rechenmaschinen zu kennen, fanden die Griechen die genaue Länge durch Zeichnungen heraus. Moderne Mathematiker haben den Goldenen Schnitt als ein Verhältnis von 1 zu 1,618 errechnet.

Welches ist die größte bekannte Primzahl?

Die größte Primzahl, die man bis heute gefunden hat, hat 25 962 Stellen. Es gibt eine unendliche Anzahl von Primzahlen; allein zwischen 1 und 10 000 000 gibt es 660 000.

Warum suchen die Mathematiker nach neuen Primzahlen?

Eine Primzahl ist eine Zahl, die nur durch sich selbst und 1 geteilt werden kann. Die Zahl 12 ist zum Beispiel keine Primzahl, weil sie durch 1, 2, 3, 4 und 6 geteilt werden kann; 11 andererseits ist eine, denn sie kann nur durch 1 und 11 geteilt werden. Was die Mathematiker an den Primzahlen so verwirrt, ist, daß sie keine Gesetzmäßigkeit herausfinden können. Ein Grieche namens Eratosthenes erarbeitete eine langsame, aber sichere Methode, um Primzahlen zu finden. Das war im 3. Jahrhundert v.Chr., und bis heute hat niemand einen besseren Weg gefunden.

Wer konnte eine Primzahl auf den ersten Blick erkennen?

Ein französischer Mathematiker des 17. Jahrhunderts, Pierre Fermat, soll einen geheimen Trick gehabt haben, mit dem er Primzahlen erkannte. Er konnte die Frage, ob Primzahl oder nicht, augenblicklich beantworten, aber niemand weiß wie, denn Fermat nahm sein Geheimnis mit ins Grab.

Was ist das Möbiussche Band?

Diese Figur ist nach ihrem Entdecker, dem Deutschen August Möbius benannt, der im 19. Jahrhundert lebte. Um ein Möbiussches Band zu machen, brauchst du einen Streifen Papier. Klebe die beiden Enden zu einer Schleife zusammen, wobei du ein Ende einmal um 180 Grad verdrehst: Die Vorderseite des einen Bandes wird so an die Vorderseite des anderen geklebt. Jetzt versuche, mit einem Stift auf dem Streifen entlangzufahren. Hat er immer noch eine Vorder- und Rückseite? Schneide den Streifen vorsichtig entlang der Mitte mit einer Schere auf. Erhältst du jetzt einen einzigen Ring oder zwei?

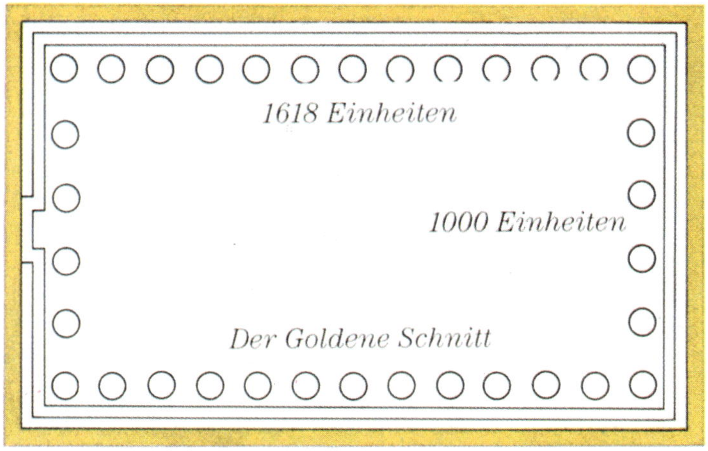

Zeitmessung

Wer maß die Zeit nach Nächten?

Die Menschheit hat viele Methoden entwickelt, den Ablauf der Zeit zu messen. Frühe Völker zählten die Tage (von Sonnenauf- bis Sonnenuntergang). Aber nicht alle verwendeten den Tag als Einheit. Die Komantschen-Indianer in Nordamerika zählten in Sonnen, während die Grönländer in Nächten rechneten.

Wo dienten Blumen als Uhren?

Die Bewohner von Ostafrika pflanzten Blumen an, die als Uhren zu gebrauchen waren. Ihre Blütenblätter begannen sich bei Sonnenaufgang zu öffnen, waren am Mittag ganz offen und schlossen sich dann allmählich wieder bis zum Sonnenuntergang. Aus der Öffnung der Blütenblätter konnten die Menschen die Tageszeit ablesen.

Wie funktioniert eine Feueruhr?

Um 3000 v.Chr. erfanden die Chinesen eine Feueruhr. Das war ein mit Pech und Sägemehl beschichteter Stab, der auf eine ganz bestimmte Länge abgeschnitten wurde. In regelmäßigem Abstand waren an dem Stab Fäden befestigt, an denen Metallkugeln über einem großen Gong hingen. Der Stab wurde bei Sonnenaufgang angezündet, und indem die Flamme sich an ihm entlangfraß, brannte sie die Fäden ab. Jedesmal fiel eine Kugel herunter und schlug den Gong an, der anzeigte, daß wieder eine Stunde vergangen war.

Feueruhr

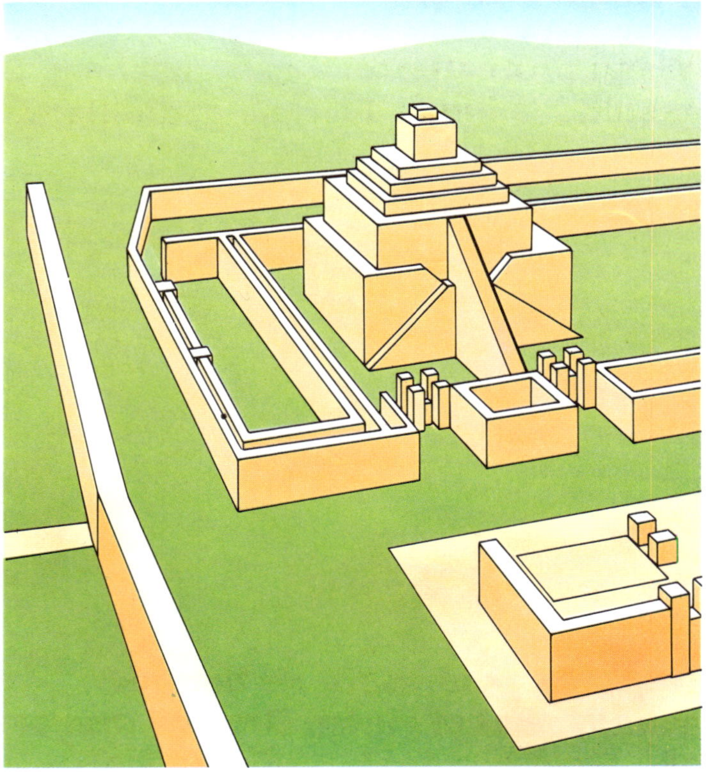

Babylonisches Observatorium

Wer berechnete erstmals die Länge eines Jahres?

Vor mehr als 3000 Jahren waren die Priester in Babylonien fähige Astronomen und führten genau Buch über den Ablauf der Jahreszeiten. Sie berechneten, wie lange die Erde brauchte, um einen vollständigen Jahreszyklus um die Sonne zu durchlaufen, und kamen zu dem Ergebnis, daß es 365 Tage, 6 Stunden, 15 Minuten und 4 Sekunden waren. Das ist erstaunlich genau; nach heutiger Berechnung sind es nur 26 Minuten und 55 Sekunden mehr.

Warum wurden Schaltjahre nötig?

Die Römer legten ihrem Kalender die monatlichen Phasen des Mondes zugrunde. Der römische Kalender hatte ursprünglich 360 Tage, wurde dann aber auf 355 Tage verkürzt. Nach und nach fiel auf, daß der Kalender immer mehr von den Jahreszeiten abwich. Daher befahl Julius Cäsar einen neuen Kalender mit 365,25 Tagen. Jedes vierte Jahr hatte einen zusätzlichen Extratag, um die Vierteltage aufzubrauchen. Das war dann ein Schaltjahr. Bevor der neue Kalender in Kraft trat, mußte erst ein überlanges Jahr eingefügt werden, damit die Dinge wieder ins Lot kamen. Das Jahr 46 v.Chr. hatte 445 Tage und ging – kaum überraschend – als *Jahr der Verwirrung* in die Geschichte ein.

Wann protestierten die Menschen, man habe ihnen 11 Tage gestohlen?

Der nach Julius Cäsar benannte Julianische Kalender war bis ins 16. Jahrhundert hinein in Gebrauch. Aber dann war er zu sehr aus dem Takt. Zu jedermanns Verwirrung fiel Ostern nicht mehr ins Frühjahr, sondern in den Sommer. Papst Gregor XIII. ordnete an, daß es ab 1582 einen neuen Kalender geben sollte. Dem 2. September dieses Jahres folgte dann unmittelbar der 14. September, und die Leute gingen auf die Straße, um dagegen zu protestieren, daß man ihnen 11 Tage ihres Lebens gestohlen hätte. Großbritannien behielt den veralteten Kalender noch bis 1752 bei. Rußland stellte erst 1918 auf den Gregorianischen Kalender um, China sogar erst 1949.

Als der Kalender 1752 umgestellt wurde, kam es in Großbritannien zu Tumulten.

Wann gab es die ersten Sonnenuhren?

Die ersten Sonnenuhren gab es schon vor 3000 Jahren in Babylonien. Ein senkrechter Stock wirft einen Schatten, der im Lauf des Tages wandert, je nachdem, wo die Sonne gerade steht. Um den Stock herum ist ein Zifferblatt angebracht, auf dem die Stunden abgelesen werden können.

Wie funktionierten Wasseruhren?

Die alten Griechen und Ägypter entwickelten Wasseruhren. Die Griechen nannten diese Uhren *Klepsydra,* was soviel wie „Wasserdieb" bedeutet. Es gab verschiedene Modelle, aber alle funktionierten nach demselben Prinzip. Aus einem Behälter tropfte langsam das Wasser. Mit dem Wasserspiegel sank auch ein Schwimmer, der auf der Oberfläche trieb. An dem Schwimmer war dann ein Zeiger befestigt, der den Ablauf der Stunden auf einer Skala anzeigte.

Wann wurden die ersten mechanischen Uhren erfunden?

Die Mönche des Mittelalters mußten wissen, wann es an der Zeit war, die täglichen Gebete zu verrichten. Sie brauchten eine Uhr, die in regelmäßigen Abständen eine Glocke läutete. Die Maschinerie, die das ermöglichte, wurde im 14. Jahrhundert erfunden. Die nötige Energie zum Läuten der Glocke lieferten aufgehängte Gewichte, deren Fall wiederum von einem *Hemmung* genannten Mechanismus gesteuert wurde. Diese Hemmung verursacht das Ticken der Uhr.

Hatten die ersten Uhren Zeiger?

Die ersten Uhren waren nur dafür eingerichtet, zur vollen Stunde eine Glocke anzuschlagen. Sie liefen sehr ungenau und konnten pro Tag leicht 15 Minuten falsch gehen. Aber die Leute machten sich keine Gedanken über die Minuten, sie wollten nur wissen, „welche Stunde geschlagen hatte". Die Uhren schlugen alle Viertelstunde, und das war genau genug. Schließlich gab es noch keine Züge oder Busse, die man verpassen konnte. Erst im 17. Jahrhundert kamen Uhren mit Minutenzeigern und mit in zwölf Stunden eingeteilten Zifferblättern in Gebrauch.

Der Turm der Winde in Athen war gleichzeitig Sonnen- und Wasseruhr.

Wie verbesserte das Pendel die Zeitmessung?

Ein Pendel ist einfach ein Gewicht, das so aufgehängt ist, daß es frei in einem Bogen ausschwingen kann. Wenn du ein Pendel in Gang setzt, wird es durch die Reibung nach und nach weniger weit ausschwingen. Aber die Zeit, die es für jeden Schwung braucht, bleibt immer dieselbe. Angeblich hat Galileo 1583 diese Tatsache erkannt, als er einen Leuchter beobachtete, der in der Kathedrale von Pisa hin- und herschwang. Der holländische Wissenschaftler Christiaan Huygens benutzte ein Pendel zum Regulieren einer Uhr, indem er die Bewegung der Hemmung damit steuerte. Seine Pendeluhr von 1556 war viel genauer als alle früheren Uhren und ging täglich nur zwei Minuten falsch.

Ein Pendel bewies, daß die Erde sich dreht.

Wie konnte ein Pendel den Beweis dafür liefern, daß sich die Erde dreht?

1851 stellte ein französischer Wissenschaftler namens Foucault in Paris der Öffentlichkeit ein riesiges Pendel vor. Auf dem Boden unter dem Pendel war eine Kompaßrose eingezeichnet. Das Pendel wurde in Nord-Süd-Richtung in Gang gesetzt. Nach einiger Zeit konnten die Leute sehen, daß sich die Richtung der Pendelbewegung anscheinend im Uhrzeigersinn veränderte. Wie der Kompaß aber deutlich zeigte, war es nicht das Pendel, das sich bewegt hatte, sondern die Erde bei ihrer Drehung um die eigene Achse.

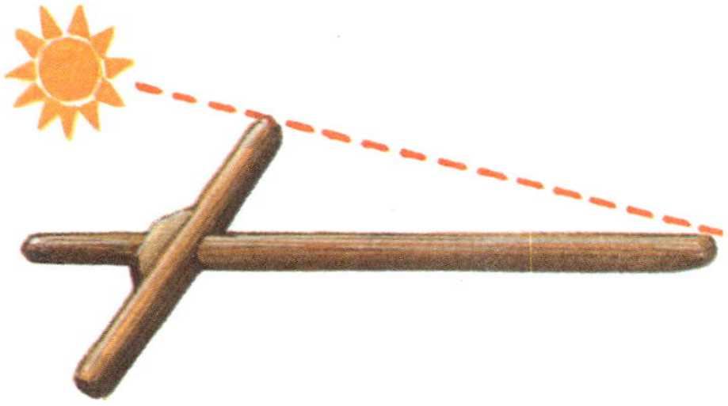

Jakobstab

Wie fanden die ersten Seeleute ihren Kurs?

Im Altertum fuhren die Seeleute selten außer Sichtweite des Ufers. Die Griechen erfanden ein Gerät ähnlich einer Sonnenuhr – das *Astrolabium* –, um Längengrad (ihre Position in Ost-West-Richtung) und Tageszeit bestimmen zu können. Erst sehr viel später, nämlich im 14. Jahrhundert, kam das Astrolabium nach Nordeuropa.

Warum brauchten die Seefahrer genaue Uhren?

Den Längengrad (die Position in Ost-West-Richtung) festzustellen, ist schwieriger, als den Breitengrad zu finden. Man muß die genaue Zeit kennen, zu der die Sonne an verschiedenen Orten im Zenit steht. Galileo schlug die Lösung schon 1610 vor: eine wirklich genau gehende Uhr, um auf See die Zeit zu messen.

Wer erfand den Schiffschronometer?

Von einer Pendeluhr konnte man auf einem Schiff, das von den Wellen hin- und hergeworfen wurde, keine genaue Zeitmessung erwarten. Die Uhr mußte ohne Gewichte und ohne Pendel funktionieren. Die Lösung war eine Spiralfeder, die sich langsam aufwickelte, während sie das Uhrwerk antrieb. Die britische Regierung setzte einen Preis für den ersten *Chronometer,* die erste genaugehende Schiffsuhr, aus. Er wurde 1761 von John Harrison gewonnen. Seine Uhr ging nach einer Seereise von 156 Tagen nur 54 Sekunden vor. Die Uhr mit Federwerk hatte noch einen anderen Vorteil: Sie war so klein, daß man sie bei sich tragen konnte. Die Taschenuhr war erfunden worden.

Wozu wurde der Jakobstab verwendet?

Im Mittelalter benutzten die Seeleute einen einfachen Jakobstab (auch Kreuzstern genannt), um den Breitengrad zu bestimmen (die Nord-Süd-Position). Der Navigator richtete den Längsstab auf den Horizont aus und brachte das Querholz mit der Sonne oder einem Fixstern zur Deckung. Der Winkel sagte ihm die Höhe der Sonne und ermöglichte es ihm, in etwa die Position seines Schiffes in Nord-Süd-Richtung zu bestimmen. (Am Äquator steht die Sonne mittags genau im Zenit, also in einem Winkel von 90 Grad.) 1595 wurde eine Verbesserung des Jakobstabes erfunden, die es gestattete, die Messung über den Schatten, den das Querholz warf, mit der Sonne im Rücken vorzunehmen; so wurde man nicht mehr von der Sonne geblendet.

Zeit und Entfernung

Das Ptolemäische Weltbild

Welcher Geograph des Altertums glaubte, die Erde sei der Mittelpunkt des Universums?

Ptolemäus lebte im 2. Jahrhundert v.Chr. in Ägypten und war der führende Geograph und Astronom seiner Zeit. Er glaubte, daß die Erde im Mittelpunkt des Universums stünde und Sonne, Mond und Planeten sie umkreisten. Niemand zweifelte ernsthaft an Ptolemäus' Vorstellung, bis Kopernikus im frühen 16. Jahrhundet nachwies, daß sie falsch war.

Wie führten die Karten des Ptolemäus spätere Entdecker in die Irre?

Ptolemäus versuchte, die Größe der Erde herauszufinden, indem er das Ausmaß der einzelnen Längengrade berechnete. Er behauptete, die Erde habe einen Umfang von 29 000 Kilometern, während es tatsächlich 40 000 Kilometer sind. Auf seiner Weltkarte zeichnete Ptolemäus Asien viel näher an Europa ein, als es wirklich ist. Es gab immer noch keine bessere Karte, als Christoph Kolumbus viele Jahrhunderte später 1492 von Spanien aus die Segel setzte, um eine neue, westliche Route nach Asien zu finden. Kolumbus hoffte auf eine kurze Reise und rechnete überhaupt nicht damit, Amerika zu entdecken.

Wer unterteilte die Welt in 360 Grade?

Als erster unterteilte der griechische Astronom Hipparchos (ca. 165-127 v.Chr.) die Erde in jene 360 Teile, die moderne Geographen *Grade* nennen. Diese Grade messen die *Länge*, die östliche und westliche Entfernung vom Nullmeridian (0°).

Wer zeichnete die ersten Landkarten, die unseren heutigen ähneln?

Derselbe Ptolemäus, der sich über das Universum so geirrt hatte, sah die Erde bemerkenswert richtig. Er zeichnete eine Weltkarte, auf der Norden oben und Osten rechts lag (genau wie heute). Er zeigte Breite und Länge und benutzte unterschiedliche Maßstäbe (um die dichter besiedelten Gebiete mehr im Detail darzustellen). Nach Hipparchos teilte er den Globus in Grade, die er wiederum in Minuten und Sekunden unterteilte.

Mit einem solchen Schiff überquerte Kolumbus den Atlantik.

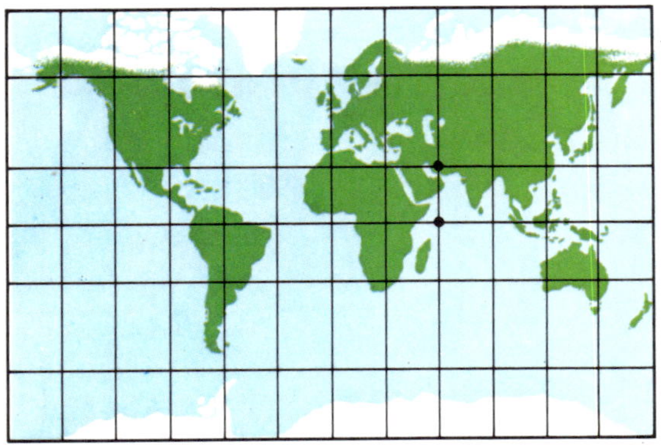

Mercatorprojektion

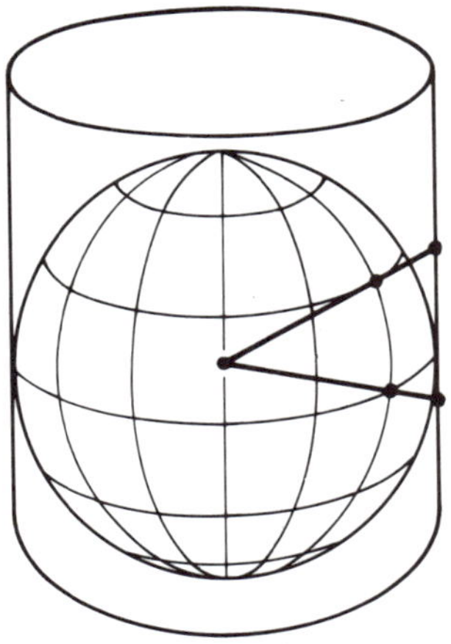

Zylinderprojektion

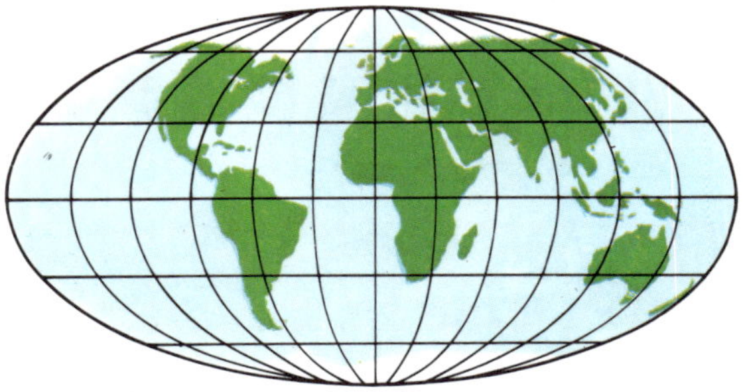

Sinusprojektion

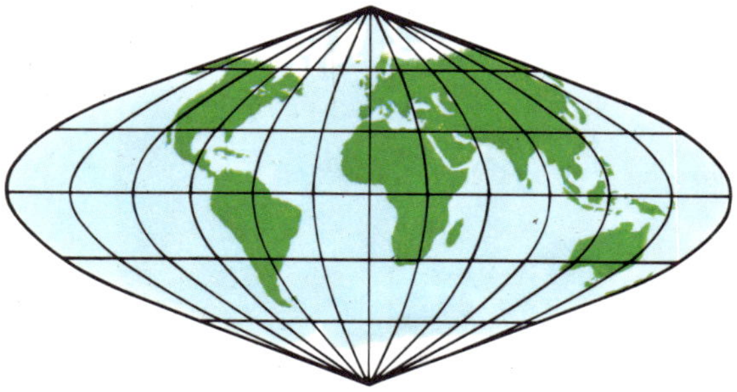

Kartenprojektionen

Warum ist eine flache Landkarte nie wirklich genau?

Eine Karte in einem Buch ist flach. Aber die Erde ist rund, und man kann ihre Oberfläche nicht exakt auf eine Fläche übertragen. Versuche einmal, eine Orange zu schälen und die Schalenstücke flach auf den Tisch zu legen, ohne daß sie brechen; es geht nicht. Jede Karte ist so gezeichnet, daß sie bestimmte Merkmale richtig wiedergibt (zum Beispiel den Flächeninhalt), andere aber (etwa die Umrisse) weniger genau abbildet. Das nennt man eine Projektion.

Warum gab es beim Reisen mit der Eisenbahn Schwierigkeiten mit der Zeitmessung?

Das Reisen mit der Eisenbahn begann in den 30er Jahren des 19. Jahrhunderts. Erstmals konnten die Menschen schneller reisen, als ein Pferd lief. Aber die Aufstellung der Fahrpläne machte Schwierigkeiten, da in den verschiedenen Landesteilen andere Uhrzeiten galten. In Großbritannien benutzte die berühmte *Great Western*-Eisenbahngesellschaft ihre eigene Eisenbahnzeit, und die Turmuhren entlang der Strecke zeigten manchmal beides, Ortszeit und Eisenbahnzeit.

Wann fing man an, in Greenwich-Zeit zu rechnen?

Im Jahre 1880 wurde die Eisenbahnzeit in Großbritannien zur Greenwich-Zeit. Das Observatorium in Greenwich war damals die größte Autorität der Welt, wenn es um Zeitrechnung ging, und 1884 kam man überein, die „Greenwich Mean Time" (GMT; deutsch: Mittlere Greenwich-Zeit MGZ) zum Standard für die Weltzeit zu machen.

Was ist der Nullmeridian?

Wenn du Greenwich besuchst, kannst du mit einem Fuß in der östlichen und dem anderen in der westlichen Hemisphäre (Erdhalbkugel) stehen. Der Greenwich-Meridian (0° westlicher oder östlicher Länge) wurde 1884 eingeführt. Frankreich wollte eigentlich, daß die Linie durch Paris verlief, aber Greenwich erhielt den Vorzug, weil es seit 1850 ein spezielles Teleskop für Navigationsbeobachtungen hatte. Der Königlich Britische Astronom Sir George Biddell Airy schlug vor, dieses Teleskop als Meridian zu nehmen. Seit 1884 läuft der Nullmeridian auf allen Landkarten durch Greenwich.

Warum müssen Flugreisende ihre Uhren verstellen?

Die Erde ist in 24 Zeitzonen unterteilt. Die Uhrzeit in einer Zone unterscheidet sich um jeweils eine Stunde von den angrenzenden Zonen. Östlich von Greenwich in England (wo die Mittlere Greenwich-Zeit gilt) ist es schon später, westlich von Greenwich ist es noch früher. Wenn es in Greenwich gerade Mittag schlägt, ist es in Deutschland bereits 13 Uhr. Hier gilt die Mitteleuropäische Zeit (MEZ), die von der Mittleren Greenwich-Zeit um eine Stunde abweicht. In New York dagegen ist es erst sieben Uhr früh (fünf Stunden früher als Greenwich) und in Moskau schon 15 Uhr nachmittags (drei Stunden später als Greenwich). Flugpassagiere, die nach Westen fliegen, müssen ihre Uhren bei der Landung also zurückstellen. Ostreisende müssen sie vorstellen.

Auf den Spuren der Vergangenheit

Wann wurde die Datierung „vor Christus" bzw. „nach Christus" eingeführt?

Es gibt viele verschiedene Systeme der Datierung. Die Moslems beginnen ihren Kalender mit der Flucht Mohammeds aus Mekka im Jahre 622 n. Chr. Der christliche Kalender, der inzwischen auf der ganzen Welt sehr verbreitet ist, beginnt mit Christi Geburt. Daten, die davor liegen, werden mit der Abkürzung *v. Chr.* (vor Christus) versehen. Spätere Daten erhalten die Abkürzung *n. Chr.* (nach Christus) oder A. D. (lateinisch für Anno Domini, im Jahr des Herrn). Die A. D.-Datierung empfahl der Mönch und Mathematiker Dionysius Exiguus im Jahr 525. Die Bezeichnung *v. Chr.* kam sehr viel später, nämlich im 17. Jahrhundert, auf.

Wer glaubte, daß die Erde weniger als 5000 Jahre alt sei?

Im 17. Jahrhundert glaubten noch viele Leute, man könne das Alter der Erde aus den Schilderungen und Familienstammbäumen der Bibel ableiten. Nach dieser Methode berechnete der Erzbischof James Ussher (1581-1656) das Jahr der Schöpfung auf 4004 v.Chr. Nicht einmal ein so großer Wissenschaftler wie Sir Isaac Newton konnte sich vorstellen, daß die Erde tatsächlich Millionen um Millionen von Jahren älter ist.

Wer unterteilte die Vorgeschichte in Steinzeit, Bronzezeit und Eisenzeit?

Das Interesse an prähistorischen Dingen, an der Vorgeschichte, entwickelte sich allmählich im 18. und 19. Jahrhundert. Die Leute begannen, Ruinen zu erforschen und alte Waffen, Kochtöpfe und Münzen auszugraben. Das war die Geburtsstunde der Archäologie. Ein dänischer Museumskurator namens Christian Thomsen wurde mit der Aufgabe betraut, ganze Berge von solchen Funden, die man Antiquitäten nannte, zu sortieren. Er ordnete sie zu Gruppen aus Steinobjekten, Bronzegegenständen und Stücken aus Eisen. Ihm kam der Gedanke, daß die Steinobjekte älter sein könnten als die anderen. 1836 schrieb Thomsen ein Buch über seine Arbeit, in dem er vermutete, daß es drei Zeitalter der Vorgeschichte gegeben habe – die Steinzeit, die Bronzezeit und die Eisenzeit.

Wie datieren moderne Archäologen ihre Funde?

Die heutigen Archäologen legen die Vergangenheit Schicht für Schicht frei. Die Funde können mittels der Radiokarbon-Methode datiert werden (indem man den Anteil radioaktiver Kohle mißt, der in Kohle, Holz oder Tierknochen noch vorhanden ist). Das Studium der Altersringe von Baumholz hilft auch oft weiter; besonders geeignet ist das Holz der Borstenkiefer in Kalifornien. Sie ist das älteste Lebewesen überhaupt und wird bis zu 4600 Jahre alt. Mit der Baumring-Datierung hat man schon oft Irrtümer der Radiokarbon-Methode korrigieren können.

Welches sind die größten Schätze, die Archäologen bisher entdeckt haben?

Seit Heinrich Schliemann um 1870 die antike Stadt Troja entdeckte, sind viele wertvolle Funde gemacht worden. 1899 entdeckte Arthur Evans die minoische Kultur auf der Insel Kreta. 1922 drangen Lord Carnarvon und Howard Carter in die noch unberührte Grabkammer des ägyptischen Königs Tut-ench-Amun ein. Das Grab des chinesischen Kaisers Qin Shihuangdi ist schon lange bekannt. Aber erst 1979 wurde von chinesischen Archäologen 1225 m östlich des kaiserlichen Grabhügels eine Armee von 6000 lebensgroßen Terrakotta-Kriegern ausgegraben, von denen keine zwei sich gleichen.

Die Terrakotta-Krieger des Ersten Kaisers Qin

Raum und Zeit

Wieso erbrachte die Suche nach dem Äther neue Erkenntnisse über das Licht?

Schon seit 1800 fragten sich die Wissenschaftler, ob die Lichtstrahlen sich durch einen geheimnisvollen Äther im Weltraum ausbreiten – genau wie sich der Schall durch Luft bewegt. Zwei amerikanische Wissenschaftler, Albert Michelson und Edward Morley, führten 1881 ein Experiment durch, um den Äther mit Hilfe von Teleskopen und Spiegeln zu entdecken. Sie wollten feststellen, ob der Äther die Lichtstrahlen abbremste, während sich die Erde durch den Weltraum bewegte. Ihr Experiment zeitgte, daß kein Äther existierte. Es enthüllte aber eine unerwartete Tatsache: Die Geschwindigkeit des Lichts ist immer gleich.

Wer gab den Menschen einen ganz neuen Begriff der Zeit?

Albert Einstein (1879-1955) war der größte wissenschaftliche Denker der Neuzeit. Einstein überlegte sich, daß für Objekte, die sich sehr schnell bewegen, die Zeit anders vergeht als zum Beispiel für jemanden, der stillsteht. Zuvor hatten es die Leute mit Isaac Newton gehalten (der glaubte, der Ablauf der Zeit könne sich nie verändern) oder mit anderen Denkern, wie Immanuel Kant im späten 18. Jahrhundert (der glaubte, daß Zeit nur in unseren Köpfen existiere). Einstein erklärte die Ergebnisse des Michelson-Morley-Experiments (siehe vorhergehende Frage): Es war nicht die Geschwindigkeit des Lichts, die sich veränderte, sondern die Zeit selbst.

Was ist relative Bewegung?

Stell dir vor, daß zwei Raumschiffe aufeinander zu fliegen. Jedes fliegt mit 20 000 Kilometern pro Stunde (km/h). Die Geschwindigkeit, mit der sie sich einander *relativ* nähern, ist doppelt so hoch: 40 000 km/h. Wenn aber ein Wissenschaftler auf der Erde und ein anderer auf einem der dahinrasenden Raumschiffe die Geschwindigkeit des Lichts mäßen, das sie von der Sonne erreicht, kämen sie beide zum selben Resultat: etwa 300 000 Kilometer pro Sekunde. Dieses Beispiel erläutert zwei zentrale Punkte von Einsteins *Relativitätstheorie:* Zum einen ist alle Bewegung relativ; zum zweiten bleibt die Lichtgeschwindigkeit immer konstant.

Kann irgend etwas schneller fliegen als das Licht?

Einstein veröffentlichte seine *Spezielle Relativitätstheorie* 1905. Er glaubte, daß Ausdehnung, Masse und Zeit alle von der Bewegung beeinflußt würden; er dachte auch, daß nichts schneller fliegen könne als Licht. In der Nähe der Lichtgeschwindigkeit würde die Masse unendlich groß werden, jede Ausdehnung würde gegen Null gehen und die Zeit beinahe zum Stillstand kommen.

Warum könnten zukünftige Raumfahrer bei ihrer Rückkehr ihre Kinder älter antreffen, als sie selbst sind?

Je schneller sich ein Objekt bewegt, desto langsamer vergeht darin die Zeit. Wenn zukünftige Astronauten mit viel höheren Geschwindigkeiten, als heute möglich sind, zu fernen Sternen reisen, könnten sehr merkwürdige Dinge geschehen. Eine fünfundzwanzigjährige Astronautin, die beim Abflug ihre dreijährige Tochter zurückließe, wäre bei der Rückkehr erst 35 Jahre alt, ihre Tochter aber schon 43!

Welches sind die genauesten je gebauten Uhren?

Am genauesten messen Atomuhren die Zeit. Sie beruhen auf der Schwingungsrate bestimmter Atome oder Moleküle. Die meisten Atomuhren nutzen die Schwingungen des Cäsium-Atoms zur Steuerung von Quarzkristallen. Einige wissenschaftliche Uhren gehen in einer Million Jahren nur eine einzige Sekunde falsch.

Alle Bewegung ist relativ.

Astronomie

Wie belegte eine Sonnenfinsternis eine von Einsteins Theorien?

In seiner Allgemeinen Relativitätstheorie von 1916 untersuchte Einstein die Wirkung von Beschleunigung und Schwerkraft. Er vermutete, daß Licht nicht nur gebrochen wurde, wenn es verschiedene Medien durchlief, sondern auch durch Gravitation. 1919 gab es eine Sonnenfinsternis. Die Beobachter sahen, wie die Sterne nahe der Sonne ihre Position zu verändern schienen. Das Sternenlicht wurde von der Gravitation der Sonne abgelenkt. Einstein hatte recht behalten.

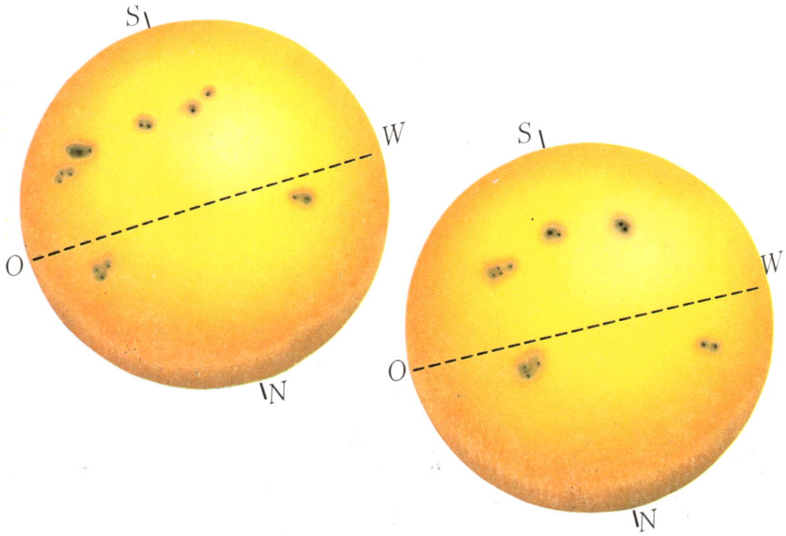

Diese Abbildungen zeigen die Bewegung der Sonnenflecken im Abstand von zwei Tagen.

Warum trauten die Astronomen des Mittelalters ihren Augen nicht, wenn sie Sonnenflecken sahen?

Sonnenflecken, die einfach wie dunklere Stellen aussehen, tauchen gelegentlich auf der Sonnenoberfläche auf und verschwinden dann wieder. Man kann sie mit bloßem Auge erkennen, und chinesische Astronomen beobachteten sie schon um 300 v. Chr. Die europäischen Astronomen wußten nicht, was sie von den Sonnenflecken halten sollten. Da sie glaubten, die Sonne sei eine perfekte Kugel, wollten sie nicht wahrhaben, daß es auf ihrer Oberfläche Unregelmäßigkeiten gab. (SCHAU NIEMALS MIT BLOSSEM AUGE DIREKT IN DIE SONNE. Das Sonnenlicht ist so stark, daß es deine Augen schädigt.)

Warum lösten Kopernikus' Ideen eine hitzige Debatte aus?

Der polnische Astronom Nikolaus Kopernikus veröffentlichte 1543 ein Buch, das die Vorstellungen vieler Leute vom Universum auf den Kopf stellte. Kopernikus behauptete, daß Ptolemäus' Theorie, die Erde sei der Mittelpunkt des Universums, nicht stimme. Andere griechische Wissenschaftler hatten vermutet, daß die Erde sich um die Sonne drehe, und Kopernikus stimmte mit ihnen überein. In seinem Buch zeigte Kopernikus ein Schaubild des Sonnensystems mit der Sonne im Zentrum und mit den fünf damals bekannten Planeten, die sie umkreisten. Weiter außen, in einem weiteren Ring, waren die Sterne. Viele Menschen erzürnten sich über diese neuen Ideen, weil sie die Bedeutung der Erde und der Menschheit im Universum herabzusetzen schienen.

Wer verursachte eine Sensation, als er einen neuen Stern entdeckte?

Im Jahr 1572 macht der dänische Astronom Tycho Brahe einen Stern aus, den er nie zuvor gesehen hatte. Er beobachtete ihn achtzehn Monate lang und sah deutlich, wie er Helligkeit und Farbe veränderte. Da er glaubte, einen neuen Stern zu sehen, nannte Tycho ihn Nova. Unter den zeitgenössischen Wissenschaftlern nahm man jedoch allgemein an, daß die Sterne fest an ihrem Platz standen und sich seit der Erschaffung der Welt dort befanden. Das Auftauchen von Tychos Nova zwang die Leute zu der Erkenntnis, daß sich das Weltall in Wirklichkeit ständig verändert.

Tycho Brahe

Was ist eine Supernova?

Tycho Brahes Nova war tatsächlich kein neuer Stern, sondern ein sehr alter, der plötzlich explodierte und viel heller wurde. Solche Sterne nennt man Supernovas, und in unserer eigenen Galaxis, der Milchstraße, haben wir bisher nur drei davon beobachten können. Die erste bemerkten chinesische Astronomen im Jahr 1054, die nächste Tycho Brahe 1572, und eine weitere sah Johannes Kepler 1604.

Wer benutzte erstmals ein Teleskop zum Studium des Firmaments?

Der italienische Wissenschaftler Galileo Galilei hörte von der Erfindung des Teleskops und baute sich gegen 1610 selbst eines. Mit diesem Teleskop entdeckte Galilei ein Universum, das weit größer war, als irgend jemand es sich bis dahin hatte vorstellen können. Er konnte „zehnmal so viele Sterne" sehen. Er entdeckte vier der Jupitermonde. Als er das Teleskop auf unseren eigenen Mond richtete, erkannte er, daß er eine mit Kratern übersäte Oberfläche hatte.

Wer glaubte, daß der Mond bewohnt wäre?

Johannes Kepler (1571-1630) bewies als erster Wissenschaftler, daß sich die Planeten nicht in Kreisen um die Sonne bewegen, sondern auf ovalen oder elliptischen Umlaufbahnen. Als er von Galileis Entdeckungen hörte, behauptete er, daß die Krater auf dem Mond ringförmige Stadtmauern der Mondbewohner seien. Kepler glaubte, daß die Mondbewohner Riesen wären, 19mal größer als Menschen!

Wer nahm die ersten Fotografien des Mondes auf?

John Draper, ein Amerikaner, machte 1840 die ersten Fotografien des Mondes. Das war kurz nach der Erfindung der Fotografie. Heute beobachten Astronomen entfernte Sterne mit Hilfe von Computern und elektronischen Kameras. Wenn man eine fotografische Platte mehrere Stunden lang belichtet, kann sie einen entfernten Stern aufnehmen, dessen Licht zu schwach ist, um selbst mit dem stärksten optischen Teleskop wahrgenommen zu werden.

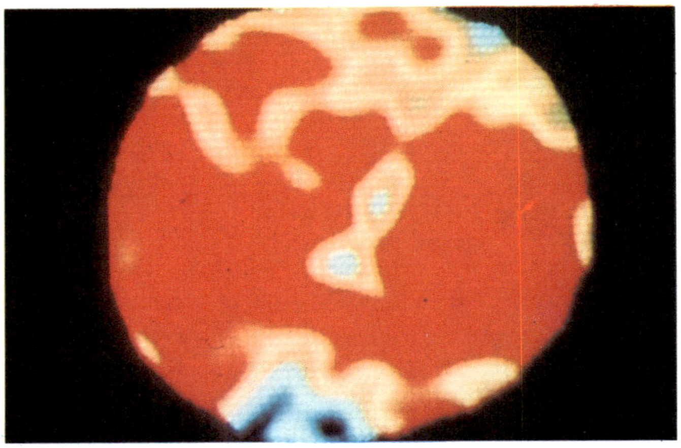

Computerbearbeitetes Bild der Sonne.

Was sind Lichtjahre und Parsecs?

Der Weltraum ist so grenzenlos, daß gewöhnliche Maßeinheiten wie der Kilometer von geringem Nutzen sind. Die Wissenschaftler messen das Universum in Lichtjahren und Parsecs. Ein Lichtjahr ist die Entfernung, die das Licht in einem Jahr zurücklegt: etwa 10 Billionen Kilometer. Ein Lichtjahr entspricht rund 3,25 Parsecs (ein Parsec ist gleich 3 x 10^{13} Kilometer).

Welcher Stern steht der Erde am nächsten?

Der Stern Proxima Centauri liegt uns mit einer Entfernung von 4,2 Lichtjahren am nächsten. Dann kommen Alpha Centauri (4,3 Lichtjahre) und Barnards Stern (6 Lichtjahre).

Innenansicht eines großen Teleskops

Warum sehen die Astronomen in die Vergangenheit, wenn sie die Sterne beobachten?

Das Licht, das uns erreicht, braucht von den nächstgelegenen Sternen aus Jahre, um die riesigen Entfernungen zu überbrücken. Der nächste Stern ist mehr als vier Lichtjahre entfernt, also braucht sein Licht vier Jahre, um zur Erde zu gelangen. Das heißt, wir sehen den Stern so, wie er vor vier Jahren ausgesehen hat. Andere Sterne sind Millionen von Lichtjahren weit weg. Wenn die Astronomen deren Licht untersuchen, sehen sie sie in der Form, wie sie vor Millionen von Jahren waren.

Was sind Asteroiden?

Asteroiden sind kleinere Planeten, die die Sonne zwischen den Umlaufbahnen von Mars und Jupiter umkreisen. Der größte heißt Ceres und wurde 1801 entdeckt. Er mißt etwa 1000 Kilometer im Durchmesser. Die meisten Asteroiden sind wesentlich kleiner.

Kann man zu den Sternen fliegen?

Die Sterne sind so weit weg, daß Reisen zu ihnen nicht in Frage kommen – jedenfalls nicht in absehbarer Zeit. Das schnellste bisher gebaute Raumschiff würde mehr als 150 000 Jahre brauchen, um den nächsten Stern zu erreichen.

Was ist ein Roter Riese?

Die Oberflächentemperatur der Sonne liegt bei etwa 5600° C. Die Sonne ist, was ihre Helligkeit und Größe anbelangt, ein Durchschnittsstern. In Tausenden von Millionen Jahren wird sie sich aufblähen und zu einem *Roten Riesen* mit ungefähr dem Hundertfachen ihres jetzigen Durchmessers werden. Auf der Erde ist dann kein Leben mehr möglich. Mit der Zeit wird der Rote Riese schrumpfen und zu einem sehr kleinen, sehr dichten Stern werden, den man *Weißen Zwerg* nennt. Während die Sonne langsam stirbt, wird sie nach und nach abkühlen und unsichtbar werden.

Wie alt ist das Universum?

Das Universum ist etwa 13 Milliarden Jahre alt, wahrscheinlich sogar älter. Die Wissenschaftler berechnen das Alter anhand der Geschwindigkeit, mit der entfernte Sterne sich seit der Entstehung des Universums abgekühlt haben. Neuerdings glauben einige Forscher, daß sich die Sterne langsamer abkühlen, so daß das Universum vielleicht noch viel älter ist, als man ursprünglich annahm.

Wie entstand das Universum?

Die meisten Wissenschaftler glauben heute, daß das Universum in einer gigantischen Explosion entstanden ist, die sie *Urknall* nennen. Die Explosion schleuderte die gesamte Masse des Universums in alle Richtungen auseinander, und seitdem hat das Weltall nicht aufgehört, sich auszudehnen. Radioastronomen können eine Strahlung empfangen, die anscheinend nicht von einer bestimmten Quelle ausgeht, sondern das ganze Weltall durchzieht. Sie glauben, daß diese Strahlung ein Überbleibsel des Urknalls ist.

Wie weit entfernt ist der Andromedanebel?

Der große Spiralnebel namens Andromeda ist als schwache Wolke am Himmel wahrnehmbar. Es ist ein Spiralnebel, genau wie unsere eigene Milchstraße, und besteht aus Millionen von Sternen. Andromeda ist 2,2 Millionen Lichtjahre weit weg und das entfernteste Objekt, das von der Erde aus mit bloßen Augen sichtbar ist.

Wo in der Galaxie befinden wir uns?

Die Sonne ist nur einer von Millionen Sternen, aus denen die Milchstraße besteht. Die Galaxie erstreckt sich wie eine milchige Wolke über den Nachthimmel. Früher einmal dachten die Menschen, das sei der Pfad, der in den Himmel führe. Wenn du dir die Galaxie als Rad vorstellst, das mit der Nabe in der Mitte auf der Seite liegt, dann liegt die Sonne ungefähr bei zwei Drittel der Entfernung zum Rand. Die ganze Galaxie hat einen Durchmesser von 100 000 Lichtjahren und dreht sich im Weltraum.

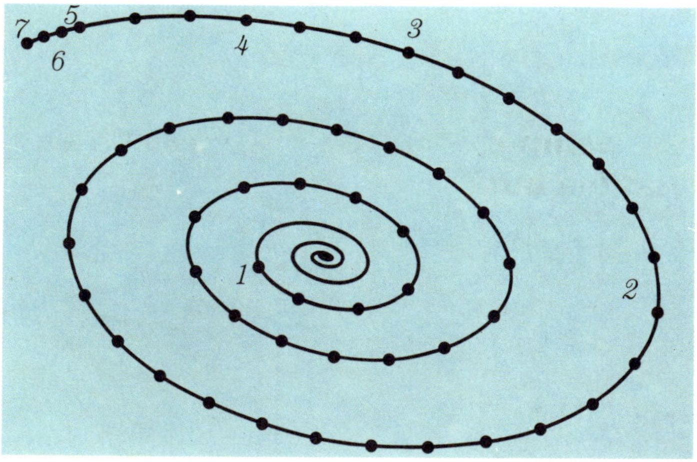

Das Alter des Universums: 1. 10-35 Sekunden nach dem Urknall; 2. 100 Sekunden später bildet sich Helium; 3. nach 10 000 Jahren gibt es die erste Materie; 4. 100 000 Jahre: Sterne entstehen; 5. Eine Milliarde Jahre: die Erde wird geboren; 6. 10 Milliarden Jahre: erstes Leben auf der Erde; 7. Der Mensch taucht auf.

Wie viele Sterne gibt es?

Es gibt einfach zu viele Sterne, als daß man sie zählen könnte. Im Universum sind Milliarden und Abermilliarden von Sternen, und die Wissenschaftler haben bis jetzt keine Grenze für die Größe des Weltalls feststellen können. Unsere eigene Galaxie, die Milchstraße, enthält 100 000 Millionen Sterne. Es gibt aber noch viel, viel größere Galaxien.

DIE ERDE

Woher stammt die Erde?

Früher dachte man, die Erde und die Planeten seien aus der Sonne hervorgegangen. Heute sind sich die meisten Wissenschaftler einig, daß Sonne und Planeten, einschließlich der Erde, gleichzeitig entstanden sind. Eine wirbelnde Staub- und Gaswolke sammelte sich im Raum und wurde unter der eigenen Schwerkraft immer dichter. Der größte Teil der Wolke wurde zu unserer Sonne, aus dem Rest bildeten sich die Planeten.

Woraus besteht die Erde?

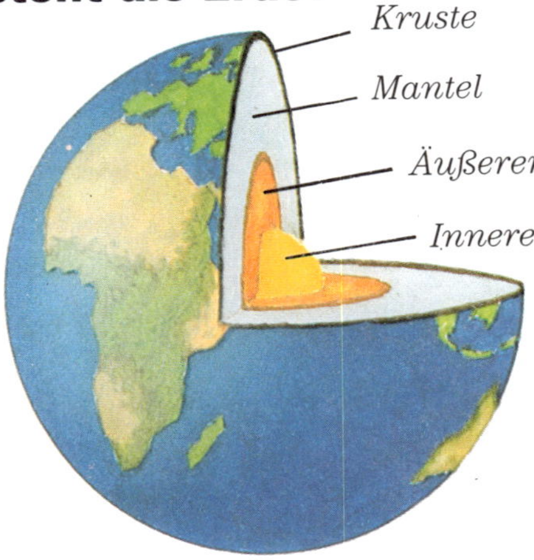

Die äußerste Schicht der Erde besteht aus einer dünnen Gesteinskruste mit einer Tiefe von bis zu 50 Kilometern. Unter der Kruste liegt heißes, teilweise geschmolzenes Gestein. Dies ist der *Mantel,* der beinahe 2900 Kilometer dick ist. Dann kommt der äußere Kern aus flüssigen Metallen und schließlich ein fester innerer Kern aus Metall, möglicherweise Eisen und Nickel.

Wo ist die Lithosphäre?

Lithosphäre ist eine andere Bezeichnung für die Erdkruste. Manchmal schließt der Begriff auch Mantel und Kern mit ein.

Wie alt ist die Erde?

Die Erde ist ungefähr 4,6 Milliarden Jahre alt. Die Forscher haben das ausgerechnet, indem sie das Gestein von Meteoriten untersuchten, die aus dem Weltraum auf die Erde gestürzt sind. Meteoriten sind Felsbrocken, die zur gleichen Zeit entstanden sind wie die Erde. Die Wissenschaftler haben das Erdalter auch aus der Zeit errechnet, nach der das radioaktive Metall Uran in Blei zerfällt (siehe Seite 9).

Ist die Erde eine vollkommene Kugel?

Die alten Griechen und Chinesen glaubten, daß die Erde rund sei. Ein Beobachter, der einen Schiffsmast am Horizont auftauchen sah, bevor er den Rumpf sehen konnte, mußte zu dem Schluß kommen, daß die Erde rund sei, um zu erklären, was er sah. Tatsächlich ist die Erde nicht kugelrund, sondern wegen der Geschwindigkeit, mit der sie sich dreht, an den Polen leicht abgeplattet.

Was hält die Erde an Ort und Stelle?

Wie die anderen Planeten wird auch die Erde auf einer Umlaufbahn um die Sonne festgehalten. Die Kraft, die die Erde dort hält, ist die Anziehungskraft der Sonne.

War ein Tag auf der Erde immer 24 Stunden lang?

Die Erde dreht sich in knapp 24 Stunden einmal um die eigene Achse. Während sie sich dreht, ist auf der der Sonne zugewandten Seite Tag, auf der anderen Hälfte der Erde ist zu dieser Zeit Nacht. Die Geschwindigkeit, mit der die Erde rotiert, hat sich nach und nach verlangsamt. Vor 400 Millionen Jahren dauerte ein Tag auf der Erde noch 22 Stunden, weil die Erde sich in nur 22 Stunden um die eigene Achse drehte.

Warum gibt es Sommer und Winter?

Die vier Jahreszeiten – Frühling, Sommer, Herbst und Winter – entstehen durch die Neigung der Erdachse (die gedachte Linie, die durch Nord- und Südpol verläuft). Während die Erde sich um die Sonne dreht, ist auf dem der Sonne zugeneigten Teil Sommer; auf dem Teil, der sich von der Sonne wegneigt, ist Winter. Am Ende des Jahres, oder nach 365 Tagen, hat die Erde eine Umlaufbahn um die Sonne beendet.

Liegen die Magnetpole der Erde immer am selben Ort?

Heute befindet sich der magnetische Nordpol der Erde in Nordkanada. In der Vergangenheit lag er aber schon an ganz anderen Stellen. Der magnetische Südpol, der jetzt in der Antarktis liegt, war vor 450 Millionen Jahren in der Sahara. Die magnetischen Pole weichen nie sehr weit von den geographischen Nord- und Südpolen ab.

Die Jahreszeiten

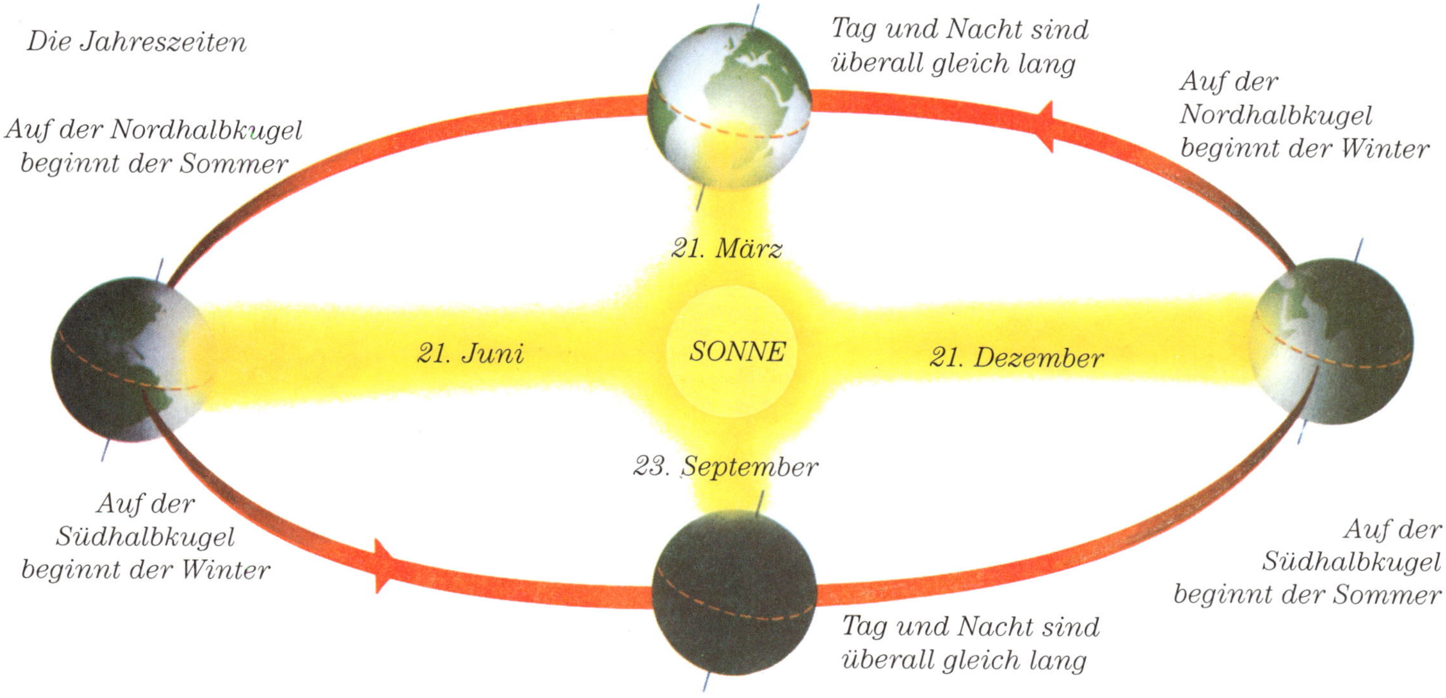

Sind Nord- und Südpol dasselbe wie die magnetischen Pole der Erde?

Die Erde ist ein riesiger Magnet mit Nord- und Südpolen. Sie liegen in der Nähe der geographischen Pole, decken sich aber nicht mit ihnen.

Wer hat als erster die Erde vermessen?

Der griechische Forscher Eratosthenes errechnete den Umfang der Erde im dritten Jahrhundert v. Chr. Das tat er, indem er den Einfallswinkel der Sonnenstrahlen an verschiedenen Stellen in einiger Entfernung voneinander maß. Mittels der Geometrie rechnete er dann den Erdumfang fast exakt aus. Er sagte, es seien 252 000 Stadien (46 620 Kilometer). Der heutige Wert lautet 40 091 Kilometer am Äquator.

Die magnetischen Pole wandern und stimmen nicht mit den geographischen Polen überein.

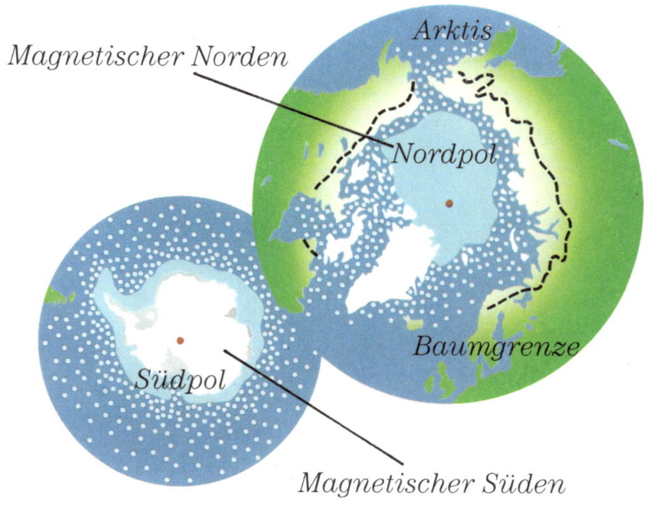

Hat es auf der Erde immer sieben Kontinente gegeben?

Alle sieben Kontinente der Erde, wie wir sie heute kennen – Afrika, Asien, Antarktis, Australien, Europa, Nord- und Südamerika –, waren einst Teile des gewaltigen Superkontinents *Pangäa*. Pangäa existierte vor mehr als 200 Millionen Jahren und ist aus zusammenstoßenden, kleineren Landmassen entstanden. Vor etwa 100 Millionen Jahren begann Pangäa wieder auseinanderzubrechen und formte das heutige Antlitz der Erde. Wenn du eine Weltkarte betrachtest, kannst du sehen, wo die Kontinente früher vielleicht zusammenhingen.

Die Welt heute

Vor 100 Millionen Jahren

Vor 200 Millionen Jahren

Was ist die Biosphäre?

Die Biosphäre ist die „Haut" der Erde aus fruchtbarem Boden, Wasser und Luft. Darin leben alle Tiere und Pflanzen des Planeten. Kein anderer Planet im Sonnensystem hat eine Biosphäre.

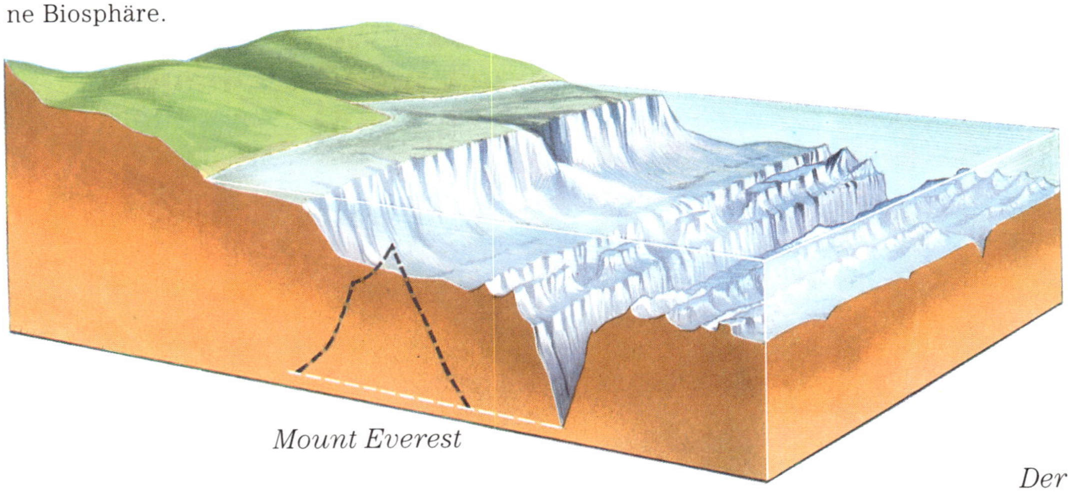

Mount Everest

Der Meeresgrund

Wie können sich die Kontinente bewegen?

Die Erdkruste besteht aus einer Anzahl voneinander getrennter, gekrümmter Platten. Die Platten treiben wie gigantische Flöße auf einer dickflüssigen Masse aus geschmolzenem Gestein. Hitze aus dem Erdinneren verursacht Strömungen in dieser zähen Masse, und dadurch bewegen sich die Platten. Wenn die Platten sich bewegen, tun das auch die Kontinente, die auf ihnen ruhen.

Wächst der Mount Everest noch?

An einigen Stellen stoßen Stücke der kontinentalen Kruste zusammen, und eine Platte schiebt die andere nach oben. Der indische Subkontinent war einmal vom übrigen Asien getrennt. Dann wurde er nach Norden gedrückt und stieß mit Asien zusammen. Die Gewalt dieses Zusammenstoßes türmte das Gestein zu Bergen auf. So bildete sich das Himalayagebirge. Weil sich die Bewegung immer noch fortsetzt, wächst der Himalaya weiterhin langsam und stetig, und der Mount Everest wird immer höher.

Was ist älter: Land oder Meer?

Das Gestein der Kontinente ist etwa 3,8 Milliarden Jahre alt. Das älteste Gestein des Seebetts ist aber viel jünger, nämlich weniger als 200 Millionen Jahre. Das jüngste Gestein findet man in der Nähe von unterseeischen Rücken, wo ständig neue Kruste aus dem Erdinneren hochgedrückt wird.

Wo ist der tiefste Punkt des Meeres?

Die Erdkruste ist am Meeresboden ständig in Bewegung. Im Pazifik verschwindet die Kruste in tiefen Gräben am Rande der Meere. Im Atlantik gibt es keine vergleichbaren Gräben. Der tiefste Graben der Erde ist der Marianengraben im westlichen Pazifik, der 10 924 Meter tief ist, mehr als genug, um den Mount Everest zu verschlucken.

Was verursacht Erdbeben und Vulkanausbrüche?

Fast alle großen Erdbeben entstehen entlang der Ränder der Platten, aus denen sich die Erdkruste zusammensetzt, wenn sich eine Platte unter die andere schiebt oder an dieser vorbeischrammt. Aktive Vulkane findet man an Stellen, wo frische ozeanische Kruste von tief im Erdinneren hochgepreßt wird, wie beispielsweise in Island.

Warum bricht ein Vulkan aus?

Ein Vulkan ist ein Schlot oder Loch in der Erdkruste. Durch den Schlot strömt heißes, flüssiges Gestein an die Oberfläche. Ein Vulkan funktioniert wie ein Sicherheitsventil, das den Überdruck abbaut, der weiter unten im Erdinneren entstanden ist. Es gibt rund 850 aktive Vulkane (die ausbrechen könnten und vielleicht Dampf ausstoßen oder grollende Geräusche verursachen). Andere Vulkane stuft man als ruhend oder erloschen ein.

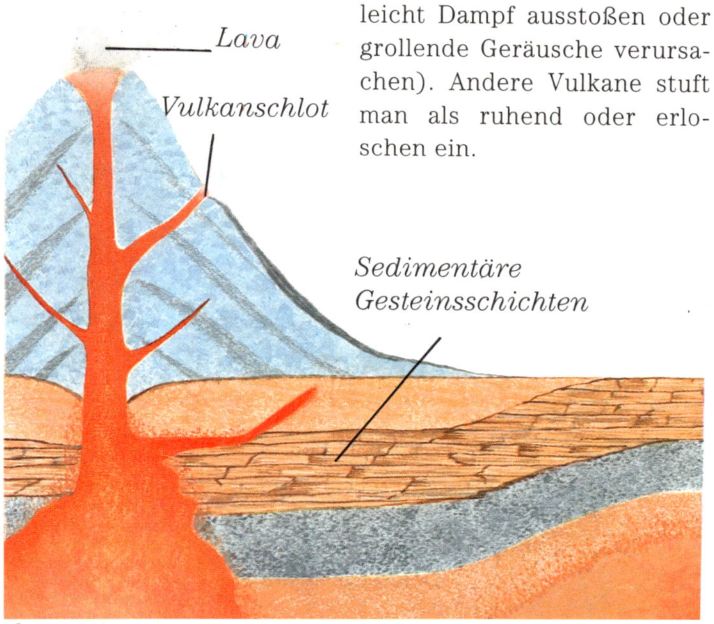

Querschnitt eines Vulkans

Was mißt man mit der Richter-Skala?

Die Richter-Skala (nach dem Wissenschaftler J.C. Richter) wird zum Vergleich der Stärke von Erdbeben eingesetzt. Ein Erdbeben ist eine plötzliche Bewegung oder ein Bruch der Erdkruste, verursacht durch Spannungen, die sich im Gestein aufbauen. Sie verursachen Erdstöße oder Beben. Die Richter-Skala beginnt bei 0 und ist nach oben offen. Auf Stufe 2 spürt ein Mensch das Zittern der Erde. Bei 6 stürzen schon Häuser ein. Das stärkste jemals registrierte Erdbeben hatte eine Stärke von 8,9 auf der Richter-Skala.

Was sind Magma und Lava?

Im Inneren der Erde heißt das flüssige Gestein Magma. Wenn es bei einem Vulkanausbruch an die Oberfläche strömt, nennt man es Lava. Flüssige Lava ist fast weißglühend und erreicht Temperaturen von 1200 °C. An der Oberfläche kühlt sie aus und erhärtet.

Warum spucken Geysire heißes Wasser und Dampf aus?

Geysire findet man in Gegenden, in denen es auch vulkanische Aktivität gibt, beispielsweise in Island. Heißes vulkanisches Gestein nahe der Erdoberfläche heizt das Wasser auf und läßt warme Quellen entstehen. Wenn größere Wassermengen tief unten heiß genug werden, um zu verdampfen, drücken sie die höheren Wasserschichten zur Oberfläche, wo es in Geysiren oder Speiern austritt. Geysire können mit großer Gewalt ausbrechen. Der Old Faithful, ein berühmter Geysir im Yellowstone Nationalpark in den USA, bricht stündlich etwa fünf Minuten lang aus.

Geysir

Wie kann es sein, daß man auf einem Fischerboot eine Welle gar nicht spürt, die an Land ganze Häuser zerschmettern kann?

Tsunamis (der Name ist japanisch) sind gigantische Meereswellen, die durch Bewegung des Seebodens, etwa durch ein schweres Erdbeben, entstehen. Tsunamis treten vor allem im Pazifik auf. Die Wellenkämme können Hunderte von Kilometern auseinanderliegen und sich sehr schnell fortpflanzen (bis zu 800 km/h). Aber auf offener See sind die Wellen nicht hoch genug, um auch nur ein kleines Boot zu stören. Erst wenn ein Tsunami in seichteres Wasser eintritt, wachsen seine Wellen zu enormer Höhe. Am Ufer kann er große Verwüstungen anrichten.

Die Gesteine

Woraus besteht das Gestein der Erde?

Die Erdkruste besteht aus Felsgestein. Felsen sind feste Zusammenballungen von Mineralen (chemischen Substanzen, die Kristalle bilden). In Granit zum Beispiel findet man die Minerale Quarz, Feldspat und Glimmer.

Wie wird Schlamm zu Felsen?

Sedimentgestein formt sich aus Sedimenten (Ablagerungen von Schlamm und Sand), die von den Flüssen in Seen und Meere geschwemmt werden. Auch Muschelschalen, Überreste von Tieren und Minerale können Teil des Sediments sein. Diese Mixtur verhärtet nach und nach zu Gestein, während sie unter immer neuen Sedimentschichten begraben wird. Die meisten Sedimentgesteine setzen sich daher aus Fragmenten älterer Gesteine zusammen, die den Schlamm und Sand der Sedimente bilden. Kreide, eine Form des Kalksteins, ist ein Sedimentgestein, das vor Millionen von Jahren hauptsächlich aus den Skeletten von Seegetier entstanden ist.

Der Giant's Causeway in Irland besteht aus Tausenden von sechseckigen Felsen.

Was ist metamorphes Gestein?

Metamorphose heißt „Verwandlung“, und metamorphes Gestein entsteht, wenn vorhandene Felsen durch Hitze, Druck oder chemische Einflüsse verändert werden. Einige Felsen werden zum Beispiel durch flüssiges Magma erhitzt, das zwischen ihnen hindurchfließt. Das Gestein unter Bergen wird von nach oben schiebenden Kräften starkem Druck ausgesetzt. Ein Beispiel für metamorphes Gestein ist Marmor, der aus Kalkstein entsteht, wenn er tief in der Erde Druck und starker Hitze ausgesetzt ist.

Kreidefelsen

Warum bekommen Felsen Risse?

Das Gestein wird von den enorm starken Bewegungen in der Erdkruste gepreßt und aufgefaltet. Risse oder Spalten entstehen im Felsgestein unter Druck oder beim Abkühlen. Wenn sich der Fels auf einer Seite der Spalte verschiebt, entsteht ein Bruch. Zu Erdbeben kommt es, wenn sich das Gestein auf einer Seite eines Bruches plötzlich bewegt. Beim großen Erdbeben von San Francisco im Jahre 1906 verschob sich die San-Andreas-Spalte an einer Stelle um sechs Meter.

Wann entstand die Kohle?

Kohle besteht aus den Überresten lange abgestorbener Pflanzen. Die älteste Kohle, die wir heute abbauen, bildete sich vor 345 bis 225 Millionen Jahren aus sumpfigen Wäldern. Die verrottende Vegetation wurde begraben und formte Kohleschichten oder -adern.

Wasser und Eis

Wieviel Erdoberfläche ist von Wasser bedeckt?

Die gesamte Oberfläche der Erde mißt 510 065 600 Quadratkilometer. Davon sind knapp 71 Prozent von Wasser bedeckt.

Wieviel Wasser der Erde ist zu Eis gefroren?

Etwa 2,5 Prozent des gesamten Wassers auf der Erde ist ständig gefroren. Eisdecken liegen über etwa 10,5 Prozent der Landfläche der Erde.

Wie dick ist das Eis am Südpol?

Neun Zehntel allen Eises der Welt liegt über dem südlichen Kontinent Antarktis. Um den Südpol herum ist die Eisdecke massiv und durchschnittlich 2000 Meter dick. An der dicksten Stelle ist das Polareis mehr als 4800 Meter dick (genug, um den Gipfel des Montblanc zu bedecken, den höchsten Berg Europas.).

Was ist ein Gletscher?

Ein Gletscher ist ein Fluß aus Eis, der sich bewegt. Gletscher findet man in den Polargebieten und hoch in den Bergen, wo im Winter mehr Schnee fällt, als im Sommer abtauen und verdunsten kann. Die Eismasse kriecht langsam bergab. Wenn ein Gletscher das Meer erreicht, brechen riesige Eisbrocken ab und werden zu schwimmenden Eisbergen. Man sagt dann, daß der Gletscher kalbt.

Der Pazifische Ozean bedeckt fast den halben Globus.

Welcher Gletscher endet in einem subtropischen Wald?

Das ist der Franz-Josef-Gletscher in den Südlichen Alpen von Neuseeland. Er erstreckt sich vom Mount Cook bis in einen warmen, grünen Farnwald, wo er schmilzt. Es gibt auch Gletscher im tropischen Afrika und in Südamerika; sie befinden sich in so hohen Gebirgen, daß dort ganzjährig Schnee liegt.

Wie schnell fließt ein Gletscher?

Ein Gletscher bewegt sich an der Oberfläche schneller als am Grund. Normalerweise kriecht er nicht mehr als zwei Meter pro Tag. Der Quaraya-Gletscher in Grönland gilt allgemein als der schnellste der Welt und fließt jeden Tag 24 Meter weit. Aber es gibt noch andere Gletscher, die plötzlich ausbrechen und dann bis zu 120 Meter am Tag vorwärtsdrängen. Diese Bewegungswellen können ein ganzes Jahr andauern, und dann ruht der Gletscher wieder bis zu 100 Jahre lang.

Gletscher

War die Erde jemals völlig eisfrei?

Während ihrer Geschichte hat die Erde warme und kalte Perioden erlebt. In den Kälteperioden, den sogenannten Eiszeiten, war ein großer Teil der Erdoberfläche von Schnee und Eis bedeckt. Zu anderen Zeiten war der Planet allerdings wesentlich wärmer. Sogar in der Antarktis wuchsen einmal Bäume. Aber wenn sie die Spuren untersuchen, die das prähistorische Eis auf altem Gestein hinterlassen hat, kommen die Wissenschaftler zu dem Schluß, daß es am Nord- und Südpol wahrscheinlich immer etwas Eis gegeben hat.

Mammuts

Könnte die Antarktis einmal tropisch gewesen sein?

Forscher haben herausgefunden, daß das Gestein der Antarktis Kohle enthält (die sich aus lange abgestorbenen Pflanzen gebildet hat) und auch andere fossile Überreste. Das beweist, daß das Klima in der Antarktis einmal viel wärmer und feuchter war als heute. Das Gestein ähnelt dem, das man in Australien, Südamerika, Afrika und Indien findet. Die Vermutung liegt nahe, daß alle diese Kontinente einmal miteinander verbunden waren (Gondwana-Land).

Wann war die letzte Eiszeit?

Die letzte Eiszeit begann vor etwa 1,6 Millionen Jahren. Eisdecken türmten sich über Skandinavien und breiteten sich über die britischen Inseln, Norddeutschland und Rußland, ganz Kanada und den Nordteil der USA aus. Vor etwa 10 000 Jahren zog sich das Eis zurück. Seit Beginn der letzten Eiszeit hat es 17 besonders kalte Perioden oder Glaziale gegeben, die von wärmeren Zwischeneiszeiten oder Interglazialen unterbrochen wurden. Viele Wissenschaftler glauben, daß wir in einer solchen wärmeren Zwischeneiszeit leben. Während der Millionen von Jahren, die es die Erde gibt, hat es noch andere Eiszeiten gegeben.

Warum gibt es in Skandinavien Fjorde?

Gletscher und Eisdecken graben sich in die Landschaften ein, durch die sie fließen. Gletscher suchen sich den einfachsten Weg von den Bergen herab, zum Beispiel ein Flußtal. Der Gletscher verbreitert und vertieft das Tal, und wenn das Eis geschmolzen ist, fließt Wasser vom Meer herein. So entstanden die tiefen, engen Einschnitte, die man Fjorde nennt. Es gibt viele Fjorde in Skandinavien, aber auch in Chile und Alaska. Fjorde sind gute Naturhäfen, weil sie sehr tief und selbst für größere Schiffe befahrbar sind.

Ein Fjord in Norwegen, Bett eines früheren Gletschers.

Was ist Permafrost?

In der Antarktis, Alaska, Teilen von Kanada und Rußland ist der Boden das ganze Jahr über gefroren. In Sibirien reicht diese gefrorene Schicht, der *Permafrost,* bis in eine Tiefe von 600 Metern. Die Oberfläche taut im Sommer an, aber die tieferen Lagen bleiben gefroren. Auch die Oberfläche friert im Herbst wieder zu. Im Permafrost hat man guterhaltene (tiefgekühlte) Körper der lange ausgestorbenen Mammuts gefunden.

Ozeane

Wie entstehen Meeresströmungen?

Die Hauptbewegungen in den Weltmeeren sind Strömungen, die durch den Wind entstehen. Regelmäßig wehende Winde blasen Wasserflächen an. Die Bewegung breitet sich in der See aus und bildet Strömungen. In den westlichen Meeresteilen fließen diese Strömungen schneller als in den östlichen. Das liegt an den vorherrschenden Windrichtungen und der Drehung der Erde.

Wie hält der Golfstrom Großbritannien im Winter warm?

Der Golfstrom ist eine starke Warmwasserströmung, die im Golf von Mexiko an der Ostküste Nordamerikas ihren Ausgang nimmt. Der warme Strom fließt ostwärts über den Atlantik, erwärmt die nordeuropäischen Gewässer und beeinflußt so das Klima in Nord- und Westeuropa. Deshalb hat Labrador in Ostkanada auch viel kältere Winter als Großbritannien, obwohl beide gleich weit nördlich vom Äquator liegen.

Starker Wind ist meistens die Ursache für hohe Wellen.

Woher kommen die Wellen im Meer?

Die meisten Wellen verursacht der Wind. Die Wellenhöhe hängt von drei Dingen ab: der Größe der Wasserfläche, über die der Wind hinwegstreicht, der Windgeschwindigkeit und der Dauer des Windes. Ein Hurrikan muß nicht unbedingt die höchsten Wellen erzeugen, weil die Winde in einem Hurrikan ständig die Richtung ändern. Eine Welle bricht, wenn das Wasser auf dem Wellenkamm den Rest der Welle zu überholen beginnt und sie in sich selbst zusammenfällt.

Warum ist Meerwasser salzig?

Das Meer enthält Minerale, die die Flüsse vom Festland her mitführen. Die Flüsse lösen die Minerale aus dem Gestein heraus, durch das sie fließen. Das häufigste Mineral im Meerwasser ist Kochsalz oder Natriumchlorid. Wenn durch die Sonnenwärme das Seewasser verdampft, wird das verbleibende Wasser noch salziger. Deshalb ist das Tote Meer (das von heißen Wüsten umgeben ist und schnell verdunstet) so salzhaltig.

Was ist ein Kontinentalsockel?

Am Rand der meisten Kontinente ist das Meer seicht. Unter dem Wasser liegt ein breiter Streifen Meeresboden, den man *Kontinentalsockel* oder Schelf nennt. Der Schelf ist bis zu 200 Meter tief und besteht aus demselben Gestein wie das Festland. Dahinter kommt die *Kontinentalböschung,* die zum Tiefseebecken 4000 Meter unter der Oberfläche führt.

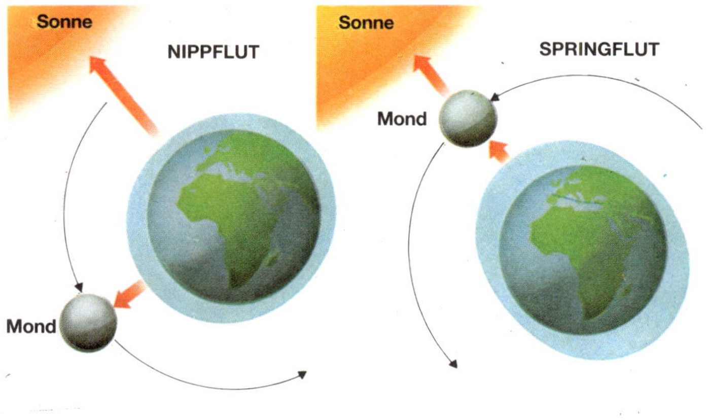

Die Gezeiten

Wodurch steigt und fällt die Flut?

Die Gezeiten der Meere steigen (Flut) ungefähr zweimal alle 24 Stunden und weichen wieder zurück (Ebbe). Die Gezeiten werden durch die Anziehungskraft von Sonne und Mond auf die Erde verursacht. Der Mond steht der Erde näher als die Sonne, daher ist seine Wirkung größer. Wenn Mond und Sonne auf derselben Seite der Erde stehen, verstärken sie sich gegenseitig, und die Flut steigt am höchsten. Das nennt man *Springflut.* Wirken Sonne und Mond sich aber entgegen, tritt eine *Nippflut* (die niedrigste Flut) ein. Diesen Effekt der Schwerkraft auf die Meere können wir leicht wahrnehmen, weil das Wasser so beweglich ist, aber die Landmassen werden genauso angezogen.

Atmosphäre und Wetter

Wo beginnt und wo endet die Erdatmosphäre?

Die Erde ist von einer dünnen Gasschicht umgeben, die wir Atmosphäre nennen; man kann sie sich ungefähr so vorstellen wie die Schale eines Apfels. Diese flache Hülle ermöglicht das Leben auf unserem Planeten. Die Schwerkraft preßt den größten Teil der Gase (einschließlich des Sauerstoffs, den wir atmen) in der Atmosphäre nahe der Erdoberfläche zusammen. Die Luft wird immer dünner, je weiter sie vom Boden entfernt ist. In 10 000 Metern Höhe (der Höhe des Mount Everest) hat sie nur noch ein Drittel der Dichte auf Meereshöhe. In über 800 Kilometern Höhe dünnt sie noch schneller aus, bis nur noch ein paar Helium- und Wasserstoffmoleküle übrig sind. Die Atmosphäre geht allmählich in den Weltraum über.

Was ist der Van-Allen-Gürtel?

Weit oben am Rande der Atmosphäre gibt es zwei ringförmige Strahlungszonen, die als Van-Allen-Gürtel bekannt sind. Sie bestehen aus elektrisch geladenen Teilchen, die vom Magnetfeld der Erde an Ort und Stelle gehalten werden. Die Gürtel sind über dem Äquator am stärksten und an den Polen am schwächsten. Der amerikanische Weltraumsatellit *Explorer I* entdeckte die Gürtel 1958, und sie wurden nach Van Allen benannt, der das Experiment ausgeknobelt hatte, das zu ihrer Auffindung führte. Die Gürtel beschirmen die Erde vor der gefährlichen kosmischen Strahlung.

Wie viele Schichten hat die Atmosphäre?

Die Atmosphäre hat fünf Hauptschichten: die *Troposphäre* (bis zur Höhe von 17 Kilometern), die *Stratosphäre* (bis 50 Kilometer), die *Mesosphäre* (bis 85 Kilometer), die *Thermosphäre* (bis 500 Kilometer) und schließlich die *Exosphäre* (oberhalb 500 Kilometer). Die Thermosphäre bezeichnet man auch als *Ionosphäre*.

Was bewirkt die Atmosphäre?

In der Troposphäre findet hauptsächlich das Wetter statt, und sie enthält den größten Teil unserer Atemluft. In der Stratosphäre sammelt sich das meiste Ozon der Atmosphäre, das die schädlichen ultravioletten Strahlen der Sonne absorbiert. Ohne die Ionosphäre könnte es keine weltweiten Radiosendungen geben, denn sie reflektiert die Funkwellen immer wieder auf die gekrümmte Erdoberfläche zurück.

Warum gibt es über der Antarktis ein Ozonloch?

Die Erde ist von einer Schicht des Gases Ozon, einer Form des Sauerstoffs, umschlossen. Diese Schicht beschützt uns vor der gesundheitsschädlichen ultravioletten Strahlung der Sonne. Die Wissenschaftler haben entdeckt, daß die Ozonschicht über der Antarktis ein Loch hat; es tut sich im Winter auf und schließt sich im Sommer wieder. Man nimmt an, daß das Loch ein Anzeichen dafür ist, daß die Luftverschmutzung und besonders bestimmte Chemikalien, die als Treibgase in Spraydosen verwendet werden, die Ozonschicht zerstören. Das Ozonloch birgt ein nicht unerhebliches Gesundheitsrisiko.

Unter welcher Bezeichnung sind Polarlichter noch bekannt?

Die Polarlichter heißen auch *Aurora Borealis* (in der nördlichen Hemisphäre) und *Aurora Australis* (auf der Südhalbkugel). Sie werden durch das Aufflackern von Explosionen auf der Sonne verursacht, die Millionen energiereicher Partikel aussenden (Protonen und Elektronen). Bei der Annäherung an die Erde werden die meisten dieser Partikel von den Van-Allen-Gürteln geschluckt. Aber an den Polen (wo die Gürtel am schwächsten sind) treffen sie auf die Atmosphäre, und ihr Aufprall erzeugt die leuchtenden, farbigen Lichter am Himmel.

Warum gibt es in einigen Ländern Monsune?

Ein Monsun ist ein von den Jahreszeiten abhängiger Wind. Er weht im Sommer vom Meer zum Festland und im Winter vom Land auf die See. In Ländern nahe dem Äquator wird die Luft im Sommer sehr heiß. Sie dehnt sich aus und wird dünner. Kühlere und dichtere Luft über dem Meer wird aufs Festland gesaugt und bringt Feuchtigkeit und Wind mit sich. Diese Feuchtigkeit fällt dann als strömender Regen, der lebenswichtig ist für das Wachstum der Feldfrüchte. In Indien dauert der Monsun drei bis vier Monate.

Warum regnet es?

Zwischen der Erde und der Atmosphäre findet ein ständiger Wasseraustausch statt. Wir nennen das den *Wasserkreislauf.* Das Wasser in Flüssen, Seen, Meeren und auch Pflanzen wird durch die Wärme der Sonne verdunstet. Der entstehende Dampf löst sich in der Luft. Luft steigt auf, wenn sie warm ist, vor Bergen in die Höhe gezwungen wird oder auf eine schwerere Masse kalter Luft trifft. Die aufsteigende Luft kühlt sich ab, und ein Teil des Dampfes kondensiert als Wassertröpfchen, die sich zusammenballen und Wolken bilden. Während die Luft immer höher steigt, wird noch mehr Dampf wieder zu Wasser, und die Wolken werden größer und dunkler. Wenn die Tröpfchen zu dick und schwer geworden sind, um von der Luft getragen zu werden, fallen sie als Regen zur Erde und fließen wieder in Flüsse, Seen und Meere.

Was ist ein Elmsfeuer?

Piloten und Seeleute können manchmal eine eigenartige Form natürlicher Elektrizität beobachten. Ein glühendes Licht umspielt die Masten eines Schiffes oder die Antennen und Flügelspitzen eines Flugzeugs. Manchmal sieht man es auch an Blitzableitern. Das Licht ist als Elmsfeuer bekannt (nach Sankt Elmus oder Erasmus, dem Schutzpatron der mediterranen Seefahrer).

Kann es wirklich einen blauen Mond geben?

Sehr hohe Staub- oder Rauchwolken in der Atmosphäre (zum Beispiel von heftigen Vulkanausbrüchen oder Waldbränden) können das Sonnenlicht, das sie durchläuft, beeinflussen. Das geschieht äußerst selten. Aber wenn es passiert, können Sonne und Mond grünlich oder sogar blau erscheinen.

Warum ist es in den Ländern nahe dem Äquator so heiß?

Der Äquator ist eine gedachte Linie rund um die Mitte der Erde. In Äquatornähe scheinen die Sonnenstrahlen senkrecht auf die Erde. In einiger Entfernung vom Äquator fallen sie dagegen in einem Winkel ein und müssen einen längeren Weg durch die Atmosphäre zurücklegen (an den Polen bis zu viermal weiter als am Äquator). Die Atmosphäre absorbiert mehr von der Sonnenwärme. Deshalb liegen die heißesten Gegenden der Erde am Äquator.

Warum weht der Wind?

Winde sind Bewegungen der Luft über der Erdoberfläche. Verursacht werden sie hauptsächlich durch Temperaturunterschiede. Die Luft über dem Äquator wird von der Sonne am meisten erwärmt; sie dehnt sich aus und steigt auf. Kühlere Luftmassen von Nord- und Südpol fließen nach und nehmen ihren Platz ein. Das Ergebnis ist ein regelmäßiges Muster von Winden. Wechselnde Temperaturen über Land und Wasser beeinflussen dieses Muster zusätzlich. Die Winde, die gleichförmig auf den Äquator zuwehen, heißen Passatwinde.

Wo gab es den stärksten Regenschauer?

Auf der Insel Réunion fielen 1952 in nur 24 Stunden 1870 Millimeter Niederschlag. Das reicht aus, um einen Menschen unterzutauchen, und ist die größte Regenmenge, die, seit es Aufzeichnungen gibt, an einem einzigen Tag gefallen ist.

Ein Hurrikan kann Bäume entwurzeln und Städte verwüsten.

Wo gibt es Hurrikane?

Hurrikane entstehen in den Tropen (den Regionen der Erde in der Nähe des Äquators). Diese Stürme bilden sich über dem Meer, wo feuchte Luft zu einer spiralförmigen, sich um sich selbst drehenden Sturmwolke emporgesaugt wird. In der Mitte, im Auge des Hurrikans, ist es fast windstill. Aber in den äußeren Zonen gibt es Gewitter, peitschende Winde und Regen. Hurrikane verursachen große Schäden, wenn sie landeinwärts getrieben werden, fallen über dem Festland aber bald in sich zusammen, weil nicht genug Feuchtigkeit da ist, um sie zu speisen.

Wie sagt ein Barometer das Wetter voraus?

Ein Barometer mißt den Luftdruck. Die gebräuchlichste Art ist das Aneroidbarometer. Es besteht aus einer Kapsel, aus der fast alle Luft abgesaugt wurde (so daß innen beinahe ein Vakuum besteht). Durch Veränderungen im Luftdruck dehnt sich die Kapsel aus oder zieht sich zusammen, wodurch wiederum ein Zeiger über einer Skala bewegt wird. Bei hohem Druck kann man klares und ruhiges Wetter erwarten. Ein fallendes Barometer warnt vor unbeständigem und vielleicht stürmischem Wetter.

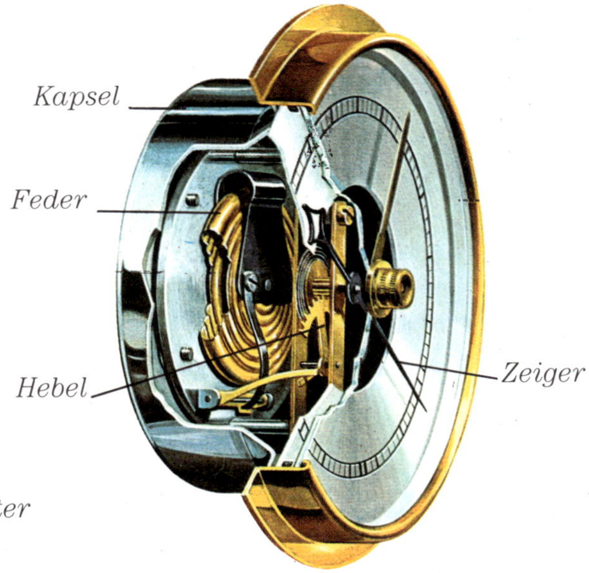

Barometer

Welches ist die höchste Temperatur, die je auf der Erde gemessen wurde?

Die höchste registrierte Temperatur im Schatten war 58° C und wurde 1922 in der Sahara, im libyschen Al Aziziyah, Nordafrika, gemessen.

Können Wissenschaftler Regen machen?

Die Dürre (oder Regenarmut) ist in vielen Teilen der Welt ein ernstes Problem. Wissenschaftler haben versucht, Wolken entweder aus Flugzeugen heraus oder durch Raketen mit Kohlendioxid-Kristallen zu „impfen“. Die Kristalle wirken in den Wolken wie natürliche Eispartikel, um die sich winzige Wassertropfen sammeln und zu Regentropfen werden. Es ist jedoch noch niemandem gelungen, Regen aus einem wolkenlosen Himmel fallen zu lassen.

Gibt es Gegenden auf der Erde, wo es nie regnet?

Aufzeichnungen belegen, daß es in Teilen der Atacama-Wüste in Chile ungefähr 400 Jahre lang nicht geregnet hat. Aber seit 1971 ist sogar dort, wo die Wissenschaftler den trockensten Ort der Erde vermuten, etwas Regen gefallen.

Wie kalt kann es auf der Erde werden?

Der kälteste Ort der Erde ist die Antarktis; dort herrschen die niedrigsten Durchschnittstemperaturen. 1963 verzeichneten sowjetische Wissenschaftler der Wostok-Forschungsstation eine Temperatur von –89,2° C.

Wie entstehen Hagelkörner?

Ein Hagelkorn ist eine kleine Kugel aus Eis, die wie ein Regentropfen vom Himmel fällt. Hagel bildet sich in Gewitterwolken, in denen die Luft sehr schnell aufsteigt. In dieser Luftströmung gefangene Wassertropfen werden zur kalten Oberseite der Wolke befördert, wo sie zu Eiskugeln gefrieren. Dabei kann ein Hagelkorn so groß wie ein Tennisball werden. In Coffeyville in Kansas, USA, las man 1970 ein einzelnes Hagelkorn auf, das 0,76 Kilogramm wog.

Liegen alle Wüsten in Gegenden, wo es wenig regnet?

Nicht alle Wüsten befinden sich in regenarmen Gebieten. In einigen Wüsten regnet es, aber heiße Winde lassen den Regen verdunsten, kaum daß er gefallen ist. In der Wüste entspringen zwar keine Flüsse, aber manche werden von Flüssen durchquert, wie zum Beispiel dem Colorado oder dem Nil.

Wodurch wird saurer Regen verursacht?

Jeder Regen ist leicht sauer. Aber Abgase von Fabriken und Kohle- oder Ölkraftwerken können den Anteil der Chemikalien in der Luft erhöhen und den Regen noch saurer machen. Dieser saure Regen fällt eventuell weit entfernt von der Quelle, die ihn verursacht hat, und schädigt dort die Umwelt. Bäume können sterben, Seen werden giftig für die Fische, die in ihnen leben, und die aggressiven Säuren des Regens können sogar das Mauerwerk zerfressen und schwere Schäden an Bauwerken hervorrufen.

Winderosion kann seltsame Formen hervorbringen.

Wie verändern Wasser, Wind und Hitze die Gestalt der Erde?

Naturkräfte wirken als Erosion und Verwitterung auf Felsgestein und Erdboden ein. Der Regen kann die fruchtbare Humusschicht wegschwemmen, und der Wind bläst dünne Böden fort, so daß blanker Fels zurückbleibt, auf dem nichts wachsen kann. So wirkt die Erosion. Durch Erosion können neue Wüsten entstehen. Durch abwechselnde Erhitzung und Abkühlung kann Gestein in kleinere Bruchstücke aufgespalten werden, die dann vom Regen und den Flüssen weggespült werden. Sogar ganze Berge können über Jahrmillionen hinweg abgetragen werden. Auch das Regenwasser reagiert mit manchen Mineralen im Gestein und löst dieses auf. Eine solche Abtragung von Gestein nennt man Verwitterung.

Was ist der Treibhauseffekt?

Beim Verbrennen der Kraftstoffe, die wir in Autos, beim Heizen, in Kraftwerken und Fabriken verwenden, entsteht Kohlendioxidgas. Dieses sammelt sich in der Atmosphäre. Sonnenwärme wird von der Erde reflektiert, und der größte Teil entweicht normalerweise in den Weltraum. Die dichter werdende Schicht von Kohlendioxid wirkt aber wie das Glasdach eines Treibhauses, das die Wärme gefangenhält. Die Wissenschaftler glauben, daß der Treibhauseffekt das Klima in einigen Teilen der Erde ändern könnte.

ERFINDUNGEN

Wann wurden die ersten Werkzeuge hergestellt?

Lange bevor es den Menschen gab, lebten affenähnliche Kreaturen, die die Forschung *Australopithecus* nennt. Sie benutzten schon Stecken und Steine als Waffen. Wissenschaftler haben einfache Steinwerkzeuge entdeckt, die vor mehr als zwei Millionen Jahren hergestellt wurden.

Wann gab es die ersten Fabriken?

Die Menschen der Steinzeit ließen sich an Orten nieder, an denen es ausreichend Steine zur Werkzeugherstellung gab. Sie gruben tiefe Löcher in die Erde, um den am besten geeigneten Stein abzubauen: Feuerstein. Mit diesen in „Fabriken" hergestellten Steinwerkzeugen betrieben sie Tauschhandel mit ihren Nachbarn.

Wie kam der Mensch zum Feuer?

Die ersten Menschen fürchteten das Feuer. Ein durch Blitzschlag entstandener Waldbrand jagte sie in die Flucht. Irgendwann einmal muß einer den Mut gefunden haben, einen brennenden Ast zu packen. Er oder sie zündete damit ein kleines Feuer an, das Wärme und Schutz vor wilden Tieren bot. Diese ersten Feuer wurden ständig in Brand gehalten, weil noch niemand wußte, wie man Feuer macht.

Was ist ein Feuerbohrer?

Die älteste Methode des Feuermachens beruhte auf Reibung: Man rieb zwei Hölzer gegeneinander oder schlug Funken aus einem Feuerstein. Der Feuerbohrer erleichterte das Anzünden. Eine um einen angespitzten Stock geschlungene Schnur wurde hin- und hergezogen, so daß sich die Spitze des Stocks in einer Vertiefung drehte. Die Reibung setzte trockenes Gras und Moos in Brand.

Wer erfand das Rad?

Niemand weiß, wo oder wann das Rad zum ersten Mal benutzt wurde, aber es ist die wichtigste aller menschlichen Erfindungen. Das Rad scheint gegen 3000 v.Chr. entdeckt worden zu sein. Möglicherweise waren es Töpfer, die als erste Räder als Töpferscheiben verwendeten, noch bevor sie an Karren befestigt wurden und das Transportwesen revolutionierten.

Warum war die Bedeutung des Wasserrads so wichtig?

Das Wasserrad war die erste Erfindung, die dem Menschen Naturkräfte dienstbar machte. Wasserräder wurden erstmals zur Zeit des Römischen Reiches benutzt. Das fließende Wasser eines Flusses drehte das Rad, an dessen Rand Paddel oder Schaufeln befestigt waren. Ein einfaches Getriebe übertrug die Kraft auf einen Mühlstein, um Getreide zu Mehl zu verarbeiten.

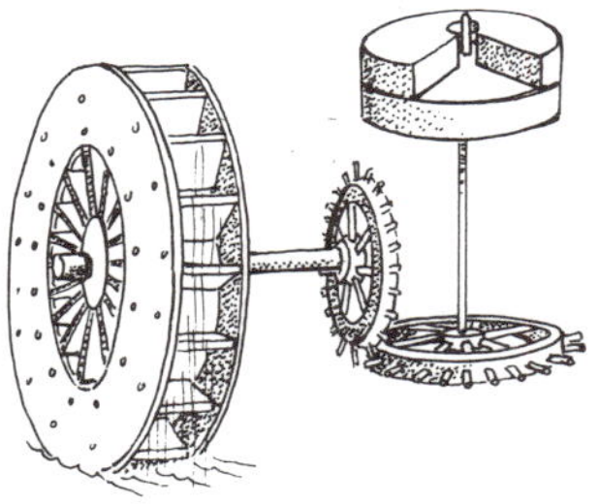

Römische Wassermühle

Feuerbohrer

Wann gab es das erste Kraftwerk?

Ein Komplex römischer Wassermühlen bei Arles in Südfrankreich war das erste Kraftwerk der Welt. Es hatte insgesamt 16 Wasserräder, die genügend Kraft lieferten, um 32 Getreidemühlen anzutreiben.

Wann wurde der Wind als Energiequelle gezähmt?

Die ersten Windmühlen wurden im Mittleren Osten gebaut, etwa um 600 n.Chr. Ihre Flügel sahen aus wie die aufrecht gestellten Klingen eines Rasenmähers. Während sie sich im Wind drehten, trieben sie über eine Achse den schweren Mühlstein am Fuß der Mühle an. Windmühlen mit senkrechten Flügeln tauchten in Europa erstmals etwa 500 Jahre später auf. Sie benötigten ein Umlenkgetriebe, das die Kraft auf den Mühlstein übertrug.

Heros Dampfturbine

Wer erfand die Dampfturbine als Spielzeug?

Hero von Alexandrien, ein Grieche, der kurz vor Christi Geburt lebte, war ein genialer Bastler und Erfinder. Er baute ein automatisches Puppentheater, einen Spielzeugvogel mit flatternden Flügeln und sogar einen Münzspielautomaten. Sein Dampfturbinenspielzeug war eine Metallkugel, die zwischen zwei Klammern drehbar aufgehängt war. Sie wurde mit Wasser gefüllt und über einem Feuer erhitzt. Wenn das Wasser kochte, entwich der Dampf durch zwei Düsen in der Kugel und versetzte sie in Drehung. Hero hatte einen einfachen Düsenantrieb erfunden, aber da sich niemand eine sinnvolle Anwendung dafür vorstellen konnte, blieb seine Erfindung einfach ein amüsantes Spielzeug.

Seit wann verwenden die Menschen Waagen?

Exakte Waagen sind für Wissenschaft, Industrie und Handel unerläßlich. Die alten Ägypter hatten bereits Balkenwaagen, wie man sie auch heute noch verwendet. Solche Waagen sind seit etwa 7000 Jahren in Gebrauch!

Leonardo da Vincis Entwurf eines Hubschraubers

Warum hob Leonardos Flugmaschine niemals ab?

Der Italiener Leonardo da Vinci, der von 1452 bis 1519 lebte, machte Erfindungen, die ihrer Zeit um Jahrhunderte voraus waren. Er zeichnete Pläne für ein Unterseeboot, einen Fallschirm, ein gepanzertes Fahrzeug, ähnlich wie ein moderner Panzer, einen Helikopter und eine Flugmaschine. Seine Flugmaschine wurde allerdings nie gebaut, denn keine damals bekannte Maschine hätte sie antreiben können. Das Zeitalter der leichten, starken Motoren lag noch in weiter Zukunft.

Wer war der genialste Erfinder aller Zeiten?

Dieser Titel gebührt wahrscheinlich dem amerikanischen Erfinder Thomas Alva Edison, auf dessen Konto mehr als zweitausend Erfindungen gehen. Darunter waren die elektrische Glühbirne, die Filmkamera und der Phonograph (eine frühe Version des Plattenspielers).

Thomas Alva Edison

Das Zeitalter der Dampfmaschine

Was war der Knochenverdauer?

Der französische Wissenschaftler Denis Papin, ein Freund des berühmten Physikers Robert Boyle, lebte um 1670 in England. Er baute den ersten Dampfkochtopf der Welt, um zu zeigen, daß unter Druck überhitzter Dampf größere Hitze und Energie erzeugte. Papin demonstrierte das, indem er Rinderknochen kochte, bis sie weich waren. Er bereitete für die Mitglieder der Royal Society sogar ein „wissenschaftliches Diner“ zu.

Welche nützliche Vorrichtung wurde im ersten Dampfkochtopf eingesetzt?

Papins Dampfkochtopf drohte zu explodieren, wenn sich innen zuviel Druck aufbaute. Deshalb entwickelte er ein Sicherheitsventil. Wenn der Dampf im Kessel einen gefährlich hohen Druck erreichte, öffnete sich das Ventil. Es entwich Dampf, der Druck fiel, und das Ventil schloß sich wieder. Papins Erfindung war die Grundlage dafür, daß Dampfmaschinen sicher betrieben werden konnten.

Wozu wurden die ersten Dampfmaschinen verwendet?

Ein englischer Ingenieur namens Thomas Savery entwarf 1698 eine „Maschine zum Fördern von Wasser und zum Antrieb bei jeder Art von Mühlenwerken“. Seine Maschine wurde eingesetzt, um das Wasser aus den Stollen der Zinnminen in Cornwall abzupumpen.

Wie funktionierte die erste Dampfpumpmaschine?

Saverys Dampfpumpe hatte einen Kondensator – einen Eisenkessel, in den von einem Boiler heißer Dampf geleitet wurde. Man besprühte den Kondensator von außen mit kaltem Waser, kühlte ihn und verwandelte so den Dampf in Wasser. Dabei entstand ein starker Unterdruck, der das Wasser aus den Stollen der Mine über ein Einlaufrohr ansaugte, bis man den Hahn zudrehte. Dann wurde wieder heißer Dampf eingeleitet, der das Wasser durch ein Abflußrohr verdrängte.

Wer baute in seine Dampfmaschine einen Kolben ein?

Der Pionier der Kolbendampfmaschine hieß Thomas Newcomen (1663-1729). Seine Maschine hatte einen einzelnen Kolben, der in einem Zylinder lief. Der Kolben begann seinen Arbeitsgang oben im Zylinder, wo er von einem Gegengewicht festgehalten wurde. Dann floß heißer Dampf in den Zylinder und kondensierte (wurde zu Wasser), wodurch fast ein Vakuum entstand. Das Vakuum zog den Kolben trotz der Last des Gegengewichts nach unten. Das Kondensat wurde abgelassen, das Gewicht zog den Kolben nach oben, und der Zyklus begann von neuem.

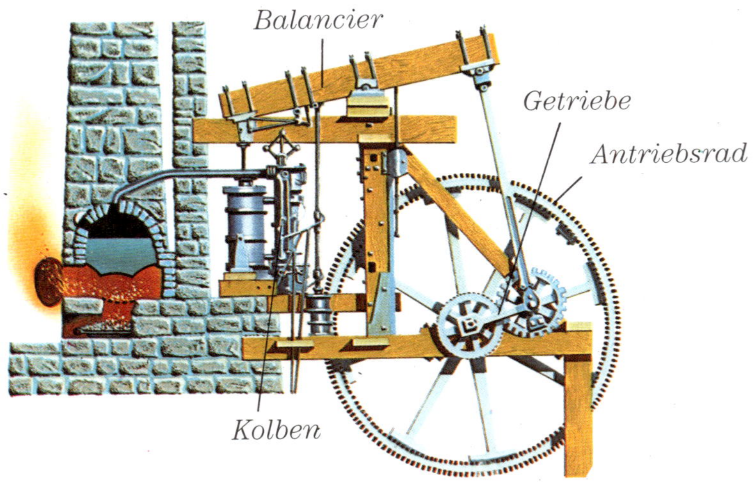

Watts verbesserte Dampfmaschine

Warum glauben so viele Menschen, James Watt hätte die Dampfmaschine erfunden?

Es heißt, der Anblick eines kochenden Wasserkessels habe den schottischen Ingenieur James Watt (1736-1819) zu seiner Verbesserung der Dampfmaschine inspiriert. 1764 versuchte er, ein Modell der Newcomen-Dampfmaschine zu reparieren. Er sah, wie wenig wirksam diese Dampfmaschine arbeitete. Watt fügte einen getrennten Kondensator hinzu, um sie stärker zu machen. Er entwickelte auch eine Methode, das senkrechte Auf und Ab des Gegengewichts in eine zum Antrieb von Geräten geeignete Drehbewegung umzuwandeln. Diese genialen Verbesserungen trugen James Watt den Ruhm des „Vaters des Dampfzeitalters“ ein.

Technische Wunderwerke

Wer baute die erste automatische Mühle?

Gegen 1780 baute der Amerikaner Oliver Evans eine Mühle, in der ausschließlich Maschinen das Getreide zu Mehl verarbeiteten. Das Getreide kam mit Wagen oder per Schiff und wurde über ein System von Förderschnecken und Eimertransportbändern zum obersten Stockwerk befördert. Von da an lieferte die Schwerkraft den Antrieb, und das Getreide fiel durch Fülltrichter zu den Mühlsteinen. Evans Mühle war ihrer Zeit um Jahre voraus, und nur wenige Leute zeigten Interesse dafür.

Wann wurden die ersten Automobile am Fließband produziert?

Bis 1914 wurden Autos einzeln und nacheinander in Handarbeit gebaut, wie man es früher mit Kutschen gemacht hatte. Eine Gruppe von Arbeitern stellte einen Wagen fertig, bevor sie mit dem nächsten anfing. Der amerikanische Industrielle Henry Ford änderte das grundlegend, als er das erste Fließband in seiner Fabrik installierte. Die Autos bewegten sich auf einem automatischen Förderband, und die einzelnen Teile wurden nacheinander eingebaut. Statt 13 Stunden dauerte es mit dem neuen Fließband nur noch eineinhalb Stunden, einen Ford Modell T zusammenzubauen.

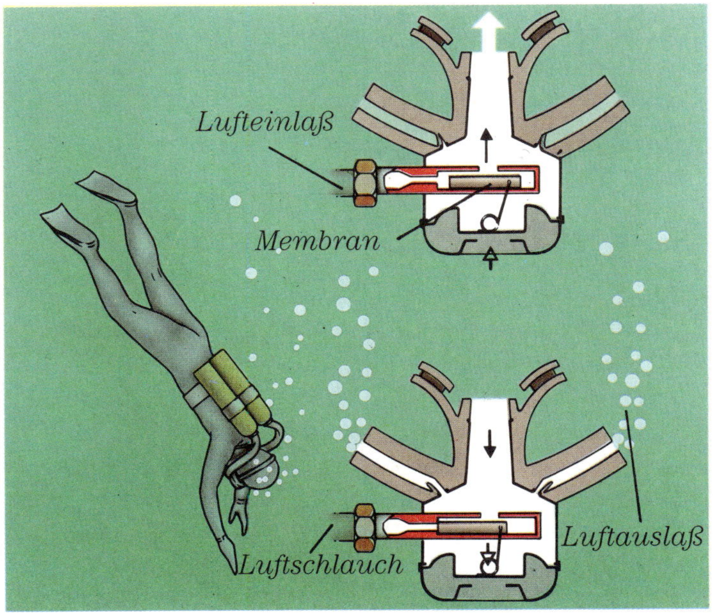

Cousteau erfand die Aqualunge mit Mundstück

Welche Kraft trieb die ersten Spinnmaschinen an?

Zu den ersten Industrien, mit deren Wachstum die Industrielle Revolution begann, gehörten Spinnerei und Weberei. 1769 (im selben Jahr, als James Watt seine verbesserte Dampfmaschine baute) ließ sich Richard Arkwright eine Spinnmaschine patentieren. Aber Arkwrights Maschine wurde von einem Wasserrad betrieben, nicht mit Dampf. Das Wasserrad drehte über einen Treibriemen die Rollen, über die der Baumwollfaden zur Verfeinerung gezogen wurde.

Welcher Astronom erfand eine Taucherglocke?

Im Jahr 1690 erfand Edmund Halley (nach dem der berühmte Komet benannt ist) eine hölzerne Taucherglocke. Sie war kegelförmig, aus bleibeschichtetem Holz gebaut und wurde bis in eine Wassertiefe von 20 Metern abgesenkt. Innen befanden sich Halley und vier furchtlose Freunde. Frischluft wurde ihnen in Fässern an einem Seil hinuntergelassen, so daß Halley 90 Minuten lang unter Wasser bleiben konnte.

Was ist eine Aqualunge?

Früher konnten Taucher nur so lange unter Wasser bleiben, wie sie die Luft anhalten konnten. Ein Taucher im schweren Taucheranzug ist auf die Luft angewiesen, die durch einen Schlauch zu ihm hinuntergepumpt wird. Erst in den 30er Jahren wurden unabhängige, selbstversorgende Taucherausrüstungen entwickelt. Die Taucher tragen Preßluftflaschen auf dem Rücken und atmen durch Ventile in ihren Mundstücken und Taucherbrillen. Die als Aqualunge bezeichnete Ausrüstung wurde von dem französischen Taucher Jacques Cousteau entwickelt.

Wie können Froschmänner unbemerkt tauchen?

Während des Zweiten Weltkriegs führten Froschmänner wagemutige Angriffe durch. Sie trugen geschlossene Tauchanzüge und atmeten Sauerstoff. Der Sauerstoff wurde vor dem Einatmen aus einem Zylinder in einen Gummisack geleitet. Die Luft, die der Taucher ausatmete, wurde chemisch gereinigt und zur Wiederverwendung in den Sack zurückgeführt. So gab es keine verräterischen Luftblasen, die die Position des Froschmannes preisgegeben hätten.

Wie wurde die Titanic wiederentdeckt?

Der Passagierdampfer *Titanic* sank 1912 nach dem Zusammenstoß mit einem Eisberg im Nordatlantik. Es war eines der größten Schiffahrtsunglücke überhaupt, und 1500 Menschen ertranken, obwohl man das Schiff für unsinkbar gehalten hatte. 1985 wurde das Wrack der *Titanic* von Wissenschaftlern mit Hilfe von Sonargeräten (die den Meeresboden mit Echos abtasten) wiedergefunden. Es lag in 4000 Meter Tiefe auf dem Meeresgrund. Man schickte zur Untersuchung ein kleines unbemanntes Tauchboot hinunter, das mit dem Mutterschiff über Kabel verbunden war.

Die unglückselige Titanic

Warum war das Holz der *Mary Rose* nach 400 Jahren unter Wasser noch so gut erhalten?

Das Kriegsschiff *Mary Rose*, für König Heinrich VIII. von England erbaut, sank 1545 vor der Küste von Südengland. Das Wrack wurde 1971 entdeckt und 1982 gehoben. Der größte Teil des Schiffsholzes war vom Schlamm konserviert worden. Damit es nicht austrocknete (und in Stücke fiel), besprühte man es zunächst ständig mit Wasser und tränkte es dann mit einer Lösung von Polyäthylenglykol (eine Art Alkohol). Die Chemikalien ersetzten das Wasser in den Holzfasern. Nach dem Gefriertrocknen waren die Planken fast so gut wie neu, und die restaurierte *Mary Rose* konnte in Portsmouth der Öffentlichkeit präsentiert werden.

Wie funktioniert eine Flutsperre in einem Fluß?

Die Themse in London hat bei Woolwich eine riesige Sperre, um Überflutungen zu verhindern. Vier Haupttore, von denen jedes rund 3700 Tonnen wiegt, und sechs kleinere Tore können hochgefahren werden und eine Barriere im Fluß bilden. Wenn eine hohe Flutwelle vom Meer her den Fluß hinaufströmt und die Innenstadt zu überschwemmen droht, werden die Tore angehoben.

Die Flutsperre der Themse

Warum wurde ein Modell eines Flugsauriers gebaut?

Wir wissen, daß es während des Zeitalters der Dinosaurier vor Millionen von Jahren gigantische fliegende Echsen gab. Man hat ihre Fossilien gefunden, aber niemand ist sicher, wie diese Kreaturen flogen. Schlugen sie mit den Flügeln, oder segelten sie von Klippen herab? Amerikanische Wissenschaftler haben ein Modell des größten bekannten Flugsauriers gebaut, um zu sehen, wie gut ein Lebewesen mit einer Flügelspannweite von 11 Metern fliegen kann.

Was ist ein Windkanal?

Flugzeugbauer setzen Windkanäle ein, um neue Flugzeug- und Automodelle zu testen. Das Modell wird in einem Tunnel befestigt, durch den ein starker Ventilator Luft mit unterschiedlicher Geschwindigkeit bläst. Die Beobachter untersuchen, wie sich das Modell verhält, und ändern den Entwurf, um Windschlüpfrigkeit und Treibstoffverbrauch zu verbessern.

Was ist alternative Technologie?

Wissenschaft und moderne Technologie können teuer werden – zu teuer für die Entwicklungsländer. Alternative Technologien bieten häufig billige, einfache Lösungen für die Probleme der Menschen. Nehmen wir beispielsweise eine Pumpe zur Förderung von Grundwasser in der Wüste. Eine Dieselpumpe braucht Treibstoff und muß gewartet werden. Vermutlich ist sie nach vier Jahren schrottreif. Aber eine einfache Windmühle, die sich für den Einsatz in trockenen, heißen Gebieten eignet, kann noch nach 20 Jahren Wasser pumpen. Sie braucht keinen Treibstoff und nur wenig Reparaturen.

Kriegstechnik

Wer wollte den Feind durch Spiegel ausspionieren?

Der mittelalterliche Wissenschaftler Roger Bacon interessierte sich für Vergrößerungsgläser. Er glaubte, daß Julius Cäsar sehr große Spiegel benutzt hätte, um von Frankreich nach England zu sehen und die alten Briten vor der Invasion auszuspionieren. Bacon machte den Vorschlag, zeitgenössische Armeen sollten solche Spiegel benutzen, „daß alles ans Licht komme, was der Feind tut".

Was war griechisches Feuer?

Im 7. Jahrhundert besaßen die Byzantiner eine tödliche Geheimwaffe. Sie wurde „griechisches Feuer" genannt, und es scheint sich um eine Mischung auf Petroleumbasis gehandelt zu haben, die in Fässern katapultiert oder aus Röhren abgeschossen wurde. Sie fing sofort Feuer und konnte mit Wasser nicht gelöscht werden. Wie die Griechen diese tödliche, flammenspeiende Chemikalie herstellten, ist bis heute ein Geheimnis geblieben. Sie war eine von ihren Feinden gefürchtete Waffe, da die hölzernen Kriegsschiffe während einer Seeschlacht besonders verwundbar waren.

Wann wurden erstmals Kanonen benutzt?

Die Chinesen erfanden Schießpulverraketen, aber erst im 14. Jahrhundert wurden in Europa Kanonen im Kampf eingesetzt. Die ersten Kanonen waren unhandlich und schossen massive Kanonenkugeln ab. Häufig zerplatzten ihre Rohre unter der Wucht der Schießpulverexplosion und fügten den eigenen Truppen mehr Schaden zu als dem Gegner.

Was war eine Pulverpfanne?

Die Steinschloßgewehre, die man früher benutzte, wurden mittels eines Funkens abgefeuert, der eine Pulverladung entzündete. Wenn man den Abzug betätigte, schlug ein Stück Feuerstein gegen eine Stahlplatte und sprühte Funken in die Pulverpfanne, in der sich eine kleine Menge Schießpulver befand. Diese brannte in einem grellen Blitz ab und entzündete die eigentliche Treibladung zum Abfeuern der Waffe.

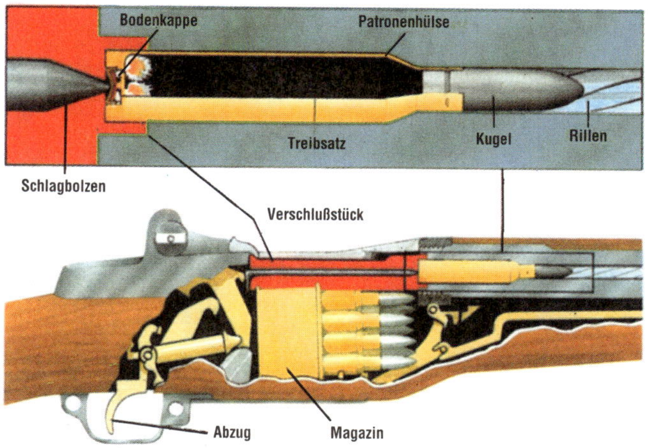

Der Mechanismus eines halbautomatischen Gewehrs und die Patrone (oben)

Warum rotieren Gewehrkugeln im Flug?

Eine Kugel fliegt weiter und gerader, wenn man sie beim Abschießen in Drehung versetzt. Sie hat dann das, was Wissenschaftler *Kreiselstabilität* nennen. Diesen Effekt kannten Bogenschützen und Speerwerfer schon lange vor der Erfindung des Gewehrs. In die Innenseite eines Gewehrlaufs sind spiralförmige Rillen geschnitten. Wenn die Kugel den Lauf entlangfliegt, versetzen die Rillen sie in Drehung. Man spricht dann von einem *gezogenen* Lauf.

Warum ist der Rückstoß einer Waffe gefährlich?

Wenn man eine Waffe abfeuert, schießt die explodierende Treibladung die Kugel oder die Granate in eine Richtung. Das hat aber eine gleich große Kraftwirkung in die andere Richtung zur Folge, und diese Kraft nennt man Rückstoß. Ein ungeschickter Schütze kann sich vom Rückstoß einer großen Waffe eine Schulterverletzung holen oder sogar einen Purzelbaum rückwärts schlagen. Die ersten Kanonen hatten beim Abfeuern so viel Rückstoß, daß sie manchmal um mehr als einen Meter zurücksprangen.

Wann wurde das Maschinengewehr erfunden?

Eine der ersten erfolgreichen automatischen Waffen war die Gatling-Kanone aus dem amerikanischen Bürgerkrieg. Sie hatte bis zu zehn Läufe, die nacheinander abgefeuert wurden, wenn man eine Kurbel drehte.

Wie weit können die größten Kanonen schießen?

1918 schossen die Deutschen mit einem 42-cm-Mörser von Krupp, der sogenannten „Dicken Berta". Ihr Lauf war 34 Meter lang, und sie feuerte eine 120 Kilo schwere Granate 116 Kilometer weit. Eine andere deutsche Kanone, die K5 des Zweiten Weltkriegs, hatte eine noch größere Reichweite – beinahe 150 Kilometer. Heute übertreffen Langstreckenraketen auch die Reichweite der größten Kanone.

Chieftain-Panzer

Warum haben Panzer Raupenketten?

Panzer wurden während des Ersten Weltkriegs entwickelt. Als die ersten Tanks 1916 in die Schlacht rollten, fuhren sie nicht auf Rädern, sondern auf Raupenketten. Die umlaufende Kette verteilte das Gewicht des Panzers, so daß er nicht im Schlamm steckenblieb. Die Ketten waren griffiger als normale Räder und ermöglichten es dem Panzer, durch unwegsames Gelände oder über weichen Sand zu fahren. Raupenketten wurden dann auch für andere Fahrzeuge verwendet, zum Beispiel für Bulldozer.

Wie versuchte eine *Schildkröte,* den *Adler* zu versenken?

1775, während des amerikanischen Unabhängigkeitskriegs, führte ein amerikanisches U-Boot den ersten Unterwasserangriff auf ein Schlachtschiff durch. Das U-Boot war die von David Bushnell entworfene *Turtle,* zu deutsch „Schildkröte". Das winzige Ein-Mann-Boot wurde von Ezra Lee gefahren. Die *Turtle* lief mit einem per Hand gekurbelten Propeller. Lee schaffte es, sein faßähnliches Gefährt unter das britische Schlachtschiff *Eagle* (zu deutsch „Adler") zu steuern, schaffte es aber nicht, dieses in die Luft zu sprengen. Bushnells Erfindung war trotzdem eine deutliche Warnung an alle Flotten der Welt; in verbesserter Form würde das U-Boot zu einem furchtbaren Gegner werden.

Warum liefen die ersten Kampfflugzeuge Gefahr, ihren eigenen Propeller abzuschießen?

Der Luftkrieg begann im Ersten Weltkrieg (1914-1918). Die ersten Militärflugzeuge hatten keine richtige Bewaffnung, und die Piloten beschossen sich gegenseitig mit Pistolen. Später wurden Maschinengewehre eingebaut, aber die Piloten von Flugzeugen mit Frontpropeller hatten ein Problem: Der Propeller war im Weg. 1915 brachte der französische Flieger Roland Garros stählerne Reflektoren an seinen Propellerblättern an, um die Kugeln abzulenken. Wenig später erfand Anthony Fokker einen Auslösemechanismus, der verhinderte, daß die Waffe abgefeuert wurde, während ein Propellerblatt sich direkt vor der Mündung befand.

Wie taucht ein Unterseeboot?

Ein U-Boot taucht unter, indem es Ballasttanks mit Wasser flutet. Die Tanks sind Hohlräume zwischen der inneren und äußeren Hülle des Fahrzeugs. Wenn das U-Boot tauchen soll, werden Ventile geöffnet, und Meerwasser fließt in die Tanks. Das Boot verliert an Auftrieb und sinkt ab. Um wieder aufzutauchen, wird das Wasser mit Druckluft aus den Tanks geblasen. Damit wird das U-Boot leichter und steigt hoch.

Wie atmen die Besatzungen von U-Booten unter Wasser?

Ein Unterseeboot, das dicht unter der Wasseroberfläche fährt, kann über *Schnorchel* genannte Atemrohre belüftet werden. Tief unter Wasser ist es aber unmöglich, einen Schnorchel zu benutzen. Statt dessen wird Luft durch Elektrolyse hergestellt (indem man elektrischen Strom durch Wasser leitet und es in Wasserstoff und Sauerstoff aufspaltet). Die Sauerstoffmenge in der Atemluft der Besatzung muß sorgfältig überwacht werden. Reinigungsapparaturen absorbieren die „Abgase", die die Crew ausatmet.

Warum erhielten Holzschiffe einen Kupferboden?

Hölzerne Schiffe werden in tropischen Gewässern vom Schiffsbohrwurm befallen, der die Holzplanken aushöhlt. Seit 1758 experimentierte die britische Marine mit Kupferplatten. Zuerst gab es Probleme, weil das Kupfer mit den Eisenbolzen des Rumpfes reagierte und korrodierte. Als man Kupferbolzen nahm, war das Problem gelöst.

Angewandte Chemie

Was macht Aluminium so glänzend?

Aluminium ist das am zweithäufigsten verwendete Metall (nach Stahl). Meistens wird es ohne besondere Oberflächenbehandlung eingesetzt. Aber wenn man es mit einer sauren oder alkalischen Lösung behandelt (häufig wird gleichzeitig noch elektrischer Strom durchgeleitet), kann man Aluminium besonders glatt und glänzend machen. Es bekommt so eine stark schimmernde Oberfläche.

Wie wird Eisen verhüttet?

Eisen wurde früher hergestellt, indem man Eisenerz mit Kohle und Kalkstein in einen Ofen gab. Während die Kohle glühte, floß das geschmolzene Eisen heraus und kühlte zu einer festen Masse aus. Diese *Schmelze* wurde dann gehämmert und, um das Eisen weiter zu veredeln, nochmals erhitzt. Dieser Prozeß des Eisenausschmelzens heißt *Verhüttung*.

Mittelalterlicher Waffenschmied

Wie wird moderner Stahl hergestellt?

Heutzutage macht man Stahl auf zwei verschiedene Arten: entweder im Konvertverfahren mit Sauerstoff oder im Lichtbogenverfahren. Beim ersteren werden ein Sauerstoffstrahl und Kalkpulver auf das geschmolzene Metall geblasen. Damit kann man in weniger als einer Stunde 350 Tonnen flüssiges Eisen und Altmetall zu reinem Stahl konvertieren. Das Lichtbogenverfahren arbeitet mit kaltem Alteisen, das durch die immense Hitze eines Lichtbogens geschmolzen wird (ein Lichtbogen ist ein kontinuierlicher Funke elektrischen Stroms).

Wie wurde das Geheimnis des rostfreien Stahls entdeckt?

Während des Ersten Weltkriegs entdeckte der Wissenschaftler Harry Brearley das Geheimnis des rostfreien Stahls. Er testete Stahl für Kanonenrohre und legierte eines Tages ein Stück mit mehr Chrom als zuvor. Das Resultat taugte nichts, und er warf das Metall weg. Nach einigen Tagen bemerkte er, daß, während andere Metallabfälle zu rosten begonnen hatten, der unbrauchbare Stahl noch wie neu glänzte. Er hatte entdeckt, wie man rostfreien Stahl herstellt.

Die erste Eisenbahnbrücke bei Coalbrookdale

Wie trug Koks zur Industriellen Revolution bei?

Abraham Darby (1677-1717), der Sohn eines Bauern, wurde Ingenieur. In seiner Eisengießerei in Coalbrookdale in Mittelengland entwickelte er eine bessere Methode der Eisenverhüttung. Anstelle der früher immer verwendeten Holzkohle nahm er Koks zum Erhitzen des Eisenerzes. Koks brannte mit höherer Temperatur und reicherte den Verhüttungsprozeß mit Kohlenstoff an. Das Eisenerz schmolz schneller, und so erzeugte man größere Mengen in besserer Qualität. Darbys Verwendung von Koks war eine wichtige Voraussetzung für die Industrielle Revolution.

Wann wurde der erste Stahl produziert?

Schon die Römer konnten eine Art Stahl herstellen, und auch anderswo müssen die Schmiede mehr oder weniger zufällig Stahl produziert haben. Während des Mittelalters war Toledo in Spanien für seine stählernen Klingen berühmt. Stahlproduktion wurde im großen Stil aber erst durch die Erfindung eines industriellen Stahlerzeugungsprozesses möglich. Das gelang Sir Henry Bessemer, der 1856 einen *Konverter* zur Stahlproduktion, die sogenannte Bessemerbirne, erfand.

Wie kann man Stahl veredeln?

Durch Hinzufügung anderer Substanzen kann man die Eigenschaften von Stahl in verschiedener Weise beeinflussen. Der Stahl kann elastischer werden, schlagfester und beständiger gegen hohe Temperaturen. Schneidewerkzeuge oder Bohrer sind oft mit Schneiden aus einem Stahl ausgerüstet, dem Wolfram oder Molybdän zugesetzt wurde. Diese beiden Legierungen machen Stahl besonders hart, so daß das Werkzeug sich nicht so schnell abnutzt.

Woraus besteht Silbergeld?

Metalle wie Gold oder Silber sind heute viel zu kostbar, um Geldmünzen aus ihnen zu prägen. Unser „Silbergeld" besteht vielmehr aus einer Kupfer-Nickel-Legierung (75 Prozent Kupfer und 25 Prozent Nickel).

Wozu benutzt man Silber in der Fotografie?

Ein Film enthält Körnchen von Silberverbindungen, die *Halogenide* heißen. Diese sind sehr lichtempfindlich und verändern sich chemisch, wenn Licht auf sie fällt. Wenn der Film entwickelt ist, sind die vom Licht veränderten (belichteten) Körnchen zu metallischem Silber geworden. Das Bild, das wir sehen, besteht aus Tausenden von winzigen Silberflecken.

Warum repariert man Knochenbrüche mit Silber?

Ein Chirurg kann Schäden oder Brüche an den Knochen des menschlichen Körpers reparieren, indem er Metallstifte, -nägel oder -platten einsetzt. Silber wird für solche Reparaturen gern genommen, weil es nicht mit dem Körpergewebe reagiert. Prothesen aus Silber haben eine lange Lebensdauer.

Wie wird Stahl durch eine Zinkschicht geschützt?

Zink schützt Stahl gegen Korrosion. Den Vorgang der Beschichtung nennt man *Galvanisieren*. Obwohl Zink selbst unter feuchten Bedingungen korrodiert, bildet sich eine Schicht Karbonat, die das Weiterrosten verhindert. Sollte Zink verkratzt werden und den bloßen Stahl freilegen, wird eher das umliegende Zink weggefressen.

Warum beschert uns Wolfram helleres Licht?

Wolfram hat mit 3380° C den höchsten Schmelzpunkt aller Metalle. Daher ist er das beste Material für Glühfäden.

Welches Metall schluckt man gegen Verdauungsstörungen?

Magenbeschwerden können durch zuviel Säure verursacht sein. Um Verdauungsstörungen zu beheben, nimmt man häufig Magnesiummilch, eine Magnesiumverbindung. Sie verbindet sich mit den Säuren und erzeugt Natron, wodurch der Säuregehalt im Magen reduziert wird.

Warum bekommen manche Krankenhauspatienten Barium zu essen?

Bariumsulfat ist ein weißes Mineral, das von Röntgenstrahlen kaum durchdrungen wird. Patienten, bei denen man den Magen oder Darm röntgen will, bekommen deshalb etwas Barium zu schlucken. So werden die inneren Organe auf dem Röntgenfilm deutlich sichtbar.

Ein mit Silberdraht gerichteter Beinbruch

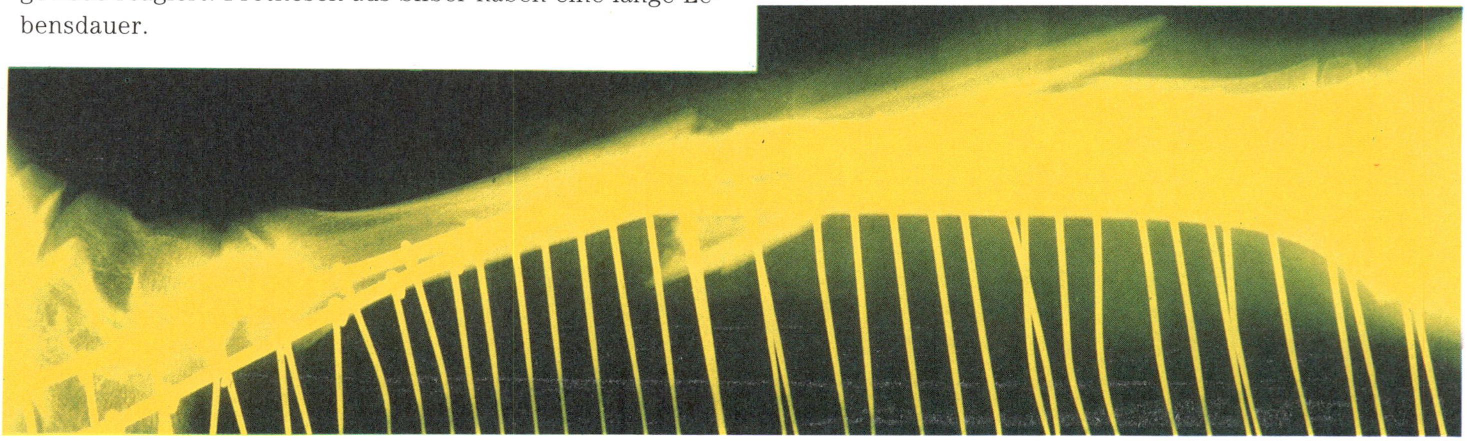

Wissenschaft im Alltag

Wann gab es die ersten Kerzen?

Kerzen sind seit mindestens 3000 Jahren in Gebrauch, wahrscheinlich sogar länger. Sie werden bereits im Alten Testament erwähnt, und die Römer hatten Kerzen aus Flachs, das mit Pech und Wachs beschichtet wurde.

Römische Fußbodenheizung

Wer kam vor 2000 Jahren in den Genuß einer Zentralheizung?

Reiche Römer lebten in Häusern mit sogenannten *hypokaustischen* Fußbodenheizungen. Sklaven unterhielten ein Feuer, das heiße Luft durch den doppelten Boden des Hauses zirkulieren ließ. Heiße Luft strömte auch durch Rauchabzüge in den Wänden. Die Römer, die in vom sonnigen Italien weit entfernten Teilen des Reiches wohnten (etwa in Germanien), werden solchen Luxus zu schätzen gewußt haben.

Was war die Zunderbüchse?

Die Zunderbüchse benutzte man vor der Erfindung der Streichhölzer zum Feuermachen. Mit dem Feuerstein schlug man gegen ein Stahlteil und ließ die entstehenden Funken auf den trockenen Zunder fallen (oft verkohlte Stoffstücke). Der Zunder glimmte, und mit einigem Geschick (ganz, ganz sachtes Blasen) ließ sich eine Flamme erzeugen. Sicherheitsstreichhölzer wurden erst im 19. Jahrhundert erfunden.

Warum kühlt ein Kühlschrank?

Wenn eine Flüssigkeit verdampft, entzieht sie ihrer Umgebung Wärme. In den Windungen der Kühlschlange eines Kühlschranks zirkuliert ein Gas, etwa Ammoniak. Dieses Gas wird erhitzt und dann abgekühlt. Beim Erkalten wird das Gas zu einer Flüssigkeit. Während sie durch die Röhren des Kühlschranks läuft, nimmt sie Wärme auf und wird wieder zu Gas. Bei jeder Wiederholung dieses Kreislaufs wird es im Kühlschrank kälter.

Kühlschrank

Wie halten Kühlschränke die Nahrung frisch?

Nahrung verdirbt durch die Aktivität winziger Bakterien. Solche Bakterien vermehren sich bei Temperaturen über 10° C rapide. Bei niedrigeren Temperaturen geht es langsamer, und das Essen bleibt länger frisch.

Wann wurde erstmals Tiefkühlkost verkauft?

Schon vor sehr langer Zeit wußten die Menschen, daß Schnee und Eis das Essen frisch hält. Aber vor dem 19. Jahrhundert gab es keine Möglichkeit, Eis zu machen. Früher wurde das Eis im Winter in Blöcke geschnitten und in sogenannten Eiskellern gelagert, aber bis zum Sommer war alles geschmolzen. 1834 entdeckte Joseph Perkins, wie man künstlich Eis herstellen konnte. Aber erst in den 20er Jahren gab es Tiefkühlkost zu kaufen.

Welcher berühmte General erfand das Konservieren durch Einkochen?

Die ältesten Methoden zur Nahrungskonservierung sind das Salzen und das Trocknen. Im frühen 19. Jahrhundert verlangte der französische Kaiser Napoleon etwas Besseres. Nicholas Appert fand die Antwort: in Glaskrügen gekochtes und versiegeltes Essen. Es blieb frisch, und Napoleons Soldaten waren die ersten, die eingekochte Rationen mit sich führten. Erst viele Jahre später verstanden die Wissenschaftler, wie das Einkochen funktionierte. Es tötet die Bakterien, die das Essen zersetzen.

Wie viele Stiche in der Minute kann eine Nähmaschine machen?

Eine gewöhnliche Haushaltsnähmaschine kann mit einer Geschwindigkeit von etwa 1500 Stichen pro Minute nähen, also viel schneller, als jemand per Hand es könnte. Ab etwa 1790 gab es die ersten Nähmaschinen, aber der erste, der sie in großer Stückzahl herstellte, war Isaac Singer, der seine erste Maschine 1851 patentieren ließ. Heute gibt es etwa 2000 Unterarten, von denen einige 20 000 Stiche in der Minute nähen können.

Ist es wahr, daß die ersten Teppichreiniger mehr bliesen als saugten?

Die Erfinder von Haushaltsgeräten im späten 19. Jahrhundert kamen manchmal durch Versuch und Irrtum ans Ziel. Die ersten elektrischen Teppichkehrer stießen einen Luftstrom aus, der den Staub vom Teppich blies. Unglücklicherweise schlug der Staub sich dann anderswo nieder! 1901 hatte ein Erfinder namens H. C. Booth eine bessere Idee. Warum den Reiniger nicht saugen statt blasen lassen? Um zu sehen, ob die Idee funktionierte, legte er sich auf den Boden und sog Luft durch ein Taschentuch ein. Es klappte, und Booth baute den ersten modernen Staubsauger.

Wann gab es die ersten Kleidungsstücke mit Reißverschluß?

Bis in dieses Jahrhundert hinein wurden alle Kleidungsstücke mit Knöpfen, Haken oder ähnlichen Vorrichtungen geschlossen. Doch man suchte schon seit langem nach einer rationelleren Verschlußmöglichkeit für Kleidungsstücke. Der Reißverschluß wurde 1891 von Whitcomb Judson in den USA erfunden und von einem Schweden, Gideon Sundback, 1913 verbessert.

Eine der Konservendosen, die Sir Edmund Parry 1824 auf seiner Antarktisexpedition mitnahm.

Wie öffnet man eine Dose ohne Dosenöffner?

Konservendosen kamen erstmals in den 20er Jahren des 19. Jahrhunderts in den Handel. Es gab nur einen Weg, sie zu öffnen: mit Hammer und Meißel oder einem kräftigen Messer. Sicher haben sich viele Menschen bei dem Versuch verletzt – oder aufgegeben und die Dosen ungeöffnet fortgeworfen. Erst etwa um 1860 stellte ein unbekannter Erfinder den ersten Dosenöffner her.

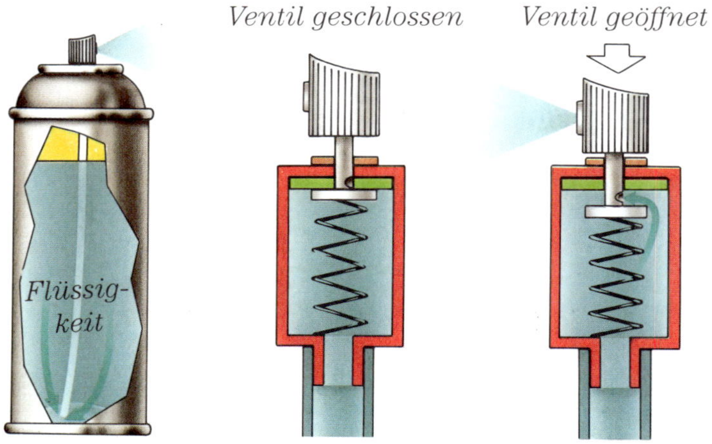

Spraydosen funktionieren mit Treibgas.

Wann gab es die ersten Spraydosen?

Die Spraydose wurde 1941 von dem Amerikaner Lyle D. Goodhue erfunden. Der Behälter (in dem zum Beispiel Farbe oder ein Haarspray ist) enthält als Treibmittel ein unter Druck stehendes Gas, zum Beispiel Fluorkohlenwasserstoff (FCKW). Zum Schutz der Ozonschicht wurden internationale Vereinbarungen getroffen, wonach der Gebrauch von FCKW drastisch eingeschränkt bzw. ganz verboten werden soll.

Herstellungsverfahren

Werden wir bald nach Wunsch bedruckte Kleidung kaufen können?

Gegenwärtig durchlaufen Kleiderstoffe beim Bedrucken in der Fabrik eine Reihe von Siebdruckwalzen, die verschieden eingefärbt sind. Es wird vielleicht bald möglich werden, „fotokopierte" Entwürfe zu kaufen. Die Farben und Formen würden mit einer dem Fotokopierer ähnlichen elektrostatischen Maschine auf den Stoff übertragen und durch Hitze an den richtigen Stellen fixiert. So könnte man Tausende von Designs auf Lager haben. Mit einem computerisierten Auswahlsystem würde der Kunde ein beliebiges Muster in Farben seiner Wahl aussuchen, das dann sofort auf unbedruckte Stoffe übertragen würde.

Was war die Baumwoll-Entkernungsmaschine?

Baumwolle besteht aus den Samenfasern der Baumwollpflanze. Die Samenkerne müssen allerdings entfernt werden, und bis 1793 mußte das umständlich von Hand gemacht werden. Dann ließ der Amerikaner Eli Whitney den Entkerner patentieren, eine Maschine, die die Arbeit von 50 Feldarbeitern übernehmen konnte. Im Entkerner befand sich eine gezähnte Walze; während eine Kurbel gedreht wurde, zogen die Zähne die Baumwollfasern durch schmale Schlitze. Die Samenkörner waren zu groß, um durch die Schlitze zu passen, und fielen in einen Behälter.

Welches waren die ersten Klebstoffe?

Vor ungefähr 3000 Jahren benutzten die Menschen Klebstoffe aus Pflanzen, wie Getreide oder Reis, aber auch aus den Knochen und Hörnern von Tieren. Auch Baumharz, Teer, Bienenwachs, Eiweiß und sogar Käse wurden als Klebstoffe eingesetzt.

Wie gossen die Ägypter Statuen aus Metall?

Die Ägypter machten Statuen ihrer Pharaonen (Könige) nach dem Prinzip der *verlorenen Form.* Zuerst wurde ein detailgetreues Wachsmodell angefertigt. Dieses hüllte man dann vorsichtig mit weichem Ton ein. Den Ton brannte man in einem Ofen, bis er hart war. Dabei schmolz das Wachs und lief durch ein Abflußloch aus der Form heraus, wobei im Inneren ein negativer Abdruck zurückblieb. Dann goß man geschmolzenes Metall in die gebrannte Tonform. Nach dem Abkühlen, wenn das Metall wieder erhärtet war, zerbrach man die Form und erhielt so die fertige Statue.

Wie wurde vor dem Maschinenzeitalter Papier hergestellt?

Im 17. Jahrhundert wurde noch jedes Blatt Papier einzeln von Hand geschöpft. Die einzigen verwendeten Maschinen waren von Wasserrädern über eine Nockenwelle angetriebene Stampfhämmer. Diese zermahlten Lumpen mit Wasser zu einem Brei. Der Brei kam dann in einen Bottich, in den man ein Drahtsieb tauchte. Das Sieb nahm eine dünne Schicht des Breis auf. Es wurde herausgehoben, geschüttelt und auf Filz gelegt. Das Papier haftete am Filz und wurde in eine Spindelpresse gelegt, um die Feuchtigkeit zu entfernen. Dann schälte man jedes Blatt Papier einzeln vom Filz ab und hängte es zum Trocknen auf.

1. Stampfhämmer verwandeln eine Mischung aus Lumpen und Wasser in Brei. 2. Der Brei wird in einen Bottich getan. Mit einem Drahtsieb schöpft man eine dünne Schicht ab und legt sie auf Filz. 3. Die nassen Blätter werden in einer Presse gepreßt und 4. abgeschält und zum Trocknen aufgehängt.

Kann Papier auch aus Synthetikfasern wie Nylon gemacht werden?

Papier kann genauso gut aus Synthetik- wie aus Naturfasern hergestellt werden. Aber es ist teurer, weil man einen Klebstoff hinzufügen muß, der die natürliche Klebkraft der Zellulose ersetzt. Papier aus Synthetikfasern ist jedoch nützlich, weil es Säure und Hitze sehr gut aushält.

Kann man aus jeder Pflanze Papier herstellen?

Das meiste Papier, das wir heute benutzen, wird aus Holzfasern gemacht, also aus Bäumen. Aber eigentlich kann man die Fasern fast jeder Pflanze zur Papierherstellung benutzen. Pflanzen enthalten Zellulose, ein starkes und zähes Material, das aufquillt, wenn man es mit Wasser tränkt, aber seine Festigkeit behält. Deshalb sind fast alle Pflanzenfasern zur Papierfabrikation geeignet.

Was sind Duroplaste?

Es gibt zwei Hauptgruppen von Kunststoffen: *Thermoplaste* (die unter Hitze verformbar sind) und *Duroplaste,* die, wenn das Kunstharz einmal ausgehärtet ist, nicht mehr erweicht und verformt werden können. Einer der ersten Kunststoffe, der kommerziell genutzt wurde, war das Bakelit, ein Duroplast. Man machte daraus z.B. Steckergehäuse, weil Bakelit besonders gut isoliert.

Welches war der erste Kunststoff?

1862 führte der Chemiker Alexander Parkes auf einer Ausstellung in London eine neue Entdeckung vor. Die Substanz, die er geschaffen hatte, war Zellulosenitrat, das er *Parkesin* nannte. Es war der erste Kunststoff, ein zähes Material. Parkesin wurde später von dem Amerikaner John Wesley Hyatt weiterentwickelt und in Zelluloid umbenannt. Es ist heute noch wichtig als Rohmaterial für Filme.

Gibt es Polymere in der Natur?

Stärke und die Zellulosefasern der Pflanzen sind natürliche Polymere. Ein anderes ist Gummi. Das Monomer (das einzelne Molekül) des Gummis heißt Isopren. Es polymerisiert auf natürliche Weise im Gummibaum und bildet eine klebrige, Latex genannte Substanz. Dieses Latex wird gewonnen, indem man den Baum anzapft, und wird dann getrocknet und nachbehandelt, bis Naturgummi daraus wird.

Warum kleben Klebstoffe?

Bis zu einem gewissen Grad kleben alle Substanzen aneinander. Die Neigung der Moleküle, aneinander zu haften, hält buchstäblich die Welt zusammen. Klebstoffe müssen nicht unbedingt aus Stoffen bestehen, die von Natur aus kleben. Künstliche Klebstoffe kann man aus chemischen Polymeren herstellen – Substanzen, die aus Riesenmolekülen bestehen, die wiederum viele kleine, Monomere genannte Moleküle enthalten. Polymere suchen sich immer an andere Polymere anzuhängen.

Die ersten elektrischen Geräte wurden aus Bakelit gemacht. Es wurde 1908 von Leo Hendrik Baekeland erfunden und war ein guter Isolator.

Wann wurde der Gummiregenmantel erfunden?

Bis ins 19. Jahrhundert konnte sich niemand so recht eine Verwendung für natürlichen Gummi vorstellen. Er war sehr temperaturabhängig, wurde bei Wärme weich und bei Kälte steif. Um 1830 fertigte ein Schotte namens Charles Macintosh ein *Laminat* an, ein „Sandwich“ aus zwei Lagen Stoff mit Gummi dazwischen. Der gummierte Stoff gab einen passablen Regenmantel ab, auch wenn bei Hitze klebriger Gummi aus dem Sandwich zu tropfen pflegte.

Was ist vulkanisierter Gummi?

Vulkanisierter Gummi ist stärker und elastischer als roher Naturgummi. Das Geheimnis seiner Herstellung entdeckte im 19. Jahrhundert der amerikanische Chemiker Charles Goodyear, als er ein Verfahren erprobte, das ein anderer Amerikaner, Nathaniel Hayward, vorgeschlagen hatte. Goodyear gab Gummi in kochenden Schwefel und beobachtete eine Veränderung. Der Gummi verkohlte, brannte aber nicht. Er kam stärker (aber immer noch elastisch) aus dem Bad heraus, weil die Schwefelmoleküle sich mit dem Gummi verbunden hatten.

Wie macht man Schaumstoffe?

Schaumstoffe sind Thermoplaste (zum Beispiel Polystyrol und Polyurethan). Der Schaum wird erzeugt, indem man dem flüssigen Kunststoff eine Chemikalie zusetzt, die beim Erhitzen Gas absondert. Die Gasblasen durchsetzen die heiße Kunststoffmasse, und beim Abkühlen bekommt der Kunststoff seine schaumige Konsistenz.

Warum läßt sich Gummi dehnen?

Gummi dehnt sich, weil er aus langen Ketten von Molekülen oder Polymeren besteht. Die Moleküle gleiten leicht ineinander, und deshalb kann der Gummi ohne Schwierigkeit seine Form ändern.

Wann wurde künstlicher Gummi erfunden?

Schon im Ersten Weltkrieg führte Deutschland Experimente zur Herstellung von künstlichem Gummi durch, andere Länder dann in den 30er Jahren. Perfektioniert wurde das Verfahren im Zweiten Weltkrieg von Amerika, da eine große Nachfrage nach Gummi bestand, die Gummibaumplantagen in Südostasien aber von den japanischen Streitkräften kontrolliert wurden. Künstlicher Gummi wird aus Kohlenwasserstoffen (Erdölprodukten) gemacht. Die gebräuchlichste Form ist der Styrolkautschuk, abgekürzt SBR (SB steht für Styrol-Butadien, R für „rubber", was einfach das englische Wort für Gummi ist).

Was geschieht in einer Erdölraffinerie?

Rohöl (eine grünlich-braune bis schwarze, klebrige Flüssigkeit) ist eine Mischung verschiedener Substanzen. Diese sind sehr nützlich, aber zunächst müssen sie aus dem Öl herausgelöst werden. Das geschieht in Raffinerien mittels eines Verfahrens, das Destillation heißt. Das Rohöl wird am Boden eines Behälters gekocht. Die verschiedenen Bestandteile verdampfen und steigen auf. Beim Abkühlen werden sie wieder flüssig, und zwar jeder bei einer anderen Temperatur. Die Flüssigkeiten werden auf verschiedenen Ebenen des Behälters (der *Fraktionssäule*) entnommen. Die einzelnen Flüssigkeiten nennt man Fraktionen. Die leichteren Stoffe entnimmt man ganz oben; am Grund des Behälters, wo die Hitze am größten ist, sammeln sich die schweren Bestandteile.

Was kann man mit Kohle noch machen, außer sie zu verbrennen?

Kohle enthält, wie Öl und Erdgas auch, Chemikalien, die für die Kunststoff- und petrochemische Industrie von Nutzen sind. Wenn man Kohle auf eine Temperatur zwischen 1000 und 1200° C erhitzt, spaltet sie sich in vier Hauptbestandteile: Koks, Koksgas, Ammoniak und Teerkohle. Produkte, die auf Kohlebasis hergestellt werden, sind Farben, Arzneimittel, Insektizide, Kunstdünger, Sprengstoffe und Lösungsmittel.

Welche Nebenprodukte gewinnen wir aus dem Öl?

Rohöl liefert eine ganze Anzahl von Nebenprodukten. Dazu gehören Gas und petrochemische Erzeugnisse (die leichtesten *Fraktionen*, die während der Destillation entstehen), Benzin, Kerosin, Dieselöl, Schmieröl, Schweröl (das in den Dampfturbinen der Kraftwerke eingesetzt wird) und Bitumen, das die schwerste Fraktion ist.

Könnten wir ohne Erdölprodukte leben?

In der Welt von heute sind wir in starkem Maß von Erdölprodukten abhängig. Aus ihnen werden so alltägliche Sachen wie Plastik oder Nylon hergestellt. In den 80er Jahren wurde etwa fünfmal soviel Öl verarbeitet wie in den 50ern. Es gibt so viele Verwendungsmöglichkeiten für Erdölprodukte, daß einige Wissenschaftler es für unsinnig halten, wenn wir die wertvollen und begrenzten Ölreserven als Treibstoff für die Motoren unserer Autos verschwenden.

Das Innere einer Ölraffinerie

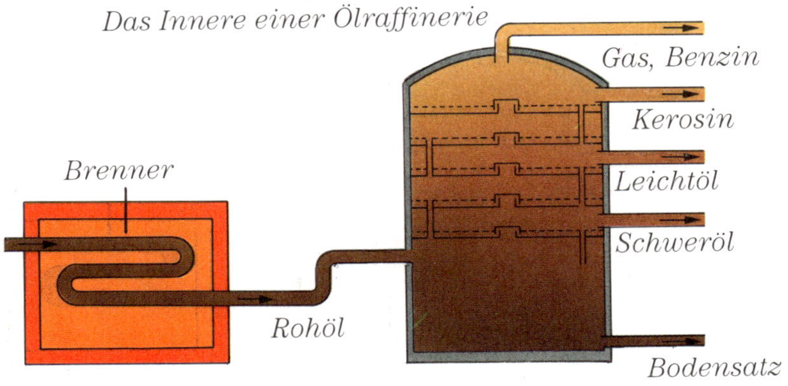

Architektur

Wie hielten die Steine der Pyramiden zusammen?

Die alten Ägypter verwendeten keinen Zement, um Steine miteinander zu verbinden. Beim Bau ihrer mächtigen Pyramiden schnitten sie jeden Stein sorgfältig so zu, daß er genau mit den umliegenden Steinen zusammenpaßte. Steinblöcke bis zu 100 Tonnen Gewicht wurden von Tausenden von Sklaven an Ort und Stelle gehievt.

Warum waren die Römer so gute Baumeister?

Die alten Römer konnten einen Zement herstellen, der auch unter Wasser aushärtete – ein Geheimnis, das in Europa erst im 18. Jahrhundert wiederentdeckt wurde. Sie verstanden es auch, gebrannte Ziegel und Backsteine herzustellen. Die römischen Baumeister konstruierten Bögen, Gewölbe und Kuppeln. So konnten sie Amphitheater bauen, Aquädukte, Brücken, Festungsmauern, Leuchttürme und die besten Straßen der Welt.

Viele römische Aquädukte stehen heute noch.

Wie hoch konnten die Baumeister des Mittelalters bauen?

Die höchsten Bauwerke des Mittelalters waren die Kathedralen. Die Baumeister und Architekten wetteiferten miteinander, wer die höchsten Kirchen baute. Oft brachen die Türme zusammen, weil ihre Fundamente nicht stark genug waren. Der Turm des Straßburger Münsters, einem der mächtigsten Bauwerke des Mittelalters, ragt 142 Meter empor – so hoch wie ein 40stöckiger Wolkenkratzer.

Wie schwer ist der Eiffelturm?

Der Eiffelturm ist das berühmteste Wahrzeichen der französischen Hauptstadt Paris. Er wurde 1889 fertiggestellt und ist 300 Meter hoch. Ganz aus Eisen gebaut, war er die futuristischste Konstruktion seiner Zeit. Mehr als 7600 Tonnen Eisen wurden beim Bau verwendet.

Warum gab es bis vor etwa 100 Jahren keine Wolkenkratzer?

Je höher ein Steingebäude aufragt, desto dicker müssen die Wände seines Fundaments sein, damit sie die enorme Last tragen können. Diese Tatsache setzte der Höhe der Bauwerke bis in die 80er Jahre des letzten Jahrhunderts Grenzen; dann experimentierte man erstmals mit Stahlgerüsten. Ein Versicherungsgebäude in Chicago war 1885 das erste Gebäude ohne tragende Wände. Es wurde von einem Skelett aus Metallträgern zusammengehalten, und obwohl es nur zehn Stockwerke hoch war, war es doch der Vorläufer aller modernen Wolkenkratzer, für die Amerikas Städte berühmt sind.

Wolkenkratzer haben ein Stahlskelett.

Wer erfand den Aufzug?

Die wenigsten Leute haben Lust, über Treppen höher als bis in den vierten oder fünften Stock zu steigen. Es hätte keine Wolkenkratzer gegeben, wenn nicht der Aufzug vorher erfunden worden wäre. In Fabriken benutzte man schon länger Hebezeuge (mit Flaschenzügen bediente Lifte). Einige wurden von Dampfmaschinen angetrieben. 1854 erfand Elisha Otis den Personenaufzug. Die ersten Aufzüge wurden hydraulisch angetrieben (mit Wasserkraft). Lifte mit Elektromotoren kamen ab 1890 auf.

Woher kommt die Kraft eines Preßlufthammers?

Die Hämmer und Bohrer, mit denen man Beton aufbricht oder Löcher in Felsen treibt, werden mit Druckluft betrieben. Ein Kompressor (eine Motorpumpe) schickt unter Druck stehende Luft durch einen biegsamen Schlauch. Die Luft treibt einen Kolben an, der seinerseits den Preßlufthammer auf und ab rüttelt, so daß der Beton zertrümmert wird.

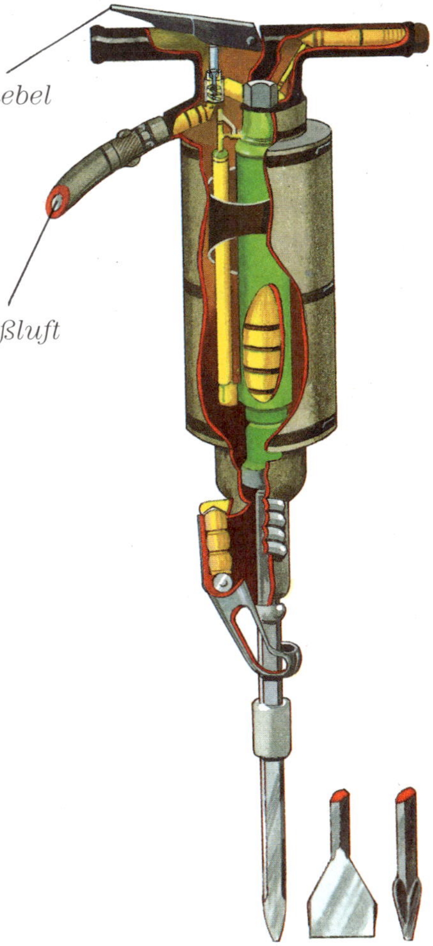

Preßlufthammer

Wieviel Erde kann der größte Bagger bewegen?

Die größte fahrbare Maschine der Welt ist ein Schleppschaufelbagger mit dem Spitznamen *Big Muskie*. Er wiegt mehr als zehntausend Tonnen, und die Schaufel kann 168 Kubikmeter Erde auf einmal ausheben. Zum Vergleich: die größten Bagger, die du normalerweise zu sehen kriegst, haben Schaufeln mit höchstens 35 Kubikmeter Inhalt.

Big Muskie, der größte Bagger der Welt

Wie tief war die erste Ölquelle?

Die Chinesen verstanden sich schon vor 2000 Jahren darauf, Öl zu fördern. Aber die erste moderne Ölquelle wurde 1859 in den USA gebohrt. Der Pionier, der diese Bohrung anlegte, hieß Edwin L. Drake und arbeitete sich durch 21 Meter dicken Fels, bevor er auf Erdöl stieß. Das war 30 Jahre vor der Erfindung des benzingetriebenen Autos. Die Erdölsucher waren damals hauptsächlich daran interessiert, Petroleum zu fördern, das man für Öllampen brauchte.

Wer hatte als erster die Idee, einen Kanaltunnel zu graben?

Der französische Ingenieur Albert Mathieu hatte 1802 eine Idee, wie man England erobern könnte. Er schlug Napoleon Bonaparte vor, einen Tunnel unter dem Wasser des Ärmelkanals zu graben. Mathieu plante, auf halbem Weg auf einer Sandbank eine künstliche Insel anzulegen, damit die Pferde unterwegs Luft schnappen konnten.

Wer erfand das Dynamit?

1866 arbeitete Alfred Nobel, ein schwedischer Chemiker, mit Nitroglyzerin, einem sehr instabilen und gefährlichen Sprengstoff. Zufällig floß etwas Nitroglyzerin in eine Kiste mit einer *Kieselgur* genannten vulkanischen Erde und verband sich damit zu einer festen Masse. Nobel hatte einen neuen Sprengstoff entdeckt, den er Dynamit nannte. Das neue Material konnte viel gefahrloser transportiert und angewandt werden. Mit Dynamit wurden Eisenbahntunnel, wie der lange Simplon-Tunnel (19,8 Kilometer), der die Schweiz und Italien verbindet, aus dem Fels gesprengt.

Landwirtschaft

Wann ernteten Bauern die ersten Feldfrüchte?

Israelische Archäologen haben Sicheln aus Feuerstein gefunden, deren Alter sie auf 13000 Jahre schätzen. Eine Untersuchung der Sichelschneiden unter dem Mikroskop hat ergeben, daß sie höchstwahrscheinlich zur Ernte von veredeltem Getreide benutzt wurden, nicht von wilden Sorten. Wenn das stimmt, begann die Landwirtschaft viel früher als bisher angenommen. Zuvor hatten die Forscher Spuren von Getreideanbau vor ca. 11000 Jahren in Syrien gefunden.

Warum spannten die Römer keine Pferde vor ihre Pflüge?

Im alten Rom zogen im Joch angeschirrte Ochsen die schweren Lasten, wie Wagen und Pflüge. Pferde durften von Gesetzes wegen nicht mehr als 500 Kilogramm ziehen und wurden nie vor den Pflug gespannt. Das lag daran, daß Pferde mit einem Halsriemen angeschirrt wurden, der bei zu schwerer Last das Pferd ersticken konnte. Das wirksamste Geschirr ist ein Kummet, das auf den Schultern des Pferdes liegt und seine Atmung nicht behindert. Aber das Kummet kam erst im 9. Jahrhundert nach Europa (von Asien her, wo es wohl erfunden wurde).

Warum war das Pferd ein besseres Zugtier als der Ochse?

Das Futter für ein Pferd kostet mehr als das für einen Ochsen, aber der Bauer des Mittelalters hatte trotzdem gute Gründe, lieber ein Pferd als einen Ochsen vor seinen Pflug zu spannen. Pferd und Ochse waren zwar gleich stark, aber das Pferd bewegte sich 50 Prozent schneller und konnte zwei Stunden länger arbeiten. Einige mittelalterliche Bauern maßen die umgepflügte Fläche, ihr Tagwerk, in *Pferdetagen*. Ein Pferdetag entsprach zwei Ochsentagen.

Wer baute die erste Mähmaschine?

In den 30er Jahren des 19. Jahrhunderts erfand Cyrus Hall McCormick in den USA eine pferdegezogene Maschine, um Getreide zu mähen. Auf die mechanische Mähmaschine folgte um 1850 der erste Mähdrescher.

Was bedeutet Fruchtwechsel?

Wenn man Jahr für Jahr dieselbe Frucht auf demselben Boden anbaut, erschöpft sich die Erde, und es kommt zu geringeren Erträgen und Pflanzenkrankheiten. Die Römer folgten einem zweijährigen Turnus, indem sie jedes Feld abwechselnd ein Jahr lang brachliegen ließen (nicht ansäten). Die Landwirte des Mittelalters teilten jedes Feld in drei Parzellen. Jede Parzelle wurde in jährlicher Folge anders bepflanzt: im ersten Jahr Weizen, im zweiten Hafer, im dritten ließ man sie brachliegen.

Im 18. Jahrhundert wurden in der Landwirtschaft verbesserte Techniken und neue Zuchtrassen eingeführt.

Wann begann die wissenschaftliche Landwirtschaft?

Im 18. Jahrhundert stieg die Bevölkerungszahl Englands rapide an. Man brauchte mehr Nahrungsmittel, und das spornte die Bauern an, sich neue Erkenntnisse zunutze zu machen, vor allem in der Viehzucht. Die ersten Versuchsfarmen wurden von Jethro Tull, Robert Bakewell und anderen gegründet. In Amerika war George Washington ein leidenschaftlicher Landwirt und experimentierte mit zahmen Büffeln, um herauszufinden, ob sie bessere Fleischerzeuger wären als Rinder.

Warum wurde die bescheidene weiße Rübe zu einem wertvollen Gemüse?

Bis zum Beginn der landwirtschaftlichen Revolution mußten viele Tiere im Herbst getötet werden, weil es kein Winterfutter für sie gab. Im späten 17. Jahrhundert führten englische Bauern in Norfolk das Viersaat-System ein, bei dem das Brachjahr entfiel und statt dessen weiße Rüben gepflanzt wurden, um Rinder und Schafe über den Winter zu bringen.

Verbessert Musik das Pflanzenwachstum?

Ein japanischer Gärtner behauptet, daß sein Gemüse besser wächst, wenn er ihm Beethoven vorspielt. Das ist kein neuer Gedanke. Schon Charles Darwin blies einigen seiner Pflanzen auf der Trompete vor, um zu sehen, was für eine Wirkung das hatte. Die moderne Wissenschaft hat nachgewiesen, daß Geräusche Pflanzen tatsächlich beeinflussen, also ist ein Treibhaus mit Musik gar nicht so dumm.

Wann arbeitete der erste motorgetriebene Traktor?

Benzinmotoren wurden auf dem Bauernhof zunächst als stationäre Maschinen eingesetzt und erst später auf vier Rädern. Der erste benzingetriebene Traktor der Welt wurde 1892 in den USA gebaut.

Wie funktionierte der Dampfpflug?

Schon im 18. Jahrhundert verwendete man Dampfkraft in der Landwirtschaft, um Maschinen anzutreiben. Aber die Dampfmaschinen waren normalerweise stationär, auch wenn es gelegentlich Dampftraktoren gab, die aus eigener Kraft herumfahren konnten. Der Dampfpflug wurde an langen Zugketten über das Feld vor- und zurückgezogen; die Zugketten hingen an einer oder mehreren stationären Dampfmaschinen.

Wann wurde der erste Kunstdünger eingesetzt?

Schon immer haben Bauern Tierdung verwendet, um die Fruchtbarkeit der Erde wiederherzustellen. Aber chemischen Dünger begannen sie erst im 19. Jahrhundert einzusetzen. Man experimentierte mit Salpeter, mit salpetersaurem Natrium und mit Guano (Vogelmist) aus Peru. 1842 fand der Brite John Bennet Lawes heraus, wie man aus Gestein Superphosphat gewinnen konnte, und damit nahm die Kunstdüngerindustrie ihren Anfang.

Warum sind einige Unkraut- und Insektenvertilgungsmittel schädlich?

Die Landwirte setzen mehr und mehr Chemikalien ein, um Unkraut und Schädlinge unter Kontrolle zu halten. Heute wissen wir, daß manche Chemikalien sowohl den Boden als auch die Umwelt gefährden können. DDT zum Beispiel wurde in den 40er Jahren als Wundermittel begeistert begrüßt. Es war eine gute Waffe im Kampf gegen Moskitos und andere krankheitsübertragende Insekten. Aber weil sich DDT im Erdboden und in der Nahrungskette von Pflanzen und Tieren anreichert, wird seine Verwendung heute streng kontrolliert.

Wieso haften Pestizide an den richtigen Pflanzen?

Wenn ein Bauer ein Pestizid auf seine Feldfrüchte sprüht, könnten die Chemikalien später in die umgebenden Landflächen verwehen. Aber wenn die Chemikalientröpfchen, bevor sie den Sprühkopf verlassen, über eine elektrisch geladene Platte geleitet werden, laden sie sich elektrisch auf. Dann haften sie am nächsten Gegenstand – den Blättern der Pflanzen – und breiten sich nicht weiter aus.

Warum müssen Blattläuse sich vor Radarfallen hüten?

Blattläuse können in Kartoffel- und Getreidefeldern großen Schaden anrichten. Alle drei oder vier Jahre treten besonders große Schwärme auf. Mit empfindlichen Radargeräten kann man solche Schwärme von winzigen Blattläusen tatsächlich aufspüren, so daß die Landwirte vor Blattlausüberfällen gewarnt sind.

Dampfpflug

Die Eisenbahn

Hatten die alten Griechen Eisenbahnen?

Die Griechen transportierten Schiffe auf hölzernen Schienen über die Landenge von Korinth und sparten so eine lange Seereise. Sie hatten entdeckt, daß es achtmal leichter ist, eine Last auf Schienen zu ziehen als auf einem holprigen Weg.

Wer baute das erste dampfgetriebene Fahrzeug?

Ein französischer Soldat namens Nicolas Cugnot baute 1763 ein von einer Dampfmaschine angetriebenes Gefährt. Cugnot meinte, es könne beim Transport schwerer Kanonen von Nutzen sein. Unglücklicherweise war es sehr langsam, und nach ein paar Probeläufen geriet es außer Kontrolle und überschlug sich. Cugnots Vorgesetzte beschlossen, die vom Pech verfolgte Maschine zu jedermanns Sicherheit wegzusperren.

Wie überflügelte die *Rocket* ihre Gegner?

1829 kamen britische Eisenbahnpioniere beim Rainhill Wettbewerb zusammen, um ihre Lokomotiven gegeneinander antreten zu lassen. George Stephensons *Rocket* zog einen zwanzig Tonnen schweren Zug mit mehr als 55 Kilometern pro Stunde. Die drei Gegner der *Rocket* konnten nicht mit ihr konkurrieren. Stephensons Lokomotive hatte einen multiplen Kessel mit fünf Röhren. Das bedeutet, daß mehr Wasser mit der Hitze in Kontakt kam und so ein höherer Dampfdruck zu den Kolben geleitet wurde.

Wann wurde die erste elektrische Eisenbahn der Welt eingeweiht?

1879 wurde in Berlin eine 274 Meter lange elektrische Straßenbahnstrecke eingeweiht. Der geistige Vater war Werner von Siemens. Vier Jahre später eröffnete sein Bruder Wilhelm in Nordirland eine elektrische Eisenbahn. In den 20er Jahren gab es schon überall auf der Welt elektrifizierte Schienennetze.

Wann gab es die ersten Diesellokomotiven?

Erst etwa 40 Jahre nach ihrer Erfindung wurde die Dieselmaschine bei der Eisenbahn eingesetzt. In den 30er Jahren waren Deutschland und die Vereinigten Staaten führend beim Bau von Diesellokomotiven.

Was ist der Unterschied zwischen einer Diesel- und einer dieselelektrischen Lokomotive?

Eine Diesellok hat einen Motor, ähnlich dem eines großen Lastwagens. Seine Kolben drehen über Pleuelstangen eine Kurbelwelle. Die Kraft für die Antriebsräder wird an der Kurbelwelle abgenommen. Eine dieselelektrische Lokomotive hat eine ähnliche Maschine, die jedoch einen Generator dreht, der elektrische Energie erzeugt. Diese Elektrizität speist die Motoren, die den Zug antreiben.

Welches war die stärkste Dampflok aller Zeiten?

In den 40er Jahren baute die amerikanische Eisenbahngesellschaft *Union Pacific* die *Big-Boy*-Lokomotiven, von denen jede 534 Tonnen wog und mehr als 6000 PS entwickelte.

Was ist besser: eine Diesel- oder eine Elektrolok?

Elektrische Züge fahren schneller und sauberer als reine Dieselzüge. Außerdem brauchen sie weniger Wartung. Aber ein elektrischer Zug kann nur auf einer Strecke verkehren, die elektrifiziert wurde. Dieselzüge können überall fahren.

Elektrolokomotive

oben: Schrägaufzug.

links: Big Boy, die stärkste Dampflokomotive der Welt.

Woher bekommen Elektroloks ihren Strom?

Die meisten Elektrolokomotiven beziehen ihren Strom über einen Stromabnehmer von Oberleitungen. Einige Züge nehmen den Strom von einem dritten Gleis ab, das neben den normalen Schienen verlegt ist. Die einfachsten Lokomotiven laufen mit Niederspannungs-Gleichstrom, aber viele arbeiten mit Hochspannungs-Wechselstrom, der dann in Gleichstrom umgewandelt und auf niedrigere Spannung heruntertransformiert wird, bevor er die Motoren antreibt.

Welche Art Lok zog den ersten unterirdischen Zug der Welt?

Die erste Untergrundbahn wurde 1863 in London eröffnet. Sie verband die vielbefahrenen Eisenbahnstationen Paddington, Euston und King's Cross miteinander. Die Londoner U-Bahn wurde zunächst mit Dampf betrieben und erst 1890 auf Elektrizität umgestellt.

Was ist eine Zahnradbahn?

Eine Eisenbahnlokomotive kann keine besonders steilen Berge hinauffahren, da ihre Räder auf den glatten Schienen durchdrehen würden. Um auf Berge hinaufzufahren, ist ein besonderes System nötig. Die erste Zahnradbahn wurde 1811 gebaut, aber das System wurde bis 1870 nur in geringem Umfang eingesetzt. Der Zug „hangelt" sich mittels eines Zahnrades empor, das in eine dritte, gezähnte Schiene eingreift – so kann der Zug nicht zurückrutschen. Die Mount-Washington-Zahnradbahn in New Hampshire (USA) wurde 1869 gebaut und ist heute noch in Betrieb. Die steilste Zahnradbahn ist die 1889 entstandene Pilatusbahn in der Schweiz. Sie hat eine maximale Steigung von 48 Prozent.

Wie funktioniert ein Schrägaufzug?

Der Schrägaufzug ist eine Art Drahtseilbahn, die man in den Bergen benutzt. Es gibt zwei Schienenpaare, eines für die Auffahrt, eines für die Abfahrt. Die beiden Waggons sind durch ein Drahtseil verbunden, das über eine Antriebswinde im Maschinenraum (am höchsten Punkt der Bahn) läuft. Die beiden Waggons bewegen sich gleichzeitig: Wenn ein Waggon hinauffährt, setzt sich der andere nach unten in Bewegung. Das Gewicht des abwährtsfahrenden Waggons hilft mit, den aufwärtsfahrenden Waggon hochzuschleppen.

Was bringt die *Cable Cars* in San Francisco zum Laufen?

Die kalifornische Stadt San Francisco ist berühmt für ihre alten *Cable Cars* (Drahtseilwagen), die die Hügel der Stadt hinauf- und hinunterfahren. Sie bewegen sich an ein endloses Drahtseil angeklammert, das in einem Schlitz zwischen den Schienen läuft. Um den Wagen zu stoppen, wird das Kabel losgelassen, zum Anfahren schließt sich die Schleppzange wieder darum. Ein stationärer Motor treibt das Drahtseil an.

Auf der Straße

Baron von Drais' „Stutzer-Pferdchen“

Warum lachten die Leute Baron Drais und seine Laufmaschine aus?

Ein deutscher Baron, Karl Friedrich Christian Ludwig Drais von Sauerbronn, verursachte 1813 einen Aufruhr. Er erschien, rittlings auf einem zweirädrigen Fahrzeug sitzend, das er mit den Füßen vorantrieb, in den Straßen von Mannheim. Die Leute belachten seine sogenannte Laufmaschine und wunderten sich, wie ein Mann auf zwei hintereinander angeordneten Rädern das Gleichgewicht halten konnte. Drais zeigte, daß er viermal so schnell vorankam wie ein Fußgänger, und sein Fahrzeug war bald der letzte Schrei. Ähnliche Fahrzeuge („Stutzer-Pferdchen“ genannt) fuhren bald in allen vornehmen Parks Europas.

Wer baute die Pedale ans Fahrrad?

Erst in den 30er Jahren des 19. Jahrhunderts tauchte die Idee auf, Laufmaschinen mit Pedalkraft zu betreiben. Ein Schotte namens Kirkpatrick MacMillan baute ein Fahrrad mit Hinterradantrieb, das mit Fußhebeln bewegt wurde, und einige Jahre später baute der Deutsche Philipp Fischer Pedale an das Vorderrad.

Warum fällt ein Fahrrad nicht um?

Natürlich bedarf es einiger Übung, ein Fahrrad zu fahren, aber die meisten Menschen lernen es ohne weiteres. Die ersten Radfahrer wußten nicht, warum sie nicht umfielen – obwohl sie bemerkten, daß es bei niedrigen Geschwindigkeiten schwerer war, das Gleichgewicht zu halten. Die Räder eines Fahrrads haben eine gyroskopische Wirkung (ähnlich wie ein Kreisel). Je schneller das Rad fährt, desto stabiler ist es.

Warum hatten die ersten Rennräder riesige Vorderreifen?

Die ersten Fahrräder hatten keinen Kettenantrieb. Ihre Pedale saßen am Vorderrad. Je größer das Vorderrad war, desto größer auch die Entfernung, die es bei einer Pedalumdrehung zurücklegte. Größere Räder gaben höhere Geschwindigkeit, und deshalb brausten die Radrennfahrer etwa ab 1870 auf sogenannten Hochrädern mit riesigen Vorderreifen durch die Gegend.

Wann gab es das moderne Fahrrad?

In den 80er Jahren des 19. Jahrhunderts bekam das Fahrrad die Form, die wir heute kennen. Die Pedale wurden vom Vorderrad an eine Position zwischen den Rädern montiert, und ein Kettenantrieb wurde eingebaut. Drahtspeichenräder, gefederter Sattel, Gangschaltung, Kugellager und Freilauf waren weitere wichtige Veränderungen. Als letztes kam der luftgefüllte Reifen dazu.

Das Fahrrad in der heutigen Form gibt es seit 1880.

Wer baute den ersten Verbrennungsmotor?

1863 entwarf der Franzose Etienne Lenoir eine Maschine, die Leuchtgas verbrannte. Er trieb damit einen Wagen an. Ein Jahr später baute der Österreicher Siegfried Marcus einen ähnlichen Motor, der mit Benzindämpfen lief, und entwickelte dafür ein elektrisches Zündsystem.

Register

Kursiv gesetzte Ziffern verweisen auf Abbildungen.

A
Absoluter Nullpunkt 65
AD (Datierung) 87
Ägypten 68, 69, 85, 87, 115, 118
Äquator 101
Airy, Sir George 86
Akkumulator 35
Akustik 60, *60*
Alabaster 26
Alchimie 15, *15*
Allotrope 27
Alpha Centauri 90
Alphateilchen 9, *9*
Alternative Technologie 108
Aluminium 25, 35, 111
Ampere (Maßeinheit) 33
Ampère, André 38
Analogaufzeichnung 63
Android 45
Andromeda (Galaxie) 91
Angelrute 68, *68*
Anode 35
Anorganische Chemie 21
Antarktis 98, 100, 103
Antimaterie 8
Apfelsäure 22
Apollo-Astronauten 15
Appert, Nicholas 113
Aqualunge 107
Araber 51, 80
Arbeit (Definition) 64
Archäologie 87
Archimedes 24, *24*, 69, 70
Architektur 118-19
Argon 19, 29
Ariane-Rakete 19, 29
Aristoteles 14
Arkwright, Richard 107
Astatin 14
Asteroid 91
Astrolabium 84
Astronauten 17, *17*, 72, *72*, 75, 88
Atemgerät 107
Atmosphäre 27, *27*, *77*, 100
Atom-U-Boot 13, *13*
Atombombe 12, *12*
Atome 4-13, 65
Atomkern 5, *5*, *7*
Atommüll 12, *12*
Aufzeichnung (Ton) 62-63
Aufzug 118
Auge
– Mensch 58, *58*
– Tier 48
Aurora Borealis 101
Australopithecus 104
Automobil 20, 35, 69, 70, *71*, 76, 107, 108
Aveling, Thomas 14
Avogadro, Amedeo 6

B
Babbage, Charles 42
Babylon 82
Babys, ungeborene 62
Bacon, Roger 109
Bagger 119, *119*
Baird, John Logie 141
Bakelit 116
Bakewell, Robert 120
Bakterien 113
Ballon 18, *27*, 31, *31*, 73, *73*
Barium 15, 26, 112
Barnards Stern 90
Barometer 102, *102*
Base (Chemie) 23
BASIC (Computer) 44
Batterie 35
Baumwoll-Entkernungsmaschine 115
Bauxit 25, 35
Becquerel, Henri 9
Beleuchtung
– elektrisch 40, 105
Berliner, Emile 63
Bessemer, Sir H. 111
Betateilchen 9, *9*
Bewegung, Gesetze der 71, 72
Bewegungsenergie 72
Bienen 49
Big Muskie (Bagger) 119, *119*
Binärcode 44, *44*
Bionische Menschen 45
Biosphäre 94
Birdseye, Clarence 113
Bit (Binärcode) 44
Blattläuse 121
Blausäure 23
Blei 21, 73
Blitz 30-31
Bogenschießen 64, *64*
Bohr, Niels 7, 8, *8*
Booth, H. C. 114
Bor 15
Boyle'sches Gesetz 17, *17*, 18
Brahe, Tycho 89, *89*
Brandbekämpfung 28, *28*
Brearley, Harry 111
Brillen 51
Broglie, Louis de 53
Bronze 24, *24*
Bronzezeit 87
Brutreaktor 11
Bushnell, David 110
Byte (Binärcode) 44

C
Cable Cars 123
Caesar, Julius 82, 109
Carnarvon, Lord 87
Carter, Howard 87
Cavendish, Henry 15, *15*
Celsius-Skala 66, *66*
Ceres (Asteroid) 91
Chadwick, James 6
Charles, Jacques 18
Chemische Reaktion 19-20
China 36, 79, 82, 87, 92, 123
Chirurgie 58, *58*, 112
Chlor 29
Chlorid *23*, 99
Chlorophyll 22
Chromatographie 22
Computer 42-44, 45
Computersprachen 44
Concorde (Flugzeug) 61
Cousteau, Jacques 107
Cugnot, Nicolas 122
Curie, Marie 16

D
Da Vinci, Leonardo 105
Daguerre, L. J. M. 54
Dalton, John 6, *6*
Dampfeisenbahn 122
Dampfkochtopf 106
Dampfmaschine 105, *105*, 106
Dampfpflug 121
Darby, Abraham 111
Darwin, Charles 121
Davy, Sir Humphry 15, 38
DC (Elektrizität) 123
De Forest, Lee 41
Destillation 117
Deuterium 13
Dezibel 61
Dezimalssystem 78
Diamanten 21, *21*, 32
Dicke Berta (Kanone) 110
Diesel 122, 123
Digitalaufzeichnung 63, 63
Dinosaurier, fliegende 108
Diode (Röhre) 41
Dionysius Exiguus 87
Dioxide 19, 21, 22, 23, 27, 28, 29, 102, 103
Dosenöffner 114
Drais von Sauerbronn, Karl 124, *124*
Drake, Edwin L. 119
Draper, John 90
Dreieck 81, *81*
Druckluft 119
Düsentriebwerk 72, *72*
Duroplast 116
Dynamit 119
Dynamo 38, *38*

E
Eagle (Schiff) 110
Eastman, George 54
Ebbe 99
Echo, 61, *61*
Edelgas 19, 29
Edison, Thomas Alva 40, 62, 105
Eiffelturm 118
Einfache Zellen (Chemie) 34, 35, *35*
Einstein, Albert 8, *8*, 88, 89
Eis (polar) 97, 98
Eisberg 67, *67*
Eisen 20, 24, 26, 73
– Verhüttung 111
Eisenbahn 66, 77, *77*, 86, 122-123
Eisenzeit 87
Eiskunstlauf 73, *73*
Eklipse 47, *47*
Elastizität 18
Elektrizität 11, 25, 30-45
– Lichtbogenverfahren 111
– Lokomotive 122, 123
– Motor 38, *38*
– Straßenbahn 122
Elektrolyse 24, 34-35
Elektromagnetismus *37*, 38, 41, 47, 55, *55*
Elektromotorische Kraft (EMK) 33
Elektron 5, 6, 7, *7*, 8, *8*, 30, *31*, 31
Elektronenmikroskop 53
Elektronik 41-42
Elemente 14-29
Elle (Maßeinheit) 78, *78*
Elmsfeuer 101
EMK (Elektromotorische Kraft) 33
Energie 64, 65; siehe auch: Kernenergie
ENIAC (Computer) 42
Eratosthenes 81, 93
Erdbeben 95, 96
Erde 82, 84, 85, 86, 92-103
– Alter 87
– Elemente 14, *14*
– Magnetismus 36, *36*
– Erde und Mond 58
Erdmantel 92, *92*
Erntemaschine 120
Erosion 103
Erz 24
Essig 22
Euklid 79, 81
Evans, Arthur 87
Evans, Oliver 107
Everest, Mount 94, *94*
Exosphäre 100

F
Fahrenheit-Skala 66, *66*
Fahrrad 70, 124
Fallschirm *74*
Faraday, Michael 38, *38*
Farbe 48-49
– Fotografie 54
Fermat, Pierre 81
Fermi, Enrico 10
Fernsehen 55, 100
Feststoffe 16, 17, 18, 60
Feuer 104
Feuerbohrer 104, *104*
Feuerwehr 28, *28*
Feuerwerk 26, *26*
Fibonacci, Leonardo 80
Finsternis 47, *47*
Fischer, Philipp 124
Fjord 98
Flaschenzug 70, *70*
Fledermaus 62
Fleming, Ambrose 41
Floppy Disk (Diskette) 43
Flüssige Luft 27

Register

Flüssigkeiten 16, 17, 60, 113
Flüssigkristallanzeige (LCD) 44
Flugmaschinen 105, *105*
Flugzeug, siehe Luftfahrt
Fluoreszenz 56
Flut 99
Flutsperre (Themse) 108, *108*
Fokker, Anthony 110
Ford, Henry 107
Fossile Brennstoffe 65
Fotoelektrizität 40, *40*
Fotografie 54, 56, 90, 105, 112
Foucault, Jean 84
Fox Talbot, W. H. 54
Franklin, Benjamin 30, *30*, 31
Frequenz 55
Froschmann 107
Fruchtwechsel 120
Früchte 22, 23

G
Gabor, Dennis 59
Galilei 46, 52, *52*, 67, 74, *74*, 84, 90
Galvani, Luigi 34, *34*
Galvanisieren 26
Gammastrahlen 9, *55*
Garros, Roland 110
Gase 16, 17, 18, 19, 27-29, 32, 41, 60, 113, 114
Gatling-Kanone 109
Gay-Lussac, J. L. 27, *27*
Geigerzähler 13
Geologie 96
Geometrie 79
Gesetze der Dynamik (Bewegung) 71, 72
Gestein (Geologie) 96
Getriebe (Mechanik) 70
Gewehr 109-110
Geysir 95, *95*
Gezeiten 99, *99*
Giffar, Henri 151
Gilbert, William 36
Gips 26
Glas 17, *17*, 32, 47
Gleichstrom 33
Gletscher 97, *97*
Gluon 7
Gold 15, *25*, 25
Goldener Schnitt 81
Golfstrom 99
Goodhue, Lyle D. 114
Goodyear, Charles 116
Grammophon 63
Graphit 31
Gras 49
Gravitation 74-75, 100
Greenwich 86
Gregorianischer Kalender 83
Griechenland 4, 14, 36, 50, 81, 84, 92, 93, 122
Griechisches Feuer 109
Großcomputer 43
Gummi 32, 116, 117

H
Hagelkorn 103
Halbleiter 42
Halbwertzeit 9, *9*
Halley, Edmund 107
Halogenid 112
Hardware (Computer) 44
Harrison, John 84
Hayward, Nathaniel 116
Hebel 68-69
Helium 10, 16, 19, 27, 28, 29, 65
Heraklit 14
Hero von Alexandria 50, 105
Hertz (Maßeinheit, Schall) 61, 62
Himmel (Farbe) 49
Hipparchus 85
Hiroshima 12
Hochrad 70, *70*
Hochspannungsmast 33
Hologramm 59, *59*
Holz 73
Horizont 51
Hufeisenmagnet 36
Hunde 62
Hurrikan 102
Huygens, Christiaan 46, 84
Hyatt, John Wesley 116
Hydroxide 23, 112
Hypokaustische Heizung 113

I
Induktion, magnetische 37
Industrielle Revolution 111
Inerte Gase 19, 29
Infrarot 55, *55*, 56
Indianer, amerikanische 82
Insektizide 121
Integrierte Schaltkreise 42
Ionen 35
Ionosphäre 100
Isolatoren 32
Isopren 116
Isotope 13

J
Jahreszeiten 93, *93*
Jakobstab 84
Jansky, Karl 52
Janssen, Zacharias 53
Joule, James P. 64
Judson, Whitcomb 114
Julianischer Kalender 82, 83
Jupiter (Planet) 90

K
K5-Kanone (Deutschland) 110
Kabel (elektrisch) 39
Kalender 82, 83, 87
Kalium 15, 26, *26*
Kalk 19
Kalkstein 21, 26
Kalzium 15, *18*, 20, 23, 26
Kamera 54, 90, 105
Kanone 109
Kant, Immanuel 88
Karbonate 20, 21, 23, 26
Karten 85-86
Kartenprojektion 86
Katalysator 19
Kathedrale 118
Kathode 35
Kathodenstrahlröhre 41, *41*, 56
Keil 69
Kelvin-Skala 67
Kepler, J. 89, 90
Kernfusion 10, 11
Kernkraft 8, 10, *10*, 11, *11*, 65, *65*; siehe auch: Energie
Kernspaltung 10, 11
Kerze 113
Kettenreaktion 10
Kinematik 71, 72
Kinetische Energie 64, *64*
Klebstoffe 115, 116
Klepsydra 83
Knoll, Max 53
Knossos (Kreta) 87
Königswasser 23
Kohle 96, 98, 117
Kohlenhydrate 22
Kohlenstoff 4, *7*, 21-22, 23, 27, 28, *28*, 29, 102, 103
Kohlenwasserstoffe 117
Koks 111, 117
Koksgas 28, 117
Kolben 106, *106*
Kolumbus, Christoph 85
Kompaß, magnetischer 36
Kondensator (Dampf) 106
Konservendosen 114
Kontinentalsockel 99
Kontinente 94, *94*
Konvektion 66, *67*
Kopernikus 85, 89
Kosmische Strahlung 55
Kräftepaare 73
Kraftwerk 39, 105
Kran (Bau) 70
Kreide 19, 26, 96
Kreuzstern 84
Kriegführung 109-110
Kristall 18, *18*
Krypton 19, 29
Kühle Flecken 56
Kühlschrank 113
Kugel (Geschoß) 109
Kugellager 76
Kunstdünger 121
Kunstfälschung 57
Kupfer 19, 24, 25, 34, 35, 39, 110

L
Lachgas 29
Lackmuspapier 23, *23*
Land, Edwin 54
Landkarte, Projektion 86
Landkarten 85-86
Landvermessung 58
Landwirtschaft 120-121
Laser 58-59, *58*
Latex 116
Laufmaschine 124
Lautstärke 61
Lava 95
Lavoisier, Antoine 20
Lawes, John Bennet 121
LCD (Flüssigkristallanzeige) 44
Lee, Ezra 110
Leeuwenhoek, A. van 53, *53*
Legierung 24, *24*
Leitfähigkeit
- Elektrizität 31-32
- Hitze 66, *67*
Lenoir, Etienne 124
Leonardo da Vinci 105
Leydener Flasche 34
Licht 46-49, 88, 90
Lift 118
Linsen 51
Lippershey, Hans 51
Lithium 25
Lihosphäre 29
Logarithmus 80
Luft 27, 73, 100, 119
- Elektronik 45, *45*
- Flugmaschinen 105, *105*
- Luftkrieg 110
- Luftreisen 86
- Luftschiffe 28, *28*
- Schallmauer 61, *61*
- Windkanal 108
Luftspiegelung 51

M
Macadam, John 122
Macintosh, Charles 116
MacMillan, K. 124
Mähdrescher 120
Magisches Quadrat 79
Magma 95, 96
Magnesium 15, 20, 26, 35, 112
Magnesiummilch 112
Magneteisenstein 36
Magnetismus/Magnete 36-38
Magnetit 36
Maiman, Theodore H. 58
Mammut 98, *98*
Marcus, Siegfried 124
Marmor 96
Mary Rose (Schiff) 108
Maschinen, einfache 68-70
Maschinengewehr 109, 110
Massenerhaltungsgesetz 20
Massenträgheit 71
Materie 16-18
Mathematik 78-81
Mathieu, Albert 119
Maxwell, James C. 41, 47, 55
McCormick, C. H. 120
Meer 94, 97, 99
Mendelejew, D. 15, *15*
Mesosphäre 100
Messing 24
Metall 24-26, 31
Metamorphe Gesteine 96
Methangas 28
Metrisches System 79
Michelson, Albert 88
Mikrochips *42*, 43
Mikrocomputer 43, *43*
Mikrophon 63, *63*
Mikroskop 53, *53*
Mikrowellen 55, *55*, 57
Milchstraße 89, 91, *91*
Minerale 14
Minoische Kultur (Kreta) *15*, 87
Minuszahlen 78
Mischung, chemische 19
Möbiusssches Band 81, *81*
Moleküle 6, 16, 60, 65, 116
Molybdän 112
Moment 72
Mond 46, 82, 101
- Menschen auf dem Mond 58, 60, 75, 90
- Mond und Erde 99, *99*
Monoxid 28
Monsun 101
Morgen (Maßeinheit) 79

Morley, Edward 88
Mount-Palomar-Teleskop 52
Münzen 112
Muscheln 21, 26
Muslimischer Kalender 87

N
n. Chr. (Datierung) 87
Nähmaschine 114
Nagasaki 12
Napier, John 80
Napoleon, I., Kaiser 34, 114, 119
Natrium 15, 20, 23, 26, 99
Nautilus (Schiff) 13
Navigation 84
Negative Zahlen 78
Neon 19, 29
Neutron 5, 6, 8, 11
Newcomen, Thomas 106
Newton, Isaac 46, 48, *48*, 52, 71, 72, 74, 87, 88
Nickel-Cadmium-Batterien 35
Niepce, Joseph 54
Nitroglyzerin 116
Nobel, Alfred 119
Null (Mathematik) 78
Nylon 151

O
Observatorium 52
Ochse 120
Öl 117, 119
Oersted, Hans C. 37
Old Faithful (Geysir) 95, *95*
Optische Täuschung 48, *48*
Organische Chemie 21-22
Osmium 25
Otis, Elisha 118
Oxide 19, 21, 22, 23, 27, 28, 29, 102, 103
Oxidation 19, 20
Ozean 94, 97, 99
Ozon 27, 100

P
Pangäa 94, *94*
Panzer 110, *110*
Papier 32
- Herstellung 115, *115*
Papin, Denis 106
Paris-Geschütz 110
Parkes, Alexander 116
Parsec 90
Parthenon (Griechenland) 81
Pascal, Blaise 80
Pedal (Fahrrad) 124
Pendel 71, *71*, 84, *84*
Periskop 53, *53*
Perkins, Joseph 113
Permafrost 98
Periodensystem der Elemente 15
Pestizid 121
Petrochemische Erzeugnisse 117
Pferd 120
Pflanzliches Leben 47
Pflügen 120, 121
Phonographen 62, *62*, 105
Photon 46
Photosynthese 22, *22*
Pisa, Schiefer Turm von 74, *74*
Planck, Max 8
Planeten 75
Plastik 32, 116, 117
Plutonium 6, 11
Polareis 97, 98
Polarlicht 101
Pole (Erde) 93, *93*, 97
Polonium 16
Polymer 116, 117
Positron 8
Potential, elektrisches 33
Potenielle Energie 64
Pottasche 26
Potter, Humphrey 70
Poulsen, Valdemar 63
Präzession (Kraft) 75
Preßluft 119
Preßlufthammer 119, *119*
Primzahl 81
Produktionsverfahren 115-117
Programm (Computer) 43
Protium 13
Proton 5, 7, *7*
Proxima Centauri 90
Ptolemäus 85
Pulverpfanne 109
Pyramiden (Ägypten) 69, *69*, 118

Q
Quantentheorie 8
Quarks 7
Quecksilber (Element) 15, 16

R
Rachitis (Krankheit) 56
Rad 68, 77, 104
Radar 55, 57, *57*, 121
Radioaktivität 9, *9*, 11
Radiokarbon-Datierung 87
Radioteleskop 52, *52*
Radiowellen 55, *55*, 100
Radon 19, 29
RAM-Chip 44
Ramme 71
Räumliches Sehen 48
Raumfahrt 77, 91
Raumflug
- Schwerelosigkeit 17, 75
- Solarenergie 40, *40*
Raupenketten 110, *110*
Reflektion, Beugung (Licht) 48, 52, *52*
Regen 17, 101, 101, 102, *102*, 103
Regenbogen 49
Reibung 31, 76-77
Reifen 76-77
Reißverschluß 114
Relative Dichte 24
Relativitätstheorie 88, 89
Resonanz 62
Richter-Skala 95
Rinder 120
Roboter 45, *45*
Rocket (Lokomotive) 122, *122*
Röhren (Elektronik) 41, 144
Römer 80, 82, 105, 111, 113, 118, 120
Römer, Olaf 46
Röntgen, Wilhelm Conrad 56
Röntgenstrahlen 55, *55*, 56, 57, *57*, 112
ROM-Chip 44
Rost 20, *20*
Ruska, Ernst 53
Rutherford, Ernest 7, 9, *9*

S
Säure 22-23
Sahara (Wüste) 102
Salpetersäure 23
Salz 15, 18, *18*, 19, 23, 99
Salzsäure 19, 23
San-Andreas-Spalte 96
San Francisco 123
Sauerstoff 6, 14, 16, 19, 23, 27, *27*
Saurer Regen 103
Schalentier 21, 26
Schall 60-63
Schalter 39
Schaltjahr 82
Schatten 47
Schiefe Ebene 69
Schiffe 61, *61*, 73, *73*, 110
Schliemann, Heinrich 87
Schlitten 122
Schlittschuhlaufen 73, *73*
Schmiermittel 76
Schneeflocke 18
Schraube 69, 70
Schraubenschlüssel 69
Schrägaufzug 123, *123*
Schubkarre 68, *68*
Schwefel 15, 19
Schwefelsäure 16, *16*, 23, 35, *35*
Schwefelsäure, rauchende 23
Schwerelosigkeit 17, 75
Schwerkraft 74-75, 100
Schwerpunkt 75, *75*
Schwimmbad 29
Sedimentgestein 96
Seewasser 35
Seife 20, *20*
Shaduf (Ägypten) 68, *68*
Sichel 120
Sicherung (Elektrizität) 40
Siemens, W. von 124
Sievert 9
Silber 16, 25, *25*, 39, 112, *112*
Silicium 14, 31, 42
Sofortdruck 115
Software (Computer) 44
Solarzellen 40
Sonar 61, *61*, 108
Sonne
- Energie 10, *10*, 40
- Gravitation 75, 89, 92
- Temperatur 91
- Zusammensetzung 21, 29, 55, 92
- Sonne und Erde 47, 84, 93, *93*, 99, 100, 101, 103
- Sonne und Mond 46
Sonnenbrand 56
Sonnenfinsternis 47, *47*
Sonnenflecken 89
Sonnenuhr 83
Spektrum 48-49, 55, *55*
Spiegel 50-51, 109
Spinnmaschine 107
Sprachen (Computer) 44
Spraydosen 100, 114, *114*
Stabmagnet 36
Stahl 26, 111, 112
Statische Elektrizität 30, *30*, 31, *31*
Staubsauger 114
Stein der Weisen 15
Steinzeit 87
Stephenson, George 124
Sterne 55, 90, 91
Sternwarte 52
Stickstoff 27
Stinkbombe 29
Strahlung 55-57, 66, *67*
Strahlung, radioaktive 9, *9*, 11, *11*
Straßenbahn 122
Stratosphäre 100
Strichcode 44
Stromkreis 32, 42
Strontium 26
Sturgeon, William 38
Sulfat *18*, 19, 26
Sulfid 19, 29
Sumpfgas 28
Sundback, Gideon 114
Supercomputer *43*, 44
Superflüssigkeiten 65
Supernova 89
Supraleiter 32, *32*, 65
Swan, Joseph 40
Synthetikfaser 116
Szilard, Leo 10

T
Tag (Dauer) 92
Taschenuhr 84
Taucher (Tiefsee) 107
Teerkohle 117, 142
Teilchenbeschleuniger 13, 32
Telefon 59
Teleskop 51-52, *52*, 90
Temperaturmessung 66, *66*, 67
Terrakotta-Krieger (China) 87, *87*
Textilien 115
Thales von Milet 14, 30
Themse 108
Thermometer 66, *66*, 67
Thermonukleare Reaktion 10, 11
Thermosphäre 100
Thomasschlacke 121
Thomsen, Christian 87
Thomson, Sir J. J. 6, 7
Tiefkühlkost 113
Titanic (Schiff) 108
Tonaufzeichnung 62-63
Tonhöhe 61
Traktor 121, 121
Transformator 39
Transistor 41-42, *41*
Treibhauseffekt 103
Triode (Röhren) 41
Tritium 13
Triton (U-Boot) 13
Trockeneis 28
Troja 87
Troposphäre 100
Trugbild 51
Tschernobyl 11, *11*
Tsunami 95
Tull, Jethro 120
Tunnel 119

Turtle (U-Boot) 110
Tut-ench-Amun 87

U
Überlandleitungsnetz 39
Überschallflugzeug 61
Übersetzung (Getriebe) 69
Uhr 82, 83, 84, 88
Ultraschall 62
Ultraviolett 49, 55, *55*, 56, 100
Universum 81, 91
Unkrautvertilgungsmittel 121
Unniloctium 16
Untergrundbahn 125
Unterseeboote 13, *13*, 53, 108
Uran, 6, 7, 9, 10, 11, 14
Urknalltheorie 91
Ursprung aller Dinge 14
Ussher, James 87

V
v. Chr. (Datierung) 87
Van-Allen-Gürtel 100, 101
Verbindung, chemische 19
Verbrennung 19
Verdunstung 17
Verlorene Form 115
Vitamin D 56
Vitriol 23
Volt 33
Volta, Alessandro 34, *34*
Vorschlaghammer 71
Vulkane 95, *95*
Vulkanisierter Gummi 116

W
Waagen 105
Wärme 65-66
Waffen 109, 110
– Laser 59, *59*
Wagenheber 69
Waschmittel 20, *20*
Washington, George 120
Wasser
– Chemie 19, 20, 22, 26
– Elektrolyse 35
– Ozean 99
– physikal. Eigenschaften 6, *6*, 16, 17, 60
Wasserkraft 104, *104*, 105
Wasserstoff 15, 19, 23, 28, 29, 73
– Atom 6, 7, 13
Wasserstoffbombe 10, *10*, 12
Wasseruhr 83
Watson-Watt, Robert 57
Watt (Maßeinheit) 33
Watt, James 33, *33*, 106,
Wechselstrom 33
Wellen (Meer) 65, 99
Weltall 81, 91
Werkzeuge 104
Wetter 101-103
Whitney, Eli 115
Widerstand, elektrischer 32
Wind 65, 102
Windkanal 108
Windmühle 105, 108
Wolfram 112
Wolkenkratzer 118
Würfel (Spiel) 80, *80*
Wüsten 102, 103

X
Xenon 19, 29

Z
Zahlen 80, *80*
Zahnradbahn 123
Zehnerpotenz (Mathematik) 80
Zeitmessung 82-84
Zeitzonen 86
Zellulose 116
Zentralheizung 113
Zentrifuge 72, *72*
Zink 19, 24, 26, 34, 35, 112
Zinn 24
Zinn, Walter 11
Zitronensäure 22
Zucker 18, *18*
Zunderbüchse 113
Zyanid 23
Zypern 25, *25*

BILDNACHWEIS

Wir danken folgenden Personen und Institutionen, die uns freundlicherweise Bildmaterial zur Verfügung gestellt haben:

Seite 8 The Mansell Collection; 9 Cavendish Laboratory; 11 Novosti Press Agency; 12 Frank Spooner Pictures; 14 ZEFA; 18 Science Photo Library; 25 *oben* ZEFA; 25 *rechts* Michael Holford; 25 *unten* ZEFA; 26 ZEFA; 27 Science Photo Library; 33 Central Electricity Generating Board; 34 The Mansell Collection; 36 The Science Museum, Londen; 37 Neil Lorimer; 38 RLP Ltd.; 40 NASA; 42 *links* INTEL Corp.; 42 *rechts* IBM; 43 Gray Research Inc.; 45 *oben* The Kobal Collection; 45 *unten* ZEFA; 46 Nature Photographers; 47 Holt Studios Ltd.; 51 J. Allen Cash; 52 ZEFA; 53 Science Photo Library; 54 The Science Museum, London; 56 *links* Kodak Ltd.; 56 *rechts* ZEFA; 57 G.R.E.; 58 Science Photo Library; 59 WHO Group; 60 *oben* Paul Brierly; 60 *unten* ZEFA; 61 Science Photo Library; 62 University College Hospital; 65 *links* Shell Photographic Library; 65 *rechts* ZEFA; 71 ZEFA; 73 Supersport; 74 All-sport; 75 NASA; 78 Mary Evans Picture Library; 79 Giraudon; 83 ZEFA; 84 The Science Museum, London, 85 *links* Ronan Picture Library; 85 *rechts* Hulton Picture Library; 87 ZEFA; 90 Science Photo Library; 95 New Zealand House; 96 ZEFA; 98 ZEFA; 102 Frank Lane Picture Agency; 103 ZEFA; 108 Popperfoto; 111 Iron Bridge Museum; 112 Science Photo Library; 114 Tin Research Institute; 119 American Electric Power; 121 Sonia Halliday; 123 ZEFA.

Bildredaktion: Sarah Donald und Elaine Willis